Fakultät für Informatik
der Technischen Universität München

Ein betreibergerechtes View-Konzept für das Netz- und Systemmanagement

Peter Segner

Vollständiger Abdruck der von der Fakultät für Informatik der Technischen Universität München zur Erlangung des akademischen Grades eines

Doktors der Naturwissenschaften (Dr. rer. nat.)

genehmigten Dissertation.

Vorsitzender:		Univ.-Prof. Dr. U. Baumgarten
Prüfer der Dissertation:		
	1.	Univ.-Prof. Dr. H.-G. Hegering
	2.	Univ.-Prof. Dr. J. Schlichter

Die Dissertation wurde am 20. April 1995 bei der Technischen Universität München eingereicht und durch die Fakultät für Informatik am 31. Mai 1993 angenommen.

Berichte aus der Informatik

Peter Segner

Ein betreibergerechtes View-Konzept für das Netz- und Systemmanagement

Verlag Shaker
Aachen 1995

Die Deutsche Bibliothek - CIP-Einheitsaufnahme

Segner, Peter:
Ein betreibergerechtes View-Konzept für das Netz- und Systemmanagement / Peter Segner. - Als Ms. gedr. -
Aachen : Shaker, 1995
(Berichte aus der Informatik)
Zugl.: München, Techn. Univ., Diss., 1995
ISBN 3-8265-0816-5

Als Manuskript gedruckt. Printed in Germany.

ISBN 3-8265-0816-5
ISSN 0945-0807

Shaker Verlag GmbH, Hubertusstr. 40, 52064 Aachen
Telefon: 0241 / 406351 - Telefax: 0241 / 406354

Für Grit, Nasi, Nasine und Streusel.

Die vorliegende Arbeit entstand während meiner Mitarbeit im Projekt „Netzmanagement in heterogenen Systemen", das im Rahmen einer Forschungskooperation der Siemens Nixdorf AG (SNI) mit dem Institut für Informatik der TU München gefördert wird.

Besonders bedanken möchte ich mich bei meinem Doktorvater, Prof. Dr. H.-G. Hegering, für das entgegengebrachte Vertrauen, die nicht ermüdende Geduld bei der kritischen Auseinandersetzung mit der Arbeit und die wertvollen Ratschläge und Hinweise, die wesentlich zum Gelingen der Arbeit beitrugen. Herzlich möchte ich mich auch bei Prof. Dr. J. Schlichter für die konstruktiven Anregungen und Kommentare bedanken, die mir halfen, die Qualität der Arbeit zu erhöhen.

Ich danke meinen Kollegen aus dem MNM-Team für die zahlreichen ebenso kritischen wie fruchtbaren Diskussionen. Stellvertretend sei an dieser Stelle mein Kollege Dr. S. Abeck genannt, der mir jederzeit mit seiner fachlichen Unterstützung zur Seite stand.

Zusammenfassung

Es besteht allgemein die Notwendigkeit, bisher existierende Teilnetze meist unterschiedlicher Kommunikationstechnologie oder -architektur zu unternehmensweiten Netzen, sog. *Corporate Networks*, zu verbinden. Derartige Netze können nur effizient auf der Basis eines integrierten Netz- und Systemmanagement-Ansatzes betrieben werden. Eine zentrale Bedeutung zur Umsetzung solcher Ansätze kommt dabei den Managementplattformen zu, die dem Netzbetreiber Managementinformation und -funktionalität in einer integrierten Form für die verschiedenen zu lösenden Managementaufgaben anbieten. Eine wesentliche Voraussetzung für den effizienten und koordinierten Einsatz von Managementwerkzeugen ist das Vorhandensein eines Betriebskonzeptes, daß die Umsetzung der Unternehmensziele, d.h. in diesem Fall das Lösen von gestellten Managementaufgaben, mit einer gegebenen Management-Infrastruktur festlegt. In der Realität des Netz- und Systembetreibers besteht eine nicht unerhebliche Diskrepanz zwischen den informellen Beschreibungen der Managementaufgaben (Was ist zu tun ?) und den technischen Instrumentarien zum Management der verteilten Umgebung (Womit ist es zu tun ?). Ein großes Problem bei der Abbildung der Managementaufgaben auf die Managementwerkzeuge ist dabei die adäquate Strukturierung der enormen Quantität an z.T. herstellerspezifischer Managementinformation innerhalb der Plattform. Bisherige Plattform-Realisierungen bieten zu diesem Problem oft nur funktional oder physisch orientierte Strukturierungsprinzipien an, die sich aber nicht an den von Plattform-Benutzer zu lösenden Managementaufgaben orientieren.

Das in der Arbeit vorgeschlagene Modell der *Task-Views* ermöglicht die Beschreibung des Einsatzes einer vorhandenen Management-Infrastruktur zur Lösung konkreter Managementaufgaben. Das Task-View-Modell realisiert eine systematische, schrittweise Abbildung der Betreiberanforderungen (formuliert in Managementaufgaben) auf die Management-Infrastruktur. Die gewählte hierarchische Modellstruktur unterstützt zum einen die Beschreibung des Lösungsvorgehens komplexer Probleme (Managementverfahren), wie auch einen hohen Grad an Wiederverwendbarkeit bereits spezifizierter Modellelemente. Managementverfahren werden dabei ähnlich einem Baukastensystem durch die Kombination von atomaren Aktionen in einer bestimmten Abfolge zusammengesetzt. Die Abstützung dieser atomaren Aktionen auf die Plattform-Infrastruktur (standardisierte *Managed Objects* des OSI- und Internet Managements) wird durch die Herstellerspezifik verschattende Adapterobjekte erreicht. Der Prozeß der Anpassung eines Task-View-Modells an eine konkrete Einsatzumgebung wird durch eine, ebenfalls in dieser Arbeit vorgestellte, Methodik unterstützt. Da bestehende Plattform-Realisierungen die Integration des Modells nur unbefriedigend unterstützen, wird in der Arbeit eine Plattform-Architektur entwickelt, die die Integration des Task-View-Modells in eine Managementplattform auf ideale Weise unterstützt.

Die Anwendung des vorgestellten Ansatzes auf eine konkrete Netz- und Systemumgebung wird durch eine in der Arbeit vorgestellte Methodik unterstützt. Durch diese Methodik wird eine schrittweise Abbildung von komplexen Betreiberanforderungen auf die von Managementplattformen angebotene Managementinformation und Funktionalität vorgenommen. Die Methodik wurde unter Zuhilfnahme eines Hypertext-basierten Werkzeuges in unterschiedlichen realen Szenarien erfolgreich erprobt.

Inhaltsverzeichnis

1 Einführung **1**

1.1 Motivation 1

1.2 Fragestellungen und Ergebnisse der Arbeit 4

2 Anforderungen an Views **11**

2.1 Zur Begriffsbildung „Views“ 11

2.2 Einflußkriterien auf Views 12

2.3 Typische Szenarien im Umfeld des Netz- und Systemmanagements 14

2.3.1 Szenario: Installation einer Workstation im Netz 15

2.3.2 Szenario: Fehlerdiagnose 18

2.3.3 Szenario: Installation eines Leistungsmonitors 19

2.4 Anforderungen an Views 21

3 Status Quo der Verwendung von Views **24**

3.1 Einführung in die Architektur von Managementplattformen 25

3.2 Traditionelle Views in Managementplattformen 27

3.2.1 Anforderungen an Managementplattformen zur Realisierung von Views 28

3.2.2 Managementplattform SPECTRUM 30

3.2.3 Managementplattform OpenView 33

3.2.4 Managementplattform NAS Hierarchical Network Management System 36

3.2.5 Managementplattform TONICS 38

3.2.6 Bewertung der Managementplattformen 41

3.3 Views in Datenbanken 42

3.3.1 Views in relationalen Datenbanken 42

3.3.2 Views in objektorientierten Datenbanken 51

3.3.3 Bewertung von Views in Datenbanken 56

3.4 Views in verwandten Bereichen 57

3.4.1 Eine aufgabenorientierte Benutzerschnittstelle für das Netzmanagement 57
3.4.2 Sichtweisen im Software-Engineering am Beispiel des Systems ADDD 60
3.4.3 Bewertung der konzeptionellen Ansätze aus der Forschung 63

4 Ein Modell zum Entwurf betreibergerechter Views 65
4.1 Begriffsbildung 66
4.2 Modell 67
4.2.1 Technische Basis 67
4.2.2 Analyse der Betreiberseite-Organisatorische Ebene 70
4.2.3 Fazit aus der Analyse der beiden Ebenen 71
4.2.4 Teilschritte zur Erfüllung einer Aufgabe 71
4.2.5 Abbildung der Aktionen auf die Technische Basis 76
4.2.6 Visualisierungsaspekte im Task-View-Modell 77
4.3 Beschreibungstechnik für das Task-View-Modell 77
4.3.1 Aufgabenebene 79
4.3.2 Verfahrensebene 82
4.3.3 Aktionsebene 87
4.3.4 Funktions- und Informationsebene 101
4.3.5 Werkzeugebene 105
4.4 Anwendung der Task-Views in Managementplattformen 111
4.5 Durch die Modellierung erzielter Gewinn 112
4.6 Beispiel 114

5 Eine Methodik zum Einbringen der Task-Views in Unternehmensumgebungen 119
5.1 Lebenszyklus eines Task-Views 119
5.1.1 Modellentwurf 120
5.1.2 Anpassung des Modells an die konkrete Umgebung 120
5.1.3 Analyse der Situation 121
5.2 Vorgehensweise zur Anpassung der Task-Views an die konkrete Umgebung . . 121
5.3 Anforderungen an eine Werkzeugunterstützung 134
5.4 Task-View-Operationen 134
5.4.1 Anpassung des Modells an die konkrete Umgebung 135
5.4.2 Analyse der Situation 135
5.5 Unterstützung des Task-View-Modells durch ein Werkzeug 136
5.5.1 Motivation für den Werkzeug-Einsatz 136

5.5.2 Anforderungen an das Werkzeug . . . 137
5.5.3 Abbildung des Task-View-Modells auf die Werkzeug-Umgebung . . . 142
5.5.4 Architektur des Werkzeuges . . . 145

6 Realisierung von Task-Views für eine Managementplattform 157

6.1 Realisierungsalternativen . . . 157
6.2 Anbindung von TERRA an eine Managementplattform . . . 160
6.2.1 TERRA als aktive Anwendung . . . 161
6.2.2 Anbindung von TERRA an die Plattform-Infrastruktur . . . 163
6.3 Anbindung von TERRA an HP Open View . . . 164
6.3.1 Anforderungen an die Plattform-API . . . 164
6.3.2 HP Open View API . . . 165
6.3.3 Ausgleichen der Defizite . . . 166
6.4 Beispiel: Sternkoppler-Management . . . 167
6.4.1 Aufgaben und Verfahren im Sternkoppler-Management . . . 167
6.4.2 Technische Realisierung . . . 169

7 Der Entwurf einer betreibergerechten Schnittstelle zum Management der Netzbeschreibung 172

7.1 Anforderungen des Anwenders an die Netzbeschreibung . . . 173
7.2 Erzeugung und Verwaltung der Netzbeschreibung . . . 178
7.3 Verfahren zum Erzeugen und Verwalten der Netzbeschreibung . . . 182
7.3.1 Verfahren: „Analyse der Betreiberanforderungen" . . . 182
7.3.2 Verfahren: „Analyse administrativer Vorgaben" . . . 187
7.3.3 Verfahren: „Gewinnung technischer Parameter zur Erzeugung der Netzbeschreibung" . . . 189
7.3.4 Verfahren: „Discover Layer 7" . . . 190
7.3.5 Verfahren: „Discover Layer 3" . . . 192
7.3.6 Verfahren: „Discover Layer 2" . . . 195
7.3.7 Verfahren: „Discover Layer 1" . . . 197
7.3.8 Verfahren: „Inhalt der Netzbeschreibung modifizieren" . . . 198
7.3.9 Verfahren: „Struktur ändern" . . . 199
7.3.10 Verfahren: „Information hinzufügen" . . . 201
7.3.11 Verfahren: „Sicherung anlegen" . . . 202
7.3.12 Verfahren: „Laden Sicherung" . . . 204
7.3.13 Verfahren: „Netzbeschreibung löschen/neu anlegen" . . . 205

7.3.14 Verfahren: „Netzbeschreibung aktualisieren“ . . . 206
7.3.15 Verfahren: „Update verwalten“ . . . 208
7.4 Zusammenfassung . . . 209

8 Eine Task-View gerechte Managementplattform-Architektur 210
8.1 Entwurf einer Plattform-Architektur gemäß den entwickelten Anforderungen . . 210
8.1.1 Der Dialog Presentation Module . . . 212
8.1.2 Der View Presentation Module . . . 213
8.1.3 Der Role Integration Module . . . 216

9 Schlußbemerkungen und Ausblick 220

A Beschreibung graphischer Objekte 223
A.1 Beispielobjekte . . . 223
A.2 Liste der Prädikate für COOL . . . 224
A.2.1 Graphische Objekte . . . 224
A.2.2 Geometrische Relationen . . . 225
A.2.3 Zeichenrelationen . . . 225
A.2.4 High-level Relations . . . 225

B Beispiele für Interaktionsobjekte 226
B.1 Spezifikation eines Screen-Buttons . . . 226
B.2 Spezifikation einer Basis-Klasse zur Interaktion via Maus . . . 228
B.3 Spezifikation eines Objektes zum „Highlighten“ . . . 228
B.4 Spezifikation eines allg. verwendbaren Buttons . . . 229
B.5 Spezifikation eines Screen-Buttons Variante 2 . . . 229
B.6 Spezifikation eines allg. verwendbaren Buttons Variante 2 . . . 230
B.7 Spezifikation eines allg. verwendbaren Buttons Variante 3 . . . 231
B.8 Spezifikation eines Eingabefeldes . . . 231

C Beispiele für traditionelle Views in Managementplattformen 233

D Abkürzungen 238

Kapitel 1

Einführung

1.1 Motivation

Um dem in den letzten Jahren ständig gewachsenen Kommunikationsbedarf in den Unternehmen zu genügen, begann man, die bereits bestehenden Teilnetze zu einem Verbund, einem sog. **Corporate Network**, zusammenzuschließen. Charakteristisch für solche historisch gewachsenen Netzverbunde sind verschiedene Netztechnologien (DECNet, Ethernet, SNA, PC-Netze), diverse Netztypen (LAN, MAN, WAN) und natürlich Komponenten und Endsysteme verschiedener Hersteller. Bedingt durch den Trend zur Dezentralisierung von Rechnerkapazität im speziellen und Ressourcen im allgemeinen, existieren neben Mainframe-basierten Architekturen auch oft noch Client-Server-Strukturen in Form von Workstation-Clustern. Die Gesamtheit aller Vorkehrungen und Maßnahmen die man zur Sicherstellung eines effektiven und effizienten Einsatzes aller Ressourcen und Prozesse eines solchen Systems ergreift, werden unter dem Begriff des *Managements* zusammengefaßt. Liegt der Schwerpunkt auf dem Management von Netzkomponenten, so spricht man vom *Netzmanagement*, liegt der Schwerpunkt auf dem Management verteilter Systeme, so spricht man vom *Systemmanagement*.

Der bereits angesprochene Übergang von homogenen herstellerspezifischen Kommunikationsnetzen zu offenen Architekturen und Systemen führt zu einer ständig wachsenden Heterogenität an Netzkomponenten, Kommunikationsprotokollen, Endsystemen und Anwendungen.

Die bei den Kommunikationsressourcen und Endsystemen bestehende Heterogenität wirkt sich natürlich auch auf das Spektrum der zum Betreiben dieser Ressourcen notwendigen Werkzeuge aus. Durch den Zusammenschluß bisher separat voneinander existierender Teilnetze entstanden völlig neue Aufgaben mit größerer Komplexität. Einen Einblick in diese Problematik wird durch [HEAB 93] vermittelt. Die zwischen diesen Netzen entstandenen Wechselwirkungen und die daraus resultierenden Probleme waren durch die Vielzahl von Einzelwerkzeugen nicht mehr beherrschbar. Ein weiteres Problem war und ist die mangelnde oder oft völlig fehlende Kooperation zwischen den Werkzeugen. Ein typisches Beispiel dafür ist die Netzbeschreibung. Oft besitzt jedes Werkzeug eine eigene Netzbeschreibung, ein Austausch von Informationen zwischen den Werkzeugen ist häufig nur mit proprietären Lösungen möglich. Ein Grund dafür ist sicher auch die unzureichende Standardisierung von Managementobjekten[1] (z.B. für die

[1]Unter einem Managementobjekt versteht man die Sicht des Managements auf eine zu verwaltende und zu

Netzbeschreibung) und Schnittstellen. Eine Betrachtung dieser Problematik für den Bereich des Fehlermanagements findet man z.B. in [Segn 91].

Eine Bewältigung dieser entstandenen Komplexität ist aber nur mit einem integrierten Netz- und Systemmanagement möglich. Integrierte Netz- und Systemmanagement-Lösungen basieren auf einer standardisierten Management-Architektur, die die Integration verschiedener Netztechnologien, Netzkomponenten und Endsystemen verschiedener Hersteller sowie die Integration von Managementanwendungen und -werkzeugen gestattet. Die Integration allein hilft aber noch nicht beim Umgang mit der durch die verschiedenen Quellen bereitgestellten Managementinformation und -funktionalität.

Eine wesentliche Voraussetzung für den effizienten und koordinierten Einsatz von Managementwerkzeugen ist das Vorhandensein eines Betriebskonzeptes, daß die Umsetzung der Unternehmensziele, d.h. in diesem Fall das Lösen von gestellten Managementaufgaben, mit einer gegebenen Management-Infrastruktur festlegt. In der Realität des Netz- und Systembetreibers besteht eine nicht unerhebliche Diskrepanz zwischen den informellen Beschreibungen der Managementaufgaben (Was ist zu tun ?) und den technischen Instrumentarien zum Management der verteilten Umgebung (Womit ist es zu tun ?). Das Entwickeln eines Betriebskonzeptes zum Einsatz der Managementressourcen wird durch eine Anzahl von Faktoren erschwert:

- eine z.T. historisch gewachsene Vielfalt in den Anforderungsprofilen der Benutzer von Managementwerkzeugen
- einen heterogenen Bestand an Managementwerkzeugen und Komponenten des verteilten Systems
- die Tatsache, daß Managementverfahren oft komplex, u.U. umgebungsabhängig und selten explizit dokumentiert sind.

Einige der Faktoren werden im folgenden genauer betrachtet.

Bedingt durch die gewachsene Komplexität und Vielfalt solcher Corporate Networks benötigt man zum Betreiben der Netze immer mehr Spezialisten. Der klassische „Allround"-Administrator, welcher für das gesamte Netz verantwortlich war (nur bei Netzen kleiner Ausdehnung realisierbar) , wird durch Spezialisten für einzelne Komponententypen oder Herstellerwelten abgelöst. Es entstehen neue Aufgabenfelder, die oft stark durch die Spezifik der konkreten technischen Umgebung geprägt sind. So gibt es z.B. oft Spezialisten für verschiedene Technologien (z.B. SNA-Netze, PC-Netze) wie auch Spezialisten für Netzverbunde (z.B. für das Backbone eines Unternehmensnetzes), oder aber Spezialisten für einzelne Ressourcen (z.B. einen Spezialisten für Cisco-Router oder für Timeplex-Multiplexer). Ressourcen spielen in diesem Fall eine besondere Rolle, da sich aufgrund der Komplexität und Heterogenität heutiger Ressourcen und deren spezifischer Management-Systeme (Element-Management-Systeme) Spezialisten für Komponenten eines Herstellers herausbilden.

Aufgrund ihrer architekturellen Eigenschaften ist die Managementplattform gut geeignet, die Basis für verschiedenartige Managementanwendungen zu liefern. Einhergehend mit der bereits erwähnten Vielfalt der möglichen Anwender einer Plattform sind auch die Anforderungen der Anwender an die Plattform entsprechend vielfältig. Unabhängig vom jeweiligen Aufgabenprofil oder der Qualifikation des Anwenders sind für ihn ganz allgemeine Anforderungen typisch wie

betreibende Ressource. Es stellt eine für Managementzwecke geeignete Abstraktion der realen Ressourcen dar.

z.B.:

- **Sicherheitsanforderungen:** Der Anwender ist gemäß seiner Aufgabenstellung für die Administration bestimmter Ressourcen zuständig, ein manipulierender Zugriff auf andere Ressourcen ist nicht gestattet.
- **Informationsreduktion:** Der Anwender möchte im Umgang mit der Plattform nur Information visualisiert bekommen, die für die Lösung seiner Aufgabe relevant ist.
- **Die „richtige" Information zum „richtigen" Zeitpunkt:** Für jeden einzelnen Arbeitsschritt eines Anwenders ist eine bestimmte Auswahl an Information und Funktionalität angemessen.
- **Die benutzerspezifische Darstellung der zu administrierenden Ressourcen:** In Abhängigkeit der Aufgaben eines Anwenders haben Ressourcen u.U. verschiedene Bedeutungen für den Anwender[2].

Die aufgezeigte Problemstellung läßt die Notwendigkeit eines **Betriebskonzeptes** zum effizienten und koordinierten Einsatz von Managementressourcen zur Lösung der gestellten Managementaufgaben deutlich erkennen. Dabei ist die Heterogenität der Managementressourcen wie auch die Vielfalt der Benutzeranforderungen zu berücksichtigen. Man benötigt ein Modell, das die Beschreibung der Benutzeranforderungen[3] gestattet und eine Abbildung dieser auf die Managementressourcen ermöglicht. Eine Möglichkeit der Umsetzung eines Betriebskonzeptes im Umfeld des Netz- und Systemmanagements besteht darin, **individuelle Sichtweisen**, die den Einsatz von Managementinformation und -funktionalität zur Lösung von Managementaufgaben dokumentieren, in Managementplattformen zu integrieren, bzw. die Managementplattformen um diese zu erweitern.

Bei einer idealen Unterstützung dieser Sichtweisen durch eine Managementplattform sollte eine "Führung" des Anwenders längs seiner Aufgaben möglich sein, die die für jeden Arbeitsschritt seines Vorgehens nötige Information, benutzbare Funktionalität und evtl. erforderliche Hilfetexte zur Erläuterung des Vorgehens auswählt bzw. darstellt. Es wird daher in diesem Zusammenhang eine **betreibergerechte Sichtweise** als eine Sichtweise verstanden, in der der Plattform-Anwender bei der Lösung seiner Aufgaben im obigen Sinne unterstützt wird.

Analysiert man nun unter diesen Vorgaben die Managementplattform als Integrationsfaktor, so stellt man fest, daß zwar eine enorme Quantität an Managementinformation und -funktionalität der Kommunikationsressourcen und integrierten Managementanwendungen verfügbar ist, sich das breite Spektrum der zu lösenden Managementaufgaben aber in keiner Weise in der Plattform-Ausprägung niederschlägt. Konkretisiert man diese Betrachtung, lassen sich folgende Kritikpunkte feststellen (siehe auch [EHP 93]):

- kein Zugangskonzept für offene Benutzerpopulationen;
- es gibt keine interpretierte, evtl. kontextabhängige Darstellung der Ressourcen, d.h. es wird

[2]Heutige Workstations übernehmen häufig eine ganze Anzahl an Aufgaben wie z.B. Mailserver, Printserver oder NFS-Server. Demnach hat die universelle Ressource Unix-Workstation für einen Benutzer eine besondere Bedeutung, falls er z.B. für die Administration der Mail-Server verantwortlich ist (im Gegensatz zu der Bedeutung anderer Workstations für diesen Benutzer).

[3]In dieser Arbeit wird der Begriff des Plattform-Benutzers synonym für den des Administrators verwendet, da angenommen wird, daß eine Plattform-Benutzer administrative Aufgaben zu erfüllen hat.

nur eine 1:1-Abbildung Benutzer → verteiltes System unterstützt;

- starre Kopplung zwischen den Zielobjekten der Plattform (*Managed Objects* (MO), Anwendungen) und deren Darstellung (d.h. keine individuelle Darstellung möglich);
- keine oder wenig Möglichkeiten zur Realisierung von Views mit reduzierter, d.h. ausgewählter Information oder Funktionalität.

Die Managementplattform trägt der Spezifik der unterschiedlichen Plattform-Benutzer mit ihren verschiedenen Zielen in keinster Weise Rechnung, man spricht daher auch vom sog. "Durchreichen" der Managementinformation und -funktionalität zum Benutzer.

Die Notwendigkeit, technische Abläufe in Unternehmen zu beschreiben und damit „handhabbar" zu machen (siehe auch [EhGr 93] und [Hols 93]), ist schon seit längerem Gegenstand von Forschungsarbeiten im Umfeld der Betriebswirtschaft. Oft bewegen sich diese Konzepte aber auf einem Abstraktionsgrad, der den Einsatz solcher Konzepte für praktische Probleme, wie oben geschildert, erschwert oder unmöglich macht.

Weitere Betrachtungen, die sich mit der besseren Integration des Benutzers in den Prozeß des Netz- und Systemmanagements beschäftigen, finden sich in [GuNe 95], [Wies 95b] oder [DrVa 95]. Diese Thematik wird ausführlich in [Wies 95a] oder [Dreo 95] diskutiert.

1.2 Fragestellungen und Ergebnisse der Arbeit

Die Betrachtungen des vorangegangenen Abschnittes haben gezeigt, daß die Notwendigkeit betreibergerechter Sichtweisen zwar offensichtlich ist, die Realisierung solcher Sichtweisen in Managementplattformen aber noch nicht erfolgte. Die Gründe sind sicher auf der technischen Ebene (mangelnde Unterstützung durch die Plattformen), wie auch in der Modellebene (bisher kein Modell zur Abbildung der Betreiberanforderungen auf die Einsatzumgebung vorhanden) zu suchen. Die Spezifik der Einsatzumgebung von Managementplattformen wird unabhängig davon, ob bereits Managementlösungen existieren und in die Plattform integriert werden müssen, eine Anpassung der Managementplattformen an diese Umgebung erforderlich machen.

Allgemein läßt sich die zentrale Frage dieser Arbeit so formulieren: Wie muß eine Managementplattform gestaltet sein und "parametrisiert" werden , um im Sinne eines betreibergerechten Managements jedem mit Managementaufgaben betrauten Anwender die optimale Unterstützung durch die Managementplattformen zuteil werden zu lassen? Es wird dabei eine heterogene Umgebung unterstellt.

Aus dieser recht umfassenden Fragestellung lassen sich nun verschiedene Teilfragestellungen herauslösen:

1. Auf welchem Wege gewinnt man systematisch die Anforderungen der jeweiligen Anwender an die Plattform?

   Die im ersten Abschnitt beispielhaft angedeutete Vielfalt der Plattform-Anwender und deren Anforderungen zeigte, daß ein wichtiger Teil der Anforderungsanalyse die Gewinnung allgemeiner Kriterien zur Analyse und Klassifizierung der Anwender-Anforderungen darstellt. Die Methodik zur Erfassung der Anwenderanforderungen muß neben der technischen Infrastruktur der einzusetzenden Managementplattformen (Infrastruktur der Plattform) auch organisatorische Aspekte (Aufgaben- und Rollenverteilung, unternehmensspezifische Vorgehensweisen) berücksichtigen. Ein wichtiger Aspekt ist dabei die Wiederverwendbarkeit der gewonnen Anforderungen (z.B. typische Anforderungsprofile).

2. Wie modelliert und beschreibt man diese Anforderungen?

   Um die Anforderungen auf eine Managementplattformen abbilden zu können, ist ein Modell oder Beschreibungsrahmen erforderlich, der diese Anforderungen in strukturierter Form explizit macht, d.h. dokumentiert. Auch das Modell muß unabhängig von der technischen Realisierung des Werkzeuges oder der Plattform sein. Dies heißt natürlich auch, daß das Modell in Teilen generisch sein muß, d.h. die Benutzerspezifik darf auf einer funktions- oder werkzeugnahen Ebene nicht mehr sichtbar sein.

3. Wie setzt man diese Anforderungen in einer Managementplattformen um?

   Nachdem man festgestellt hat, daß heutige Plattformen den Anforderungen an eine Implementierungsumgebung zur Realisierung betreibergerechter Sichtweisen nicht gerecht werden, ist eine Plattform-Architektur zu entwickeln, die die Umsetzung dieser Sichtweisen optimal unterstützt. Basis dafür sollten bestehende Plattform-Architekturen bilden.

Es sei an dieser Stelle noch einmal betont, daß es in dieser Arbeit nicht primär darum geht, Plattform-Defizite hinsichtlich Managementinformation und Funktionalität zu beseitigen, sondern die in Managementplattformen bereitgestellte Managementinformation und -funktionalität adäquat zu strukturieren. Dies bedeutet, daß exisitierende Managementplattformen um die in dieser Arbeit vorgeschlagenen betreibergerechten Sichtweisen[4] erweitert werden sollen.

Die in der Arbeit gewonnene Erkenntnis, daß betreibergerechte Sichtweisen (im Netz- und Systemmanagement) von den zu lösenden Managementaufgaben und nicht nur von rein technischen Aspekten ausgehen müssen, motiviert die Entwicklung eines Modells, das die Gewinnung von aufgabenorientierten Sichtweisen auf das Netz mit seinen Ressourcen gestattet.

Die Bewertung einer Arbeit, d.h. auch des praktischen Nutzens, ist ohne eine Einordnung der betrachteten Fragestellungen und der Ergebnisse in einen Gesamtkontext nicht möglich. Es wird im folgenden ein Vorgriff auf die weiteren Kapitel der Arbeit in der Form geschehen, daß die Resultate der Arbeit und der Bezug zu bereits existierenden Arbeiten (Modelle, Standards, Implementierungen) aufgezeigt wird. Es ist sicher, daß gerade Arbeiten im Netz- und Systemmanagement eine direkte Anwendung von Konzepten und Methoden auf die Probleme des Netz- und Systembetriebs erfordern. Die Einordnung der Fragestellung teilt sich daher in konzeptionelle und implementierungsnahe Quellen.

Um zu einer korrekten und realitätsnahen Anforderungsanalyse zu kommen, ist es notwendig gewesen, Szenarien aus dem Betrieb von Netzen und Systemen als Grundlage zu verwenden. Für die Analyse wurden daher Szenarien aus dem Bereich System-, Fehler- und Leistungsmanagement ausgewählt. Bei der Bewertung der Anforderungen betreibergerechter Sichtweisen in der Realität wurden Ansätze aus der Forschung (FIKA-Modell, System ADDD) sowie am Markt befindliche Managementplattformen (HP Open View, Cabletron SPECTRUM) an den gewonnen Kriterien gemessen. Nachdem festgestellt wurde, daß weder vorhandene Konzepte noch Implementierungen betreibergerechte Sichtweisen in der geforderten Qualität modellie-

[4] Betreibergerechte Sichtweisen werden wie auch traditionelle Sichtweisen in einer Managementplattform durch den Benutzer verwendet, sind aber im Gegensatz zu den traditionellen Sichtweisen rollenspezifisch.

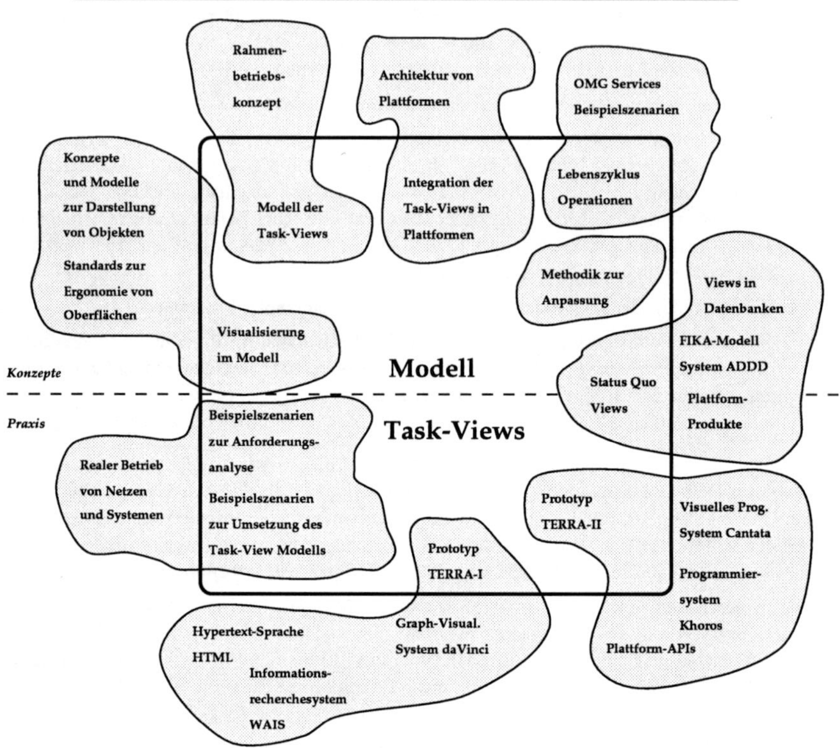

Abbildung 1.1: Einordnung der Fragestellung

ren bzw. implementieren, wurde das Modell der Task-Views entwickelt. Die durch die Mitarbeit des Autors am Entwurf des im MNM-Teams[5] entwickelten Rahmenbetriebskonzeptes[6] (RBK) gewonnen Erkentnisse flossen natürlich in das Task-View-Modell, das eine spezifischere Zielsetzung als das RBK hat, ein. Der Schwerpunkt wurde im Task-View-Modell auf die Verfahrensebene (und darunterliegende Ebenen) gelegt, wobei diese ergänzt und verfeinert wurden. So werden beispielsweise Aspekte der Visualisierung bzw. der logischen Integration von

[5]Das Münchner Netz-Management Team, unter der Leitung von Prof. Dr. H.-G. Hegering, setzt sich aus Wissenschaftlern der beiden Münchner Universitäten und des Leibniz-Rechenzentrums der Bayerischen Akademie der Wissenschaften zusammen.

[6]Das RBK stellt ein allgemeines Modell zur Beschreibung der Aufbau- und Ablauforganisation von IV-Strukturen mit dem Ziel des effizienten Einsatzes von Managementwerkzeugen dar.

Funktionalität in eine Managementplattform bisher im RBK nicht betrachtet. Zur Berücksichtigung des Darstellungsaspektes im Task-View-Modell ist zu erwähnen, daß hier Arbeiten von [KaKa 91], [TNMK 94] und [MTKY 94] als Basis dienten und um Aspekte zur Beschreibung von Interaktionen angereichert wurden. Um die Anpassung der Task-Views, d.h. die Füllung des Modells mit konkreter Information, zu unterstützen, wurde eine Methodik entwickelt, die an Beispielen aus dem Netz- und Systemmanagement verifiziert wurde. Mit dieser Methodik ist ausgehend von den Betreiberanforderungen (formuliert in Aufgaben) und den durch eine Managementplattform zugänglichen Werkzeugen und Managementinformation eine schrittweise Anreicherung des Task-View-Modells mit dieser Information möglich. Beim Entwurf der Task-View-Operationen in den einzelnen Phasen des Lebenszyklus wurden neben den Anforderungen aus den Szenarien auch die relevanten Standards der OMG ([OSA 92] und [OMGS 93]) berücksichtigt. Da schon beim Entwurf der Methodik abzusehen war, daß dieser Prozeß einer Werkzeugunterstützung bedarf, begann parallel ein Projekt zur Implementierung eines Prototypen. Relevante Standards bzw. Werkzeuge sind in Abbildung 1.1 dargestellt. Für die Realisierung einer Anbindung des Unterstützungswerkzeuges TERRA an eine Managementplattform wurde die API der Managementplattform HP Open View exemplarisch herangezogen und die auszutauschende Information für ein Szenario aus dem Bereich des Systemmanagements beispielhaft dargestellt. Aufgrund der herausragenden Bedeutung der Netzbeschreibung für ein effizientes Netzmanagement wurde das Management der Netzbeschreibung als ein weiteres Beispiel für die Umsetzung der Task-Views verwendet. Das Beispiel zeigt, wie groß heutzutage die Diskrepanz zwischen der in Produkten (Managementplattformen) realisierten und einer gemäß der Betreibersicht entwickelten Schnittstelle zum Management der Netzbeschreibung ist. Da die meisten heute als Produkte erhältlichen Managementplattform keine optimalen Voraussetzungen für die Integration der Task-Views in Managementplattformen bieten, bzw. diese unmöglich machen, wird zum Abschluß der Arbeit eine Plattform-Architektur vorgestellt, die eine optimale Integration der Task-Views in eine Managementplattform ermöglicht. Natürlich fanden allgemein akzeptierte Plattform-Architekturen in den Entwurfsprozeß der idealen Architektur Berücksichtigung.

Der Aufbau der Arbeit folgt direkt aus den im vorigen Abschnitt aufgezeigten Fragestellungen. Nach einer Einführung in die Problematik (**Kapitel 1**) werden, ausgehend von Szenarien aus dem Netz- und Systemmanagement, Anforderungen an die zu entwickelnden Sichtweisen gewonnen (**Kapitel 2**). Zu diesem Zweck wird zuerst eine begriffliche Basis zum allgemeinen Verständnis der Views geschaffen. Um eine Bewertung der im weiteren folgenden Szenarien zu ermöglichen, werden die Einflußfaktoren auf Views untersucht und in die aus dem Netz- und Systembereich stammenden Dimensionen eingeordnet, bzw. diese weiter ergänzt. Die darauf folgende Analyse der Szenarien (Installation einer Workstation, Fehlerdiagnose, Installation eines Leistungsmonitors) geschieht unter Verwendung der gewonnen Kriterien und mündet in einen Anforderungskatalog für betreibergerechte Views.

Im **Kapitel 3** erfolgt eine Betrachtung des Status Quo der Verwendung von Views in Theorie und Praxis. Den Anfang bildet eine Einführung in eine allgemein akzeptierte Plattform-Architektur mit einer Erläuterung der einzelnen Bestandteile. Nach dieser Einführung wird der Grad der Realisierung sog. „traditioneller Views“ in Plattformen untersucht. Die in Kapitel 2 aufgestellten Anforderungen an Views werden als Basis zur Ableitung von Anforderungen an Managementplattform herangezogen und an Beispielen üblicherweise eingesetzter Plattformen auf deren Erfüllung geprüft. In einem weiteren Abschnitt wird die Anwendung von Views in relationalen Datenbanken wie auch in objektorientierten Datenbanken untersucht. Als weitere typische Anwendungsgebiete werden der Einsatz von KI an der Benutzer-Schnittstelle zur Management-Anwendung und der Einsatz von Views im Software-Engineering betrachtet. Die durchgeführte Analyse läßt die Feststellung zu, daß in hinreichend komplexen Anwendungen mit einer Schnittstelle zum Benutzer, häufig Views zur Strukturierung und Führung angewendet werden. Die konkrete Ausprägung der Views variiert dabei je nach konkretem Einsatzzweck, die allgemeine Zielstellung ist aber die gleiche.

Schwerpunkt der **Kapitels 4** ist die Entwicklung eines Modells, daß die Beschreibung von Sichtweisen gemäß der in Kapitel 2 festgestellten Anforderungen ermöglicht. Nach einer Analyse und Bewertung der Schnittstelle des Modells zur Umgebung (Anforderungen des Plattform-Benutzers formuliert in Managementaufgaben, Infrastruktur der Plattform), werden schrittweise die einzelnen Ebenen des Task-View-Modells entwickelt (siehe Abbildung 1.2). Das entwickelte Modell entstand in Anlehnung an das in [HAWI 95] veröffentlichte Modell. Das dort vorgestellte Modell wurde auf die Spezifik beim Einsatz von Managementplattformen verfeinert. An die Diskussion des Modells schließt sich die Festlegung der Syntax des Task-View-Modells an. Den Abschluß des Kapitels bildet die Anwendung der Notation auf ein reales Szenario aus dem Systemmanagement.

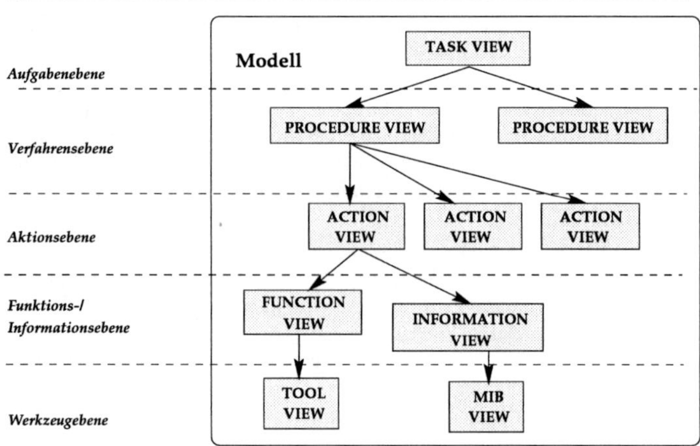

Abbildung 1.2: Modell zur Beschreibung betreibergerechter Sichtweisen

Da die Instantiierung bzw. die Anwendung des Task-View-Modells eine hinreichend komplexe Problematik darstellt, wird in **Kapitel 5** eine Methodik zur sytematischen Anpassung (d.h. Instantiierung) des Task-View-Modells an konkrete Einsatzumgebungen (von Managementplattformen) entwickelt. In dieser wird das schrittweise Einbringen von Information aus der Umgebung in das Modell beschrieben. Diese Methodik hat dabei primär die Spezifikation von generischen Managementverfahren und Aktionen zum Ziel. Aufgrund der erwähnten Komplexität des Modells und der verschiedenartigen Anforderungsprofile der Modellanwender, wird ein Werkzeug entwickelt, daß den Umgang mit dem Task-View-Modell unterstützt.

Im **Kapitel 6** wird der Gedanke der Werkzeugunterstützung weitergeführt, indem die Integration bzw. Anbindung des Modells an Managementplattformen anhand verschiedener Alternativen beschrieben und diskutiert wird. Dies wird wiederum an einem Beispiel (Sternkoppler-Management) auszugsweise illustriert.

Die Netzbeschreibung stellt im Umfeld des Netz- und Systemmanagements eine fundamentale Basis für ein effizientes Management des verteilten Systems in einer heterogenen Umgebung dar. Es wird daher in **Kapitel 7** am Beispiels des Managements der Netzbeschreibung die Anwendung des Task-View-Modells auf konkrete Szenarien dokumentiert. Das beschriebene Beispiel läßt deutlich die Diskrepanz zwischen der in üblicherweise eingesetzten Managementplattformen realisierten Schnittstelle zur Netzbeschreibung (i.d.R. Autodiscovery bzw. Autotopology) und der durch die Anwendung des Task-View-Modells entwickelten Schnittstelle erkennen.

Die in Kapitel 3 festgestellten Defizite von Managementplattformen hinsichtlich der Integration bzw. Realisierung von Task-Views sind Anlaß zum Entwurf einer in **Kapitel 8** vorgestellten Architektur einer Managementplattform, die diese Integration in idealer Weise unterstützt.

Den Abschluß der Arbeit bildet das **Kapitel 9** mit offenen Fragen und einem Ausblick.

In Abbildung 1.3 sind die einzelnen Kapitel im Überblick dargestellt.

Zusammenfasung der Ergebnisse

Schwerpunkt der vorliegenden Arbeit bildet ein **Modell**, daß die schrittweise Abbildung von Anforderungen des Betreibers eines verteilten Systems an das Netz- und Systemmanagement in Form sog. Task-Views realisiert. Besonderer Wert wurde dabei auf einen hohen Grad an Generik bei der Beschreibung von Managementverfahren gelegt. Zur Unterstützung der Abbildung des Modells auf konkrete Einsatzumgebungen von Plattformen wurde eine **Methodik** entwickelt, die diese Abbildung auf systematische und nachvollziehbare Weise unterstützt. Da herkömmliche Managementplattformen die Anwendung der Task-Views nur unbefriedigend unterstützen, wurde eine **Plattform-Architektur** entwickelt, die die Integration bzw. Anbindung von Task-Views an Managementplattformen ideal unterstützt.

Es gibt natürlich weitere Aspekte, wie z.B. die Analyse des Einflusses der Organisationsstruktur eines Unternehmens auf den Entwurf der Task-Views, die Anwendung des Task-View-Modells zur Analyse (Werkzeug-Migrationen, Effizienzbetrachtungen) oder auch die Problematik der Automatisierung in einzelnen Modellebenen, die nicht weiter untersucht werden, bzw. im Kapitel „Offene Fragestellungen/Ausblick" angerissen werden. Vielmehr ist mit diesem Modell eine Basis für weitergehende Arbeiten gelegt. Zusammenfassend bleibt festzustellen, daß der Schwerpunkt der Arbeit in der Entwicklung des Modells (mit Fokus auf Aufgaben-,Verfahrens- und Aktionsebene), dem Entwurf einer Methodik zur Füllung des Modells und auf der Spezifikation einer idealen Architektur einer Managementplattform zur Integration der Task-Views besteht. Betrachtungen in dieser Arbeit, die außerhalb des Schwerpunktes lagen, dienen in erster Linie zur Abrundung des Gesamtbildes „betreibergerechter Sichtweisen", zur Illustration der Modellanwendung oder aber zur Anregung weiterführender Arbeiten.

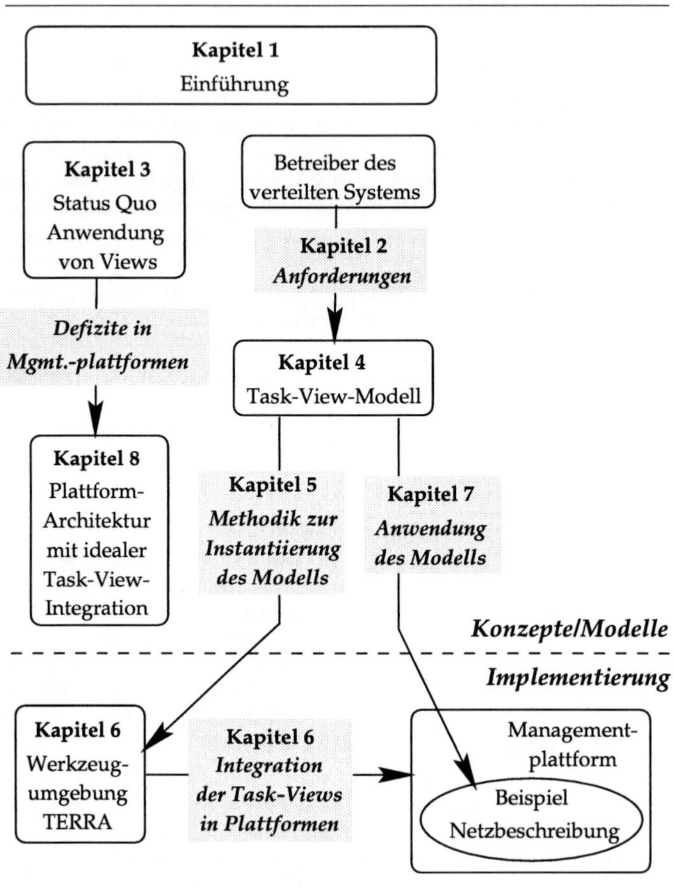

Abbildung 1.3: Überblick über die einzelnen Kapitel

Kapitel 2

Anforderungen an Views

Um die Notwendigkeit der Einführung einer neuen Form von Views zu begründen, ist es erforderlich, Mängel an bestehenden View-Realisierungen herauszustellen und zu bewerten. Dazu ist es nötig, Anforderungen an Views zu spezifizieren und deren Erfüllung durch Analyse bestehender Realisierungen zu überprüfen. In diesem Kapitel werden nach einer Begriffsbildung ausgehend von Beispielszenarien aus dem Netz- und Systemmanagement Anforderungen an Views abgeleitet. Da aus der Charakteristik einer typischen Einsatzumgebung von Managementplattformen, d.h. einer Mehr-Benutzer-Umgebung weitere Anforderungen resultieren, werden die aus den Szenarien gewonnen Anforderungen um diese ergänzt.

2.1 Zur Begriffsbildung „Views"

Bevor man über Anforderungen an Views diskutieren kann, sollte man eine gewisse begriffliche Klarheit, einen Konsens über den Begriff des Views schaffen. Im Umfeld der Informatik wird der View, oder deutsch: „Sichtweise", als eine Auswahl verstanden, die sich meist auf Information oder Funktionalität bezieht. Eine sehr lange Tradition haben Views im Gebiet der Datenbanken. Dort werden Sichten in relationalen Datenbanken wie folgt definiert ([Heue 92]):

Sichten sind virtuelle, nicht in der Datenbank abgespeicherte Relationen, die durch Anfrageausdrücke berechnet werden. Durch algebraische Operationen definierte Benutzersichten können in Anfragen wie normale, in der Datenbank befindliche Basisrelationen behandelt werden (Probleme bereiten die Updates).

Andere Autoren ([CeWi 91]) unterteilen Sichtweisen in relationalen Datenbanken (d.h. Datenbanken basierend auf dem Entity-Relationship Modell) in virtuelle (Anfragen an Views werden auf Basisrelationen abgebildet) und materielle (sie werden aus Basisrelationen berechnet und abgespeichert). Typischerweise wird ein View in ER-Datenbanken mit der *select*-Klausel ausgedrückt.

In objektorientierten Datenbanken werden Sichten ebenfalls als virtuelle Instanzen verstanden, die aus einer Anfrageoperation an die in der Objektbank vorliegenden Basisinstanzen berechnet werden. Die virtuellen Instanzen sind in objektorientierten Datenbanken Objektrelationen (also Objektmengen und ihre Zustände) von virtuellen Klassen. Erzeugt werden Sichten durch objekterhaltende Operationen, die die Objektidentität der in die Operation einfließenden Objekte bewahren und neben der Abgeschlossenheit auch die Adäquatheit der objektorientierten Anfragesprache zusichern. Eine wesentliche Problematik ist dabei die Einordnung der Anfrageergebnisse (virtuelle Instanzen) in die Klassen- und Typhierarchie.

Beiden Definitionen von Sichten in der Datenbank-Welt ist gemeinsam, daß die Darstellung der mittels einer Anfrage ausgewählten Information nicht explizit spezifiziert werden kann. Daß die Darstellung der ausgewählten Information wohl aber ein Aspekt ist, der nicht allein für die Anwendungen, sondern auch für die Datenbank-Managementsysteme relevant ist, zeigen Arbeiten wie [Cruz 92], [Cruz 93] und [FlMa 93] auf diesem Gebiet. Als Ergebnis dieser Betrachtung kann man feststellen, daß sich Views in Datenbanken auf die Spezifikation von Selektionskriterien beschränken. Zurück aber zu der Verwendung von Views in Managementplattformen.

In Managementplattformen wird versucht, die hohe Quantität an Information durch graphische Darstellungen an einer Benutzerschnittstelle leichter faßbar zu gestalten. So wird z.B. Information über das Chassis einer Netzkomponente und die aktuelle Belegung des Chassis oft mittels eines Bildes der Komponente mit entsprechend belegten Einschubplätzen dargestellt, obwohl die Information als MIB-Attribut ebenso zu visualisieren wäre[1]. Ein weiterer Aspekt ist die Darstellung unterschiedlicher Semantik, die eine Ressource für einen View-Anwender besitzt (Darstellung in unterschiedlichem Kontext).

Views werden eingesetzt, um für den Betrachter das jeweils Wesentliche vom für ihn Unwesentlichen zu trennen. Die Kriterien, die einen View definieren, werden vom Betrachter festgelegt. Die grundlegenden Zusammenhänge von Views zeigt Abbildung 2.1.

Die Spezifikation eines Views ist zweigeteilt: ein Teil bestimmt die Selektion des relevanten Inhaltes, der andere Teil legt die Darstellung der Information fest. Die im Gegensatz zu Datenbank-Sichten umfassendere Interpretation des Views soll vorläufig als Ausgangspunkt für weitere Betrachtungen dienen.

2.2 Einflußkriterien auf Views

Wie schon im vorangegangenen Abschnitt angedeutet, wird ein View durch zwei Typen von Kriterien bestimmt:

- Selektionskriterien; sie legen den Inhalt eines Views fest, d.h. welche Information/Funktionalität im View enthalten sein soll (vgl. SQL-Anfragen in ER-Datenbanken)
- Darstellungskriterien; sie bestimmen die Darstellung der ausgewählten Information/Funktionalität an der jeweiligen Benutzerschnittstelle

Aufgrund der Tatsache, daß für das Umfeld der Arbeit eine heterogene Umgebung angenommen wird, ist eine große Vielfalt bei den Selektionskriterien nicht überraschend. Typische Aspekte sind hier die betrachteten Ressourcen (Netzkomponenten, Endsysteme), der Typ der zu verwaltenden Netze (LAN, WAN) oder die Funktionsbereiche (Fehlermanagement, Leistungsmanagement, ...), um nur einige zu nennen. In homogenen, abgeschlossenen Umgebungen,

[1]Dies ist sicher weniger informativ, da die Belegung der Steckplätze oft mittels herstellereigener Codes abgebildet wird.

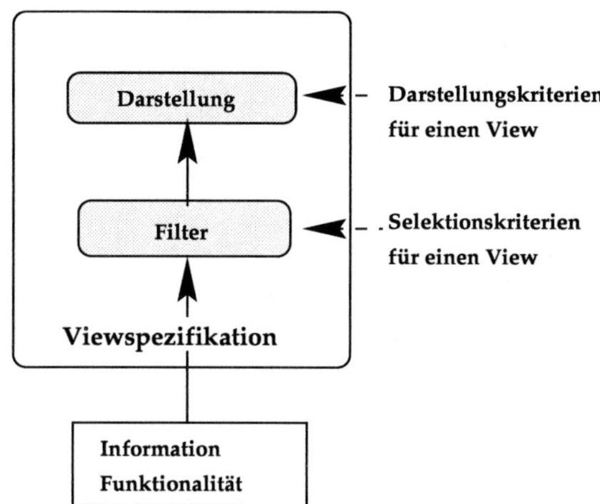

Abbildung 2.1: Grundlegende Zusammenhänge in einem View

wie z.B. reinen SNA-Netzen, reduziert sich diese Vielfalt natürlich. Die Darstellungskriterien werden von vollkommen anderen Aspekten geprägt und sollten nur unwesentlich von der Heterogenität der Netzinfrastruktur abhängen. Typische Aspekte sind hier z.B. die Qualifikation und Erfahrung der View-Anwender oder die Rolle (Operateur, Administrator), die diese in dem Unternehmen einnehmen. Einen repräsentativen, aber sicher nicht vollständigen Überblick über Einflußkriterien auf Views gibt Abbildung 2.2.

Der grau unterlegte Bereich stellt die Kriterien (Rollen und Qualifikationen) heraus, die wesentlich die Darstellung der Views beeinflußen. Die anderen Kriterien sind hauptsächlich für die Selektion verantwortlich.

Eine wesentliche Rolle spielen diese Kriterien bei der Aufstellung eines Anforderungskataloges an Views, sowie bei der Spezifikation, d.h. dem Entwurf von Views. Ebenso wird eine Weiterverwendung von Views durch diese Form der Klassifizierung erleichtert bzw. erst ermöglicht[2]. Um eine Strukturierung der im folgenden angeführten Beispielszenarien zu ermöglichen, werden die vorgeschlagenen Kriterien auf diese Szenarien angewendet.

[2]Diese Form der Klassifizierung ermöglicht eine Suche in Bibliotheken für wiederverwendbare Teile der Views.

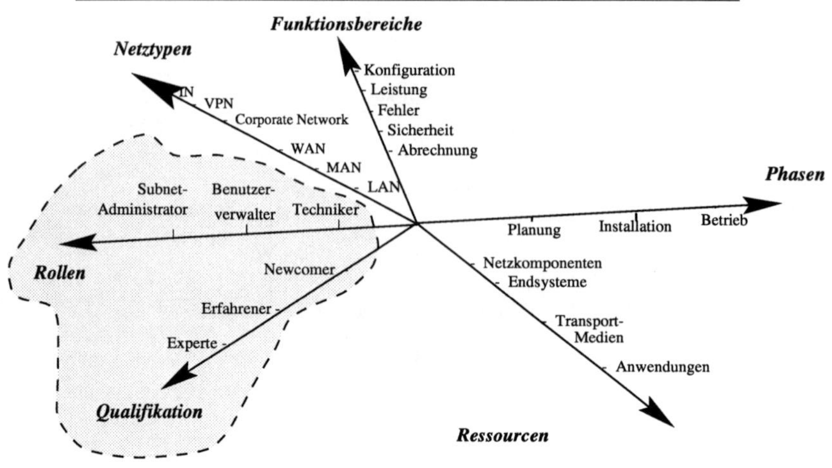

Abbildung 2.2: Einflußkriterien auf Views

2.3 Typische Szenarien im Umfeld des Netz- und Systemmanagements

Bedingt durch die Historie gewachsener Unternehmensnetze werden in den für das Management zuständigen Abteilungen der Unternehmen eine Vielzahl nicht integrierter, spezialisierter Element-Management-Werkzeuge eingesetzt. Diese sind in ihrer Bedienung und Anwendung oft so heterogen, daß meist ein oder mehrere Mitarbeiter nur für ein Werkzeug zuständig sind bzw. mit diesem umgehen können. Resultierend aus dieser Spezialisierung ist ein Mitarbeiter für einen bestimmten Komponententyp eines Herstellers innerhalb einer Domäne, d.h. für eine bestimmte Anzahl von Instanzen der Komponenten/Systeme, zuständig. Der Mitarbeiter hat dabei Aufgaben zu lösen, zu deren Erfüllung er sich hauptsächlich der Element-Management-Werkzeuge, oder falls diese in einer Plattform integriert sind, der Plattform bedient. Da oft aber die Werkzeuge nicht in einer Plattform integriert sind, und sich die Aufgaben nicht nur auf ein einzelnes Netzelement beschränken, sind oft mehrere Werkzeuge zu benutzen. Ein weiterer Aspekt, der diese Vielfalt erweitert, ist die unterschiedliche Qualifikation der Mitarbeiter. Dies spielt insofern eine Rolle, als daß dadurch die Vorgehensweisen zur Lösung ein und desselben Problems durch verschiedene Mitarbeiter unterschiedlich sein kann.

In einem ersten View wird der für die Installation verantwortliche Mitarbeiter zur Eingabe erster Information aufgefordert, wie z.B.: Organisatorische Domäne, Name, Institution, Typ der Workstation, Hardware usw. (*Selektion Ressource*, *Selektion Information*). Nach der erfolgreichen Eingabe dieser grundlegenden Information beginnt die eigentliche Installation.

Zuletzt eine Anmerkung zu den Szenarien. Diese stellen in ihrer vorgestellten Form natürlich eine Vision dar, d.h. entsprechen nicht Realisierungen in Plattformen, soweit dies den sicher idealisierten Grad an Unterstützung durch die Plattform betrifft. Die Inhalte bzw. Vorgehensweisen der Szenarien wurden aus Untersuchungen in Netzbetreiberorganisationen gewonnen. Bei der Gewinnung der Szenarien wurde versucht, anhand von Analysen der im Alltag von Netzadministratoren durchgeführten Verfahrensweisen die in einem Schritt notwendige Information und Funktionalität inklusive der optimalen Darstellung herauszukristallisieren. Die Systematik bei diesem Vorgehen ist zum einen in der Auswahl der einen View charakterisierenden Aspekte (z.B. Selektion Information) bzw. in der Auswahl der Szenarien (nach unterschiedlichen Kriterien, siehe Abbildung 2.2) zu sehen. Das Ziel dieses Abschnittes ist es, durch eine Betrachtung unterschiedlicher Szenarien Informationen darüber zu bekommen, welche Aspekte in einem View enthalten sein müssen, und inwieweit diese verallgemeinerbar sind.

2.3.1 Szenario: Installation einer Workstation im Netz

Das im Alltag recht häufig auftretende Szenario der Installation einer Workstation soll als ein erstes Beispiel dienen. An dieser Stelle sei noch einmal betont, daß in der Realität der „Installateur“ weitaus weniger komfortabel unterstützt wird, dazu aber mehr in Kapitel 3.

Abbildung 2.3 soll einen groben Überblick über die im weiteren näher erläuterten Schritte geben. Das Vorgehen zur Installation einer Workstation wird in drei große Abschnitte unterteilt: Vorbereiten des Netzzugangs, Installation und Anpassung der Betriebssystem-Software und das Realisieren des Netzzugangs.

Anmerkung: Die Szenarien werden in einer rein informellen Form beschrieben, wobei der *kursive* Text in runden Klammern mit einem Keyword die Anforderung an den View spezifiziert.

Vorbereiten Installation

Das Vorbereiten der Installation umfaßt alle Maßnahmen, die notwendig sind, um die Folgeschritte (Anbindung der Workstation an das Netz und die Installation der Betriebsystem-Software) ohne zusätzliche Information durchzuführen.

Typ der Workstation bestimmen

Zuerst ist es notwendig, den Typ (server, diskless client, standalone system, dataless client), d.h. den vorgesehenen Einsatzzweck[3] der Workstation zu bestimmen. Da im ersten Schritt schon die Hardwarekonfiguration bestimmt wurde, kann man an dieser Stelle eine Auswahl der möglichen Typen (einige Typen z.B. Server) stellen an die Hardware Mindestanforderungen) in einem Auswahl-Menü vorschlagen (*Selektion Information*, *Online-Hilfe*). Die ergänzenden Hilfetexte informieren den Anwender über Konsequenzen der Wahlmöglichkeiten. Der vorgesehene Typ der Workstation wird gespeichert.

[3] Dieser hängt natürlich in der Regel von den Hardware-Voraussetzungen ab.

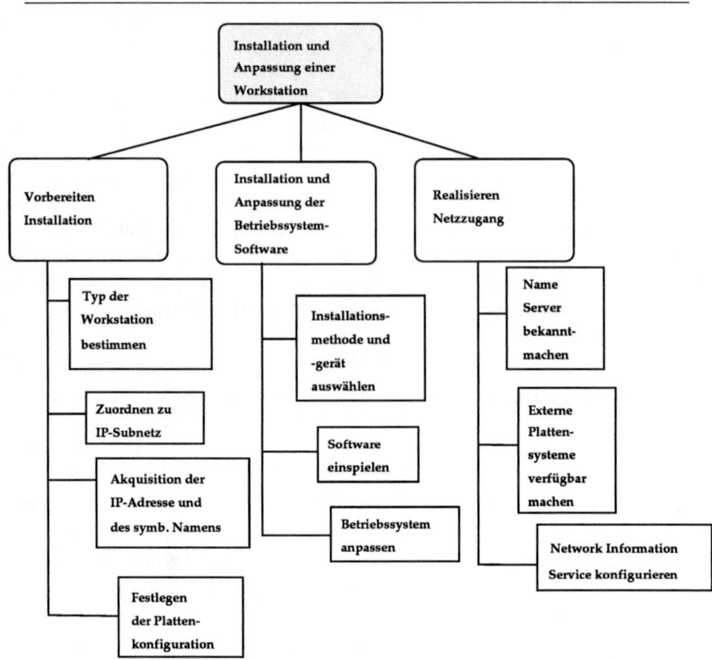

Abbildung 2.3: Aufgabenbaum für die Installation und Anpassung einer Workstation

Zuordnen zu IP-Subnetz

Der Anwender bekommt in einem View (geografischer Kontext[4]) die Karte seiner Zuständigkeitsdomäne angezeigt (*Selektion Information*, *Selektion Kontext*). Er kann sich nun durch Navigieren durch die Karte zum zukünftigen Standort der Workstation hinbewegen und diesen mit der Aktivierung eines Menüpunktes auswählen (*Selektion Information*, *Selektion Funktion*). Ein Hilfetext informiert ihn über die Form der Auswahl des Standortes (*Online-Hilfe*). Ist der Standort ausgewählt, wird dem Anwender ein weiterer View mit den möglicherweise verwendbaren, geografisch nächsten Anschlußkomponenten mit freien Kapazitäten angeboten (*Selektion Kontext*, *Selektion Information*, *Online-Hilfe*). Die Online-Hilfe informiert ihn über die Notwendigkeit, beim Anschluß an einem Twisted-Pair-Hub einen Twisted-Pair-Transceiver bereitstellen zu müssen. In einem weiteren Fenster wird das automatisch mit dieser Standort-Wahl ausgewählte Subnetz angezeigt (*Selektion Kontext*, *Selektion Information*, *Online-Hilfe*).

[4]Dies bedeutet, daß der Anwender die gesamte später ausgewählte Information/Funktionalität in einem geografischen Kontext, d.h. z.B. in einer Karte mit den Gebäuden, in welchen sich die Komponenten befinden, für die er verantwortlich ist, dargestellt bekommt.

In der Online-Hilfe wird der Anwender um eine Bestätigung der Wahl gebeten (er hat auch die Möglichkeit, ein anderes Subnetz auszuwählen).

Vergabe der IP-Adresse/Naming

Für eine eindeutige Identifikation der Workstation im Netz ist die Vergabe eines weltweit eindeutigen Namens (Naming) notwendig. Damit die Workstation bestimmte Dienste im Netz in Anspruch nehmen kann, bzw. selbst als Anbieter bestimmter Dienste (IP-Ebene) agieren kann, ist die Zuordnung einer IP-Adresse zu der Workstation erforderlich.

Dem Anwender wird ein Fenster geöffnet, in welches alle Daten einzutragen sind, die zur Vergabe der IP-Adresse notwendig sind, wie z.B. Ethernet-Adresse, Hostname (logischer Name), Typ der Workstation usw. (*Selektion Information*). In einem Hilfetext bekommt er Erläuterungen dazu, wie er diese geforderte Information bekommen kann (z.B. Ethernet-Adresse wird beim Booten der Workstation angezeigt) (*Online-Hilfe*). Hat er dieses Feld korrekt ausgefüllt, wird es an die Vergabe-Instanz gesendet, die mit einer IP-Adresse antwortet.

Festlegen der Disk-Aufteilung der Workstation

Abhängig vom Typ der Workstation (siehe oben) sind unterschiedliche Ausprägungen der Hard-Disk Aufteilungen notwendig. Es erscheint ein Fenster, in welchem eine dem gewähltem Workstationtyp und der anhand der Hardware-Angaben festgelegte Disk-Größe angemessene Disk-Aufteilung vorgeschlagen wird (*Selektion Information*). In einer Online-Hilfe werden Grenz- und Richtwerte der einzelnen Partitionen angegeben (*Online-Hilfe*).

Installation und Anpassung der Betriebssystem-Software

Da die zur Installation erforderliche Information bereits vorhanden ist, kann nun mit der Installation und Anpassung der Betriebssystem-Software begonnen werden.

Installationsmethode und Installationsgerät auswählen

Je nach verfügbarer Peripherie der neuen Workstation und der Einbindung ins Netz ist jetzt die Methode bzw. das Gerät, von dem die Software installiert werden soll, auszuwählen. Dazu bekommt der Anwender ein Fenster, in welchem er dies auswählen kann (*Selektion Information*). In einem Hilfetext sind Kommentare angezeigt, wie z.B. darüber, was zu tun ist, um über das Netz Software zu installieren usw. (*Online-Hilfe*).

Software einspielen

Es erscheint ein Fenster, in dem der Anwender die Installation startet (*Selektion Information*, *Selektion Funktion*). Entsprechend der im vorigen Schritt gewählten Methode wird jetzt die entsprechende Aktion ausgelöst. Ist der Basis-Kernel installiert (Mini-Root), werden in einem Fenster die zu installierenden Pakete angeboten, wobei die Abhängigkeiten jeweils verschattet sind, d.h. der Anwender braucht sich darum nicht zu kümmern (*Selektion Information*, *Online-Hilfe*). Der Hilfetext erläutert den Inhalt der Pakete.

Anpassung der Software

Jetzt werden menügeführt die einzelnen Pakete konfiguriert. Dazu wird jeweils ein Fenster inkl. der Hilfetexte visualisiert, in dem der Benutzer die Default-Annahmen bestätigt oder eigene Wünsche realisiert (*Selektion Information, Online-Hilfe*).

Realisieren Netzzugang

Die bereits konfigurierte Workstation wird jetzt ins Netz eingebunden und anderen Servern „bekanntgemacht".

Workstation in Name-Server eintragen

Dem Anwender wird ein Fenster repräsentiert, in welchem er die bereits bekannten Daten seiner Workstation, wie auch den Default-Name-Server seiner Domäne angegeben findet (*Selektion Information*). Er kann einen anderen Name-Server als Default-Name-Server wählen oder die Vorgabe bestätigen und damit seine Workstation in den Name-Server eintragen. Ein Hilfetext erläutert die Konsequenzen bei der Wahl eines anderen Name-Servers (*Online-Hilfe*).

Externe Plattensysteme verfügbar machen

In einem Fenster werden dem Anwender die im Subnetz verfügbaren Plattensysteme anderer Server angezeigt, die er per Mausclick anwählen kann und damit in die Mount-Tabelle der neuen Workstation einträgt (*Selektion Information*). Mittels eines ebenfalls angebotenen Befehls werden die Plattensysteme gemountet (*Selektion Funktion*).

Network Information Service konfigurieren

Im letzten Fenster werden mögliche NIS-Server angeboten, die der Anwender auswählen kann (*Selektion Information, Selektion Funktion*). Durch eine Funktion kann der Anwender die NIS-Software aktivieren und in die Boot-Tabelle eintragen lassen (*Selektion Information, Selektion Funktion*).

2.3.2 Szenario: Fehlerdiagnose

Ein Endbenutzer (am Endsystem „ES 3", siehe Abbildung 2.4) meldet an den zuständigen Operateur, daß er einen bestimmten Unix-Server (Endsystem „ES 6") mittels seiner Anwendung „ftp" nicht mehr erreicht. Diese Ausgangssituation soll für ein weiteres Szenario aus dem Bereich des Fehlermanagements dienen.

Der für die Fehlerdiagnose und -behebung zuständige Mitarbeiter spezifiziert interaktiv einen View, indem er alle Schicht-1-Verbindungen und Koppelelemente inklusive der Endsysteme vom Punkt „a" (Standort des Anwenders mit ftp-Problemen) zum Punkt „b" (Zielserver des Anwenders) dargestellt bekommt (*Selektion Kontext, Selektion Funktion, Selektion Information*). Der Mitarbeiter versucht nun Schritt für Schritt, ausgehend vom Punkt a (siehe Abbildung 2.4) alle Koppelelemente und Verbindungen mit ICMP-Echo-Requests (Unix-Kommando „ping") zu

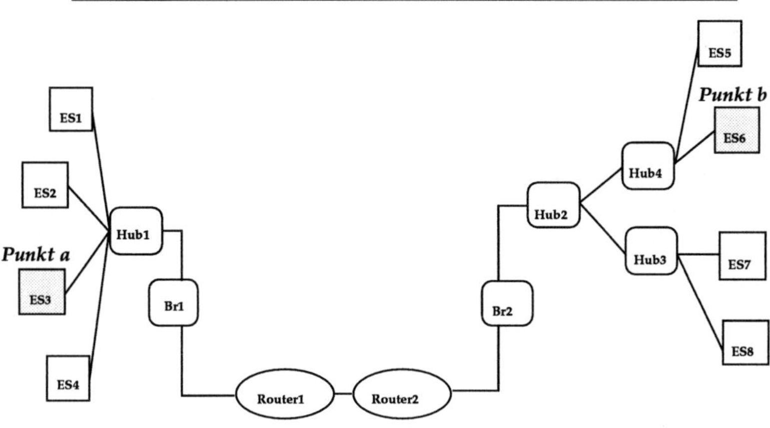

Abbildung 2.4: Szenario zur Fehlerdiagnose

testen. Dazu wählt er mit der Maus die entsprechende zu testende Komponente an und aktiviert die icmp-test-Funktion im Menü an (*Selektion Funktion, Selektion Information*). Der Test ergibt, daß der Test-Request „Hub 1" passiert, bei „Bridge 1" aber nicht ankommt. Der Anwender öffnet einen Sub-View[5], der ihm den aktuellen Zustand der Bridge anzeigt und auch Funktionalität zum Management der Bridge anbietet (*Selektion Kontext, Selektion Funktion, Selektion Information*). Über eine der Funktionen löst der Anwender einen Reset der Bridge aus. Ein weiteres Testen des Pfades ergibt, daß der Test-Request zwar über die Bridge 1 hinwegkommt, aber nicht den Router 1 passiert. Er öffnet erneut einen Sub-View, in dem er die aktuelle Konfiguration des Routers analysieren kann (*Selektion Kontext, Selektion Information*). Nachdem keine Abweichungen in der Konfiguration vom Soll feststellbar sind, löst der Anwender einen Reset der Komponente aus (*Selektion Funktion*). Als Ergebnis dieser Aktion passiert der Test-Request korrekt alle Komponenten und der Anwender kann über die Fehlerbehebung informiert werden.

2.3.3 Szenario: Installation eines Leistungsmonitors

Oft genug ist es im Alltag eines Administrators erforderlich, einzelne Komponenten im Netz individuell zu überwachen. Dies ist z.B. der Fall, wenn unerklärliche Lastspitzen im Netz auftreten und der Fehler bzw. die Quelle für die Last gefunden werden soll. Tritt das Symptom auch noch sporadisch auf, ist man auf eine Überwachungsinstanz im Netz angewiesen. Dazu ist es nötig, Koppelelemente (meist Hubs, die direkt mit den Endsystemen verbunden sind) zu überwachen. Ein standardisierter flexibler Monitor ist der Remote Monitoring Agent (RMON,

[5]Der anfangs geöffnete View wird dadurch nicht geschlossen, Sub-Views liegen in der Hierarchie tiefer und beeinflussen darüberliegenden Views nicht.

siehe [RFC 1271] und [RFC 1513]).

Die RMON-MIB stellt im Gegensatz zu anderen typischen Internet-MIBs „höherwertige“ Funktionalität bereit. Sie ist als eine Erweiterung des Internet-Managements in Richtung komplexer OSI-SMFs (siehe Definition 66) zu sehen. Der RMON-Agent könnte auch mit „entferntes Netzüberwachungsgerät“ bezeichnet werden, da er wie ein entfernter Protokolloanalysator Aufzeichnungen über den Netzverkehr realisiert.

Der Anwender spezifiziert einen View, indem er die Topologie des Subnetzes dargestellt bekommt, in welchem die Lastspitzen entstehen (*Selektion Kontext*, *Selektion Information*). Weiterhin läßt er sich in einem Sub-View alle im Subnetz verfügbaren RMON-Agenten anzeigen (*Selektion Kontext*, *Selektion Information*).

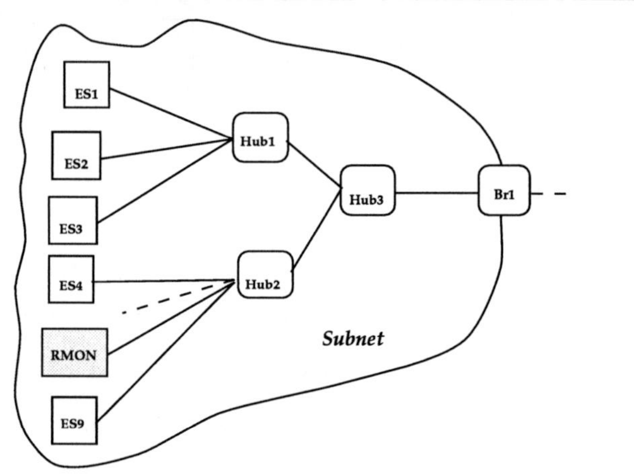

Abbildung 2.5: Subnetz mit RMON-Agenten

Die mit „RMON“ bezeichnete Box symbolisiert den RMON-Agenten (siehe Abbildung 2.5). Da er die Quelle in einem der Endsysteme, die an Hub 1 angeschlossen sind, vermutet (siehe Abbildung 2.5), wird dieser Hub für die Überwachung ausgewählt. Mit einer Funktion selektiert er den RMON-Agenten und wählt den Menüpunkt „create probe“ aus (*Selektion Funktion*, *Selektion Information*). Ein Sub-View mit der für die Aktivierung eines Probes[6] erforderlichen Information wird geöffnet (*Selektion Kontext*, *Selektion Funktion*, *Selektion Information*). Der Anwender wird aufgefordert, die zu überwachende Komponente mit der Maus zu selektieren und diese damit als zu überwachende Instanz zu identifizieren (*Selektion Funktion*, *Selektion Information*, *Online-Hilfe*). Die IP-Adresse der Komponente wird automatisch in das RMON-Probe-Fenster übernommen und ein weiterer Sub-View erscheint, der die im ausgewählten Endsystem (Hub 1) überwachbaren MIB-Attribute enthält (*Selektion Information*, *Online-Hilfe*).

[6]Ein innerhalb des RMON-Agenten konfigurierter Monitor wird im weiteren als Probe bezeichnet.

Der Anwender selektiert das Attribut, welches den Verkehr auf den Ports repräsentiert und wählt ein Polling-Intervall für den RMON-Probe (*Selektion Funktion*). Zuletzt trägt er in den Sub-View des Probes den Schwellwert für das Auslösen des Traps und die Zieladresse für den Trap[7] ein (*Selektion Information*). Er aktiviert den Probe durch Betätigen eines Menüpunktes im Probe-Sub-View (*Selektion Funktion*).

2.4 Anforderungen an Views

Wie schon erwähnt, ist das Hauptziel, das mit den in dieser Arbeit definierten Views verfolgt wird, Sichtweisen auf Werkzeuge und Kommunikationsressourcen bereitzustellen, die den Betreiber/Anwender bei der Erledigung seiner Aufgaben unterstützen. Der Schwerpunkt liegt dabei auf dem Dokumentieren und Sichtbarmachen von konkreten Vorgehensweisen zur Lösung der Aufgaben. Diese Anforderung ist natürlich zu unkonkret, um den Entwurf des Modells maßgeblich zu beeinflussen. Es ist daher eine Verfeinerung der Kriterien erforderlich. Dazu wird die in Abschnitt 2.2 verwendete Unterteilung in Selektions- und Darstellungskriterien übernommen.

Natürlich ist für eine Bewertung bestehender Realisierungen von View-Konzepten mittels der hier entwickelten Anforderungen auch ein Maßstab für eine Urteil über den Grad der Erfüllung notwendig. Anders ausgedrückt: Wie kann man die Erfüllung der Anforderungen messen?

Da diese Anforderungen unabhängig von einer technischen Realisierung sind, müssen sich die Erfüllungskriterien auch auf die Ebene der Modellierung von Views beziehen. Im folgenden die wichtigsten **Kriterien zur Bewertung**: 1. *dynamische/statische Auswahl von Managementzielobjekten:* Das Modell muß die explizite, wie auch die implizite (durch Bedingungen oder Regeln, wie z.B. Angaben einer Domäne) Beschreibung einer Menge von Managementzielobjekten gestatten, 2. *Selektion Funktion/Information*: Zur Erfüllung dieser fundamentalen Anforderung muß es im Modell möglich sein, die in der Realisierungsumgebung relevanten Quellen für Information/Funktionalität in einer angemessenen Granularität (hängt von den Einsatzszenarien ab) zu referenzieren, 3. *Online-Hilfe*: Es müssen Möglichkeiten vorhanden sein, im Modell auf der Ebene der Einzelschritte Hilfetexte an diese anzuknüpfen (zu beschreiben), 4. *Selektion Visualisierung*: Das Modell muß es gestatten, auf Einzelschrittebene die Spezifikation der Darstellung unabhängig von der technischen Realisierung in der Plattform (X11, o.ä.) zu ermöglichen, 5. *Selektion Darstellungskontext*: Die Wahl eines Darstellungskontextes für die in Punkt 2 ausgewählte Information in Abhängigkeit von der Charakteristik des View-Benutzers (z.B. Rolle, Qualifikation) muß möglich sein, 6. *Mehr-Benutzer-Population*: Die Zuordnung von Views zu Anwendern muß durch entsprechende Beschreibungsmittel ermöglicht werden, 7. *Dokumentation von Szenarien*: Die Modellierung muß die Beschreibung einer Folge von Einzelaktionen (Verfahren) unterstützen.

Um die Erfüllung dieser Anforderungen bei der Bewertung bereits realisierter Ansätze zu ermöglichen, ist es nötig, nach der Abbildung dieser allgemeinen Anforderungen an das View-Modell auf technische Anforderungen an die Managementplattform auch die hier angegebenen Erfüllungskriterien an die technische Umgebung der Views abzubilden. Dazu mehr in Kapitel 3.

[7] Beim Überschreiten des Schwellwertes der für die zu überwachende Variable festgelegt wurde, wird ein Trap, d.h. eine asynchrone Meldung, an die Zieladresse (meist Managementplattform) gesendet.

Anforderungen an den Selektionsteil eines Views

1. *Selektion Ressource* → dynamische/statische Auswahl von Managementzielobjekten

   Die Verantwortlichkeit eines View-Anwenders schlägt sich hauptsächlich in einer bestimmten Menge von Netz- und Systemressourcen nieder. Diese Ressourcen darf und soll der Anwender manipulieren können. Nicht zuletzt spielen hier auch Sicherheitsaspekte eine Rolle, da der Anwender oft nur auf diese Ressourcen (für die er verantwortlich ist) schreibend zugreifen kann. Die Beschreibungsform für die Auswahl der Zielobjekte muß die explizite (z.B. Netzkomponente mit IP-Adr. 131.159.12.67), wie auch die implizite (über Bedingungen wie z.B.: alle Hubs mit ReceivedFramesOK > 2750) Angabe von Ressourcen ermöglichen. Eine besondere Rolle spielt die dynamische Auswahl von Managementzielobjekten im Fehlermanagement. Da die Kriterien zur Auswahl von Objekten, die für einen View relevant sind, sehr dynamisch sind, ist diese Form der Spezifikation besonders wichtig (siehe auch Szenario: „Fehlerdiagnose").

2. *Selektion Funktion/Information* → Ermöglichen der Auswahl von Funktionalität (Werkzeuge) und Information (MIB's)

   Die Selektion des View-Inhaltes ist schon eher eine klassische Anforderung an Views. Im Gegensatz zu Datenbanken ist die Auswahl relevanter Funktionalität in einem View für das Management genauso wichtig wie die Auswahl der Information. Eine weitere Anforderung, die eng mit dieser verknüpft ist, betrifft die Aktualität der Views. Im Bereich der Datenbanken beschäftigen sich eine Vielzahl von Arbeiten mit der Aktualität von Views (z.B. [CeWi 91]). Je größer die verfügbare Quantität an Information wird, und je mehr Einflußmöglichkeiten man auf die Akquisition der Information hat, desto mehr Überlegungen zu Anforderungen an die Aktualität der Information in den Views müssen gemacht werden.

3. *Online-Hilfe* → Unterstützung bei der Anwendung von Werkzeugfunktionalität und Information

   Werkzeuge mit ihren u.U. komplexen Menühierarchien erfordern eine detaillierte Führung bei der Anwendung. Die Beschreibung von Werkzeugen (Hersteller, Hardware-Anforderungen, Lizenzen) sowie die von einem View genutzte Funktionalität inkl. der Art und Weise der Benutzung der Werkzeugfunktionalität muß dokumentiert sein. Ebenso wichtig ist oft die Erläuterung der Konsequenzen bei der Auswahl bzw. Spezifikation von Information in den Views (z.B. „Welche Folgen hat die Wertebelegung der Variablen mit dem Wert „255"?"). Speziell die Bezeichner der Internet-MIB-Attribute sind so wenig aussagefähig, daß eine Erläuterung ihrer Semantik unerläßlich ist.

Anforderungen an den Darstellungsteil

4. *Selektion Visualisierung* → Darstellung von selektierten Viewinhalten in unterschiedlicher Granularität und Form

   Je nach Verwendungszweck der Information oder Funktionalität ist es erforderlich, einzelne Attribute und Funktionen als singulären Wert oder in Verknüpfung darzustellen. Ein Administrator, der über die momentane Last eines Routerports Informationen haben will, wird den absoluten Wert der entsprechenden Variablen wählen, während zu Vergleichszwecken die Verknüpfung aktueller und historischer Werte (Trend) oft geeigneter sind. Neben der rein textuellen Wiedergabe des Wertes (als String) ist eine besonders bei komplexen Variablen bevorzugte Darstellung die Visualisierung mit grafischen Elementen.

5. *Selektion Kontext* → Flexible Wahl des Darstellungskontextes

   Charakteristisch für heute verwendet Netz- und Systemressourcen ist eine gewisse „Multifunktionalität", d.h. daß z.B. ein Sternkoppler in einem Subnetz nicht mehr nur ein einfaches Verbindungselement auf Schicht 1 darstellt, sondern als Netzmonitor oder auch als Instrument zur Fehlerdiagnose und -behebung (z.B. Abtrennen von Segmenten, Medientest durch Time Domain Reflectometer) genutzt werden kann. Ein weiteres typisches Beispiel sind Unix-Workstations, die neben allg. verwendbarer Rechenkapazität auch Mail-Server-Dienste, Print-Dienste oder andere Funktionalität bereitstellen können. Je nach Betrachtungskontext benötigt man ein anderes Bild von ein und derselben Ressource. Ein Verantwortlicher für Mail-Konfigurationen sieht diese Workstation dann z.B. als Mail-Server für eine Domäne. Die Plattform muß also Möglichkeiten zur Verfügung stellen, die es ermöglichen, Ressourcen in verschiedenen Kontexten darzustellen. Die einfachste Form wäre die Verwendung unterschiedlicher Ikonen für die jeweilige Semantik (Mail-Server, Print-Server, ...) der Ressource.

Fazit

Allen bisher ermittelten Anforderungen ist gemeinsam, daß einige wesentliche Restriktionen den View-Begriff, wie bisher verwendet, einschränken. So ist man bei den Szenarien von einem Benutzer ausgegangen, der ein Szenario durchführt. Bei einer Realisierung der Views z.B. in einer Managementplattform ist man mit einer Mehr-Benutzer-Population konfrontiert, d.h. es müssen entsprechende Mechanismen im View-Konzept enthalten sein. Eine weitere Restriktion ist folgende: Die Unterstützung der einzelnen Schritte in einem Szenario durch Views wurde in den bisher beschriebenen Anforderungen bereits fixiert, die Abbildung des gesamten Szenarios, d.h. die Dokumentation des Szenario-Ablaufes aber nicht. Da die Views aber das Ziel haben, Vorgehensweisen zu dokumentieren, ist dieser Aspekt wesentlich.

6. *Zulassen einer Mehr-Benutzer-Population*

   Wie bereits in den Szenarien zu sehen war, orientieren sich diese Views an den Aufgabenstellungen des Managements. Dies bedeutet, daß Views (zumindest auf der obersten Ebene) individuell, d.h. benutzer- oder aufgabenspezifisch sein müssen.

7. *Dokumentation von Szenarien*

   In den Szenarien sind die Beziehungen zwischen den einzelnen Schritten und den Views zu erkennen. Da es das erklärte Ziel der Views ist, Szenarien vollständig, d.h. in ihrem gesamten Ablauf zu beschreiben, ist auch dieser Aspekt durch Views abzubilden.

Im nächsten Kapitel wird der Stand der Realisierungen z.B. von Managementplattformen, an den hier aufgestellten Anforderungen gemessen. Ebenso werden Forschungsansätze bewertet, die sich der Erweiterung des klassischen View-Begriffs annehmen.

Kapitel 3

Status Quo der Verwendung von Views

Nachdem im vorigen Kapitel Anforderungen an Views aufgestellt wurden, soll nun in diesem Kapitel eine Betrachtung folgen, inwieweit diese in der Praxis umgesetzt werden. Dazu werden im ersten Teil allgemeine Aussagen zu „traditionellen“ Views in Plattformen gemacht und diese später anhand konkreter Plattform-Beispiele illustriert. In weiteren Abschnitten folgen Betrachtungen und Analysen des View-Begriffs in verwandten Bereichen der Informatik sowie die Schilderung einiger neuerer Ansätze aus der Forschung.

Da der Begriff des Views nun schon von verschiedenen Seiten auf der Modellierungsebene betrachtet wurde, soll dies nun für die Ebene der Realisierung getan werden. Die Implementierung von Views bzw. die Integration von Views in Managementplattformen ergänzt die bisherige Problematik der Modellierung um einige neue Aspekte. Einer der ersten Punkte ist z.B. die Integration von Views. Es wurde festgestellt, daß bei der Lösung komplexer Probleme wie z.B. im Netz- und Systemmanagement leistungsfähige Views in verschiedenen Abstraktionsebenen hilfreich sein können. Das gleichzeitige Visualisieren der gleichen Information in verschiedenen Views eröffnet dem Entwickler oder Implementierer von Views sofort die Problematik der Konsistenz von Views. Werden Änderungen in einem View durchgeführt, wie und wann sollen diese Änderungen zum einen das Aktualisieren der Quelle der Information bewirken oder in anderen Views, die dieselbe Information darstellen, Auswirkungen haben? Oder mit anderen Worten, wie sollen Views, die dieselbe Information/Funktionalität darstellen, konsistent gehalten werden? Ein weiteres mit diesem Problem verwandtes Problem ist das der Aktualität der Views. Bei der Modellierung der Views wurde bisher unterstellt, alle Views seien aktuell. In der Realität, d.h. in der Umgebung verteilter Systeme oder verteilter Managementplattformen, wird dies sofort zu einem relevanten Problem. Wie aktuell müssen Views sein, inwieweit soll das von den Erfordernissen des Anwenders abhängen oder von ihm beeinflußbar sein?

Bei der Umsetzung der Views stellt sich ebenfalls die Frage nach der Darstellung. Welche Views oder Aspekte des Modells sollen dem Anwender überhaupt dargestellt werden? Ein weiterer Aspekt ist die Wiederverwendbarkeit der Views. Welche Views sollen so generisch wie möglich sein, welche Views werden benutzerspezifisch sein? Weitere Aspekte, die wesentlich mit der Einbettung bzw. der Anpassung der Views an konkrete Umgebungen verbunden sind, betreffen die:

- flexible Modifizierbarkeit der Views

- leichte Abbildung der Views auf verschiedene Plattformen
- benutzerspezifische Verwaltung der Views.

Diese zuletzt angeführten Aspekte zielen dabei mehr auf eine Werkzeugunterstützung bei der Erfassung und Integration der Views in konkrete Umgebungen ab. Dieser Aspekt wird näher in Abschnitt 5.5 behandelt.

3.1 Einführung in die Architektur von Managementplattformen

Allgemein betrachtet stellen Managementplattformen die Implementierung einer Managementarchitektur dar. Einen besonderen Einfluß hat dabei das zugrundeliegende Informationsmodell. Die Grundidee der Managementplattformen besteht darin, dem Benutzer (Operateur, Administrator) ein homogenes, einheitliches Bild auf die heterogenen verteilten Ressourcen zu liefern. Abbildung 3.1 zeigt den allgemeinen Aufbau einer Managementplattform.

Gemäß Abbildung 3.1 werden in der Architektur folgende Bausteine unterschieden:

Plattform-Infrastruktur

Wie sich leicht schon aus der Bezeichnung ableiten läßt, enthält dieser Baustein vorrangig Module, die der Bereitstellung von Managementinformation, der Kommunikation mit den Agenten, dem Verwalten der allgemeinen offen zugänglichen Managementfunktionalität und der Plattform-Steuerung dienen. Ein Modul der Plattform-Infrastruktur steuert die Plattform, er empfängt Anforderungen von Managementinformation, gibt diese entsprechend weiter, synchronisiert Bausteine, kurz: er überwacht und verteilt den Informations- und Steuerfluß in der Plattform (speziell im Server-Teil). Ein Kommunikationsbaustein übernimmt die Kommunikation mit den Agentensystemen; oft werden mehrere Managementprotokolle wie auch proprietäre Kommunikationsprotokolle unterstützt. Ein Informationsbaustein realisiert das der Plattform zugrundeliegende Informationsmodell. Er stellt Dienste für das Verwalten der Managed Objects (MO - siehe Definition Seite 66) bereit und überwacht deren Inanspruchnahme. Oft ist dieser Baustein auch für die Steuerung der plattforminternen Datenbank zuständig, in der Managementinformation persistent abgelegt werden kann. Leider ist der Funktionsbaustein aufgrund mangelnden Fortschritts in der Standardisierung oft gar nicht oder nur rudimentär implementiert. Die Schnittstelle zur Plattform-Infrastruktur wird durch ein offenes *Application Programing Interface* (API) realisiert, das den Zugang zu allgemein verfügbarer Managementinformation für andere Managementanwendungen ermöglicht. Dieser Teil der Plattform-Architektur repräsentiert oft den Server-Anteil einer Plattform und wird immer häufiger verteilt implementiert.

Basisanwendungen

Die meisten Managementplattformen enthalten bereits elementare Anwendungen, auch als Basisanwendungen bezeichnet. Ein Zustandsmonitor dient der Überwachung von Ressourcen, die in definierbaren Intervallen angesprochen werden. Die bei einer Schwellwertüberschreitung

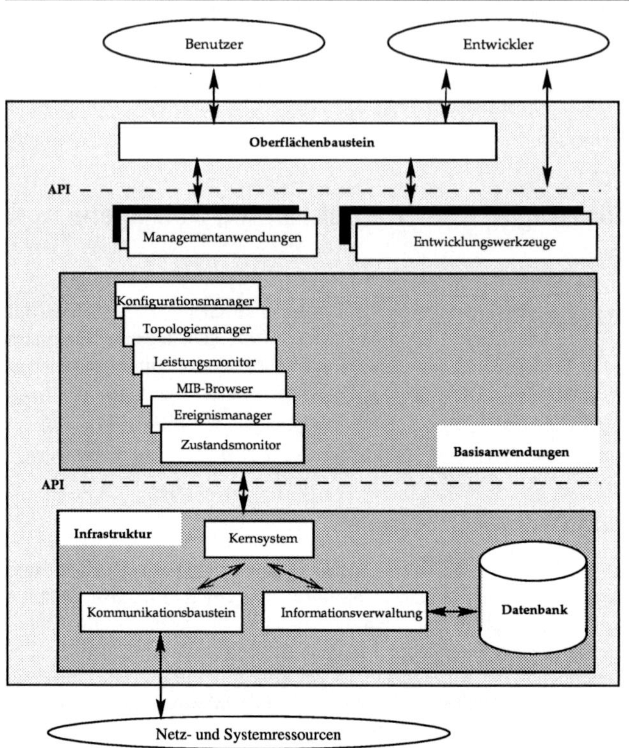

Abbildung 3.1: Allgemeine Architektur einer Managementplattform

ausgelösten Plattform-Alarme können z.B. in einem Ereignismanager an Anwendungen weiter verteilt werden. Dieser empfängt natürlich auch Events von den Agenten (z.B. sog. Traps bei SNMP) und leitet sie entsprechend weiter. Ereignisse können oft selektiv vom Benutzer oder von Anwendungen der Plattform abonniert werden. Der Ereignismanager übernimmt in diesem Fall die Überwachung der Ressource und stellt die abonnierten Ereignisse zu. Ein Konfigurationsmanager unterstützt den Anwender bei der Konfiguration der Netz- und Systemressourcen und speichert diese in der Datenbank ab. Auto-Discovery-/Auto-Topology-Werkzeuge werden zum automatisierten Erkennen der Ressourcen bzw. der Topologie dieser Ressourcen, d.h. zum Erkennen der Netzstruktur verwendet. Dazu gehört auch das Erkennen von neu in das Netz aufgenommenen Ressourcen. Leistungsmonitore helfen bei der Erstellung von Verkehrsmatritzen und Langzeitstatistiken über den Verkehr des Gesamtnetzes oder eines Ausschnittes.

Entwicklungswerkzeuge

Diese Werkzeuge unterstützen ein *customizing*, d.h. ein Anpassen der Managementplattform an die konkreten Anforderungen der Einsatzumgebung. Entwicklungswerkzeuge bestimmen wesentlich die Akzeptanz der Managementplattform, da das customizing einer Managementplattform die Einbettung einer Managementplattform in die oft schon vorhandene Werkzeugumgebung gestattet. Bisher wird die Integration von Ressourcen in die Plattform am besten unterstützt. Das Spektrum der Werkzeuge reicht vom MIB-Compiler (zur Integration der Komponenten-MIBs in die Plattform) über Werkzeuge zur Modifikation des Vererbungsbaums (z.B. in der Plattform von Cabletron SPECTRUM verwendeter Ansatz, der eine leichte Integration der MIB durch die Ausnutzung von Vererbungsmechanismen gestattet) bis hin zu Werkzeugen zur Einbindung proprietärer Kommunikationsprotokolle in den Kommunikationsbaustein der Plattform.

Managementanwendungen

Diese Anwendungen sind meist komplexer und spezieller als die bereits erwähnten Basisanwendungen. Häufig werden diese als Erweiterungen der Managementplattform hinzugekauft (Add-ons) oder vom Software-Hersteller entsprechend der Betreiberanforderungen entwickelt. Beispiele dafür sind Abrechnungssysteme, Sicherheitsanwendungen oder Proxy-Systeme zur Anbindung von Werkzeugen oder Agenten ohne Managementprotokoll.

Oberflächenbaustein

Aufgrund der Quantität und Komplexität der darzustellenden Information ist eine Managementplattform ohne graphische Darstellungsmöglichkeiten in einer realen Umgebung nicht mehr einsetzbar. Der Oberflächenbaustein ermöglicht einen graphischen Zugang zu den einzelnen Anwendungen der Plattform. Immer häufiger gibt es unter den Entwicklungswerkzeugen auch Werkzeuge zur Anpassung der Oberfläche an die Bedürfnisse der Plattform-Benutzer. Dies geht z.T. weit über das Modifizieren der Grundeinstellung der Plattform-Visualisierung hinaus. So ist z.B. eine Selektion von Managementinformation aus der Komponenten-MIB wie auch eine Auswahl der Darstellung (Attributwert, Diagramm, ...) möglich.

3.2 Traditionelle Views in Managementplattformen

Als „traditionelle" Views werden in diesem Zusammenhang, im Gegensatz zu dem in dieser Arbeit vorgestellten View-Modell, Views bezeichnet, die in sich auf dem Markt befindlichen Managementplattformen realisiert sind. In diesem Abschnitt wird versucht, einen Überblick und eine Charakteristik dieser traditionellen Views zu geben. In den danach folgenden Einzelbetrachtungen der Managementplattformen werden die View-Realisierungen genauer analysiert.

Charakteristisch für View-Realisierungen in Managementplattformen ist, daß oft nur eine Form der Darstellung, d.h. auf der logischen Kommunikationsebene Schicht 1, verwirklicht ist (z.B. SunNetManager, HP Open View). Typischerweise werden in diesen Views Netzelemente in

Form von Ikonen dargestellt, die per Maus angeklickt werden können und daraufhin Sub-Views öffnen, d.h. Fenster, in denen weitere Information über die Ressource abgefragt werden kann. Meist ist auch in der oberen Hälfte des Plattform-Hauptfensters eine Menüleiste vorhanden, in der Aktionen ausgelöst werden können (Autodiscovery, Event-Manager) oder die Konfiguration der Plattform manipuliert werden kann. Charakteristisch ist auch, daß die Plattform-Views in der Regel benutzerunspezifisch sind, d.h. daß die Plattform nicht die spezifischen Anforderungen der Benutzer widerspiegelt. Die in den Menüs zugreifbare Funktionalität oder Information ist oft nach den OSI-Funktionsbereichen geordnet. Sie enthalten aber meist nur rudimentäre Funktionalität. Ein Grund dafür ist sicher einfach die Tatsache, daß bisher nur wenige Anwendungen in Plattformen integriert sind. Ein weiteres Charakteristikum ist die fest vorgegebene Darstellung von Information. In den wenigsten Plattformen (z.B. SPECTRUM von Cabletron) ist es möglich, die Art und Weise der Darstellung zu beeinflußen. Selbst bei dieser Plattform (SPECTRUM) ist es nicht möglich, die plattform-interne Datenbank von der Darstellung zu entkoppeln (siehe [Wien 93]). Als weiteres wesentliches Merkmal von Plattformen ist die Eigenschaft der traditionellen Views zu nennen, keine Vorgehensweisen zu dokumentieren und zu unterstützen. Bisher stellen die traditionellen Views nur nach den Funktionsbereichen strukturierte Information zur Verfügung.

Im Anhang finden sich graphische Beispiele zu in Plattformen realisierten Views.

3.2.1 Anforderungen an Managementplattformen zur Realisierung von Views

Zur Realisierung betreibergerechter Sichtweisen, d.h. aufgabenorientierter Views im Netz- und Systemmanagement, müssen an Managementplattformen als technische Träger des Konzeptes bestimmte Anforderungen gestellt werden. Diese Anforderungen sind technischer Art und betreffen hauptsächlich die Architektur der Plattform.

Im weiteren werden die in Kapitel 2 gewonnen Anforderungen an das Task-View-Modell für eine Abbildung auf technische Anforderungen an die Managementplattform herangezogen. Um eine etwas intuitivere Systematik bei der Abbildung der Anforderungen auf die Plattform zu verwenden, wurde ein Top-down Ansatz, d.h. vom Benutzer bis hin zur Kommunikationsschicht der Plattform, angewendet.

Abbildung 3.2 zeigt eine Plattform-Architektur, an der die für die Aufgaben relevanten Punkte gekennzeichnet wurden.

Um verschiedenen Benutzern individuell die Arbeit mit der Plattform zu gestatten, ist ein Zugangskonzept notwendig, daß es ermöglicht, verschiedene Benutzer zu identifizieren und innerhalb der Plattform selektiv zu behandeln *(Punkt 6)*→ Mehr-Benutzer-Population. Dazu gehören Aspekte wie z.B. eigene Views, eigene Daten, individuelle Interpretation der Objekte (z.B. Objekt Endsystem stellt für den Benutzer xyz einen Name-Server dar), eigene Monitore, abgestufte Rechte usw. Basis für die Umsetzung der Anforderungen in Punkt 2 (Selektion Funktion/Information) und der Anforderungen in Punkt 4 (Selektion Visualisierung) ist die nötige Trennung zwischen dem in der Plattform vorhandenen Abbild der Ressource (dem Objektraum[1]), also der vom Netz oder anderen Dokumentationssystemen gelieferten Information, und der **in-**

[1]Der Objektraum stellt alle in einer Plattform modellierten und instantiierten Ressourcen dar.

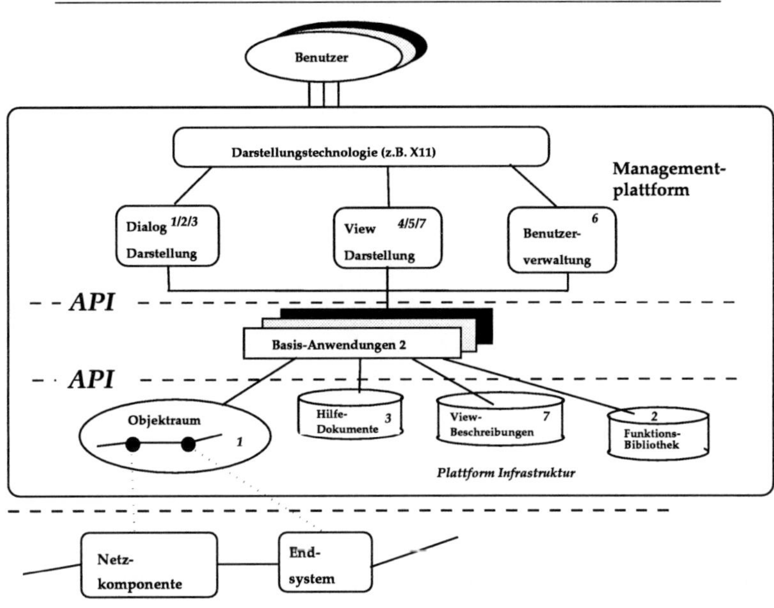

Abbildung 3.2: Anforderungen an eine Managementplattform

terpretierten Visualisierung an der graphischen Oberfläche *(Punkt 4)*. Oft findet man hier starre Kopplungen zwischen den MOs und der Visualisierung, was eine flexible View-Gestaltung unmöglich macht. Bedingung für die in Punkt 5 geforderte flexible Wahl des Darstellungskontexts ist neben der bereits erwähnten Forderung nach Trennung von Objekt und Darstellung auch ein entsprechend leistungsfähiges Graphical User Interface (GUI). Es ist ein recht hoher Aufwand nötig, um z.B. einen Hub als Ikone in der logischen Ebene (OSI-Schicht 1), als physisches Gerät mit 3D-Ansichten im Rack und als Detailaufnahme der Front- und Rückwand zum Erkennen der elektrischen Schnittstellen darzustellen. Die in Punkt 7 geforderte Dokumentation von Szenarien stellt zum einen Anforderungen an das GUI, um Verfahren, deren Ablauf und Zustände zu visualisieren, wie auch an die Plattform-Steuerung, die die Abarbeitung der Einzelaktionen durch entsprechende interne Ereignisse unterstützen muß (wann ist eine Aktion beendet, wann beginnt die nächste). Punkt 3 der Anforderungsliste (Online-Help) stellt ebenfalls Anforderungen an das GUI zur Darstellung der Hilfetexte, wie auch an die Plattform-Infrastruktur (entsprechend fein granulierte Bibliotheken von Hilfetexten). Bewährt haben sich zu diesem Zweck hypertext-basierte Hilfesysteme. Nun zur Plattform-Infrastruktur. Es ist ein modularer Aufbau der Plattform erforderlich (siehe auch [Abec 95]), in der Weise, daß Anwendungen so integriert werden können, daß z.B. für den Zugriff auf das Managementprotokoll, die Visualisierung der Information, Objekt-Verwaltungs Dienste oder generische Information wie z.B. die Netzbeschreibung, die plattforminternen Dienste oder Information verwendet werden können *(Punkt 2)*. Andernfalls würde man Anwendungen quasi als monolithischen Block präsentiert bekommen und keinen weiteren Einfluß auf die Anwendung selbst erhalten. Daß die Erweiterung der technischen Möglichkeiten durch entsprechende Hardware ebenfalls ein möglicher Aspekt ist, zeigt [FNM 94]. Die folgenden Plattform-Architekturen sind exemplarisch aus einer Vielzahl möglicher Lösungen herausgegriffen (siehe auch [JLW 94], [Swam 94], [MCSG 94], [BGH 94]) und wurden aufgrund ihrer Bekanntheit oder Originalität hinsichtlich der Architektur-Ansätze ausgewählt.

3.2.2 Managementplattform SPECTRUM

Die Managementplattform SPECTRUM stellt in der Reihe der betrachteten Plattformen insofern eine besondere Rolle dar, als daß man in SPECTRUM versuchte, die fehlende Objektorientierung des Internet-Managementansatzes durch eine entsprechende Plattform-Architektur auszugleichen. SPECTRUM ermöglicht die Wiederverwendbarkeit bereits entwickelter Module, die über ein Werkzeug mit grafischer Schnittstelle (dem Modell Type Editor) manipuliert werden können. Die Entwickler sehen dabei die Vielzahl der in der Internet-Welt bereits existierenden Ressourcen (mit ihren Agenten) als gegeben an und modellieren diese unter Verwendung objektorientierter Prinzipien in der Plattform. Dies ermöglicht es SPECTRUM, die Vorteile der Objektorientierung wie z.B. die Wiederverwendbarkeit bereits bestehenden Codes und die Verschattung objektinterner Abläufe durch Encapsulation trotz des nur objektbasierten[2] Ansatzes der Internet-Welt zu nutzen. Ein weiteres sehr interessantes Konzept in SPECTRUM sind die *Inference Handler* (siehe auch [ALS 92]). Die Passivität der Ressourcen in der Internet-Welt (eine Ausnahme bilden die wenigen standardisierten Traps) wird dabei vor den Management-Anwendungen verschattet, indem der SpectroSERVER (siehe Abbildung 3.3) das Überwachen der Ressourcen übernimmt und beim Überschreiten von Schwellwerten bzw. dem Erreichen von durch die Anwendung definierten Zuständen die Managementanwendung informiert wird. Dabei wird aus der Passivität der Agenten natürlich keine Aktivität, aber es muß nicht jede Anwendung selbst die Agenten pollen, sondern der SpectroSERVER pollt und informiert die Anwendungen über die von der Anwendung „abonnierten" Ereignisse. Der Vorteil dabei ist ein reduziertes Managementverkehrsvolumen sowie konsistenter und korrekter Zugriff allein durch die Plattform. Im folgenden wird zu den einzelnen Punkten des Anforderungskataloges Stellung genommen.

Mehr-Benutzer-Population

SPECTRUM selbst kennt keine Rollen, wohl aber werden einzelne Benutzer identifiziert, welche auch individuelle Rechte innerhalb der Plattform haben. Der Spielraum bei der Rechtevergabe beschränkt sich allerdings auf die Vergabe der Attribute „read" und „write", wobei dies allerdings auf Ebene der Ressourcen oder auf ganze Ressourcen-Hierarchien (Views) möglich ist.

[2] Nach [Stei 93] wird in der Arbeit der Begriff objektbasiert für die Ansätze verwendet, die nur die Attributkapselung realisieren. Der Begriff klassenbasiert steht für objektbasierte Systeme, die ebenfalls die Mengenabstraktion (d.h. klassenbasiert) unterstützen. Objektorientierte Systeme unterstützen die Mengenabstraktion wie auch die Vererbung.

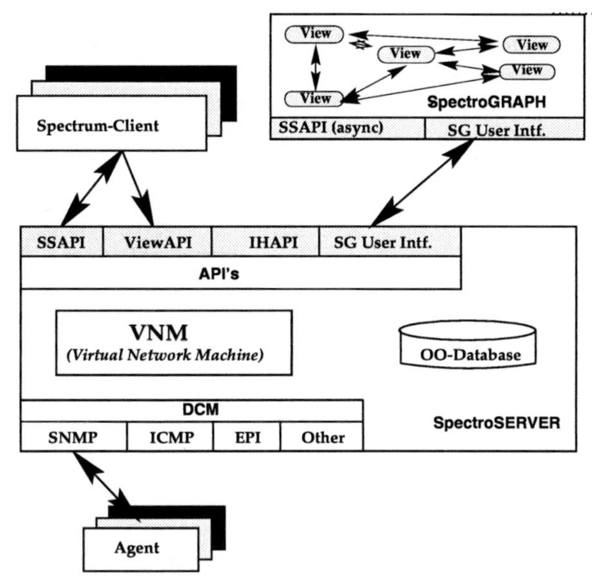

Abbildung 3.3: Architektur der Managementplattform SPECTRUM

Dabei werden die in der Plattform realisierten „traditionellen Views" auf logischer Ebene (Protokollschichtung) ausgenutzt, um ein Zusammenfassen von Ressourcen (z.B. IP-Subnetz) zu erreichen. Ein Benutzer kann auf diesem Wege schreibenden Zugriff auf alle Ressourcen eines IP-Subnetzes bekommen, indem er für das Objekt, das dieses Subnetz repräsentiert, schreibenden Zugriff bekommt. Leider geht das Zugangskonzept über diese Betrachtung nicht weiter hinaus. Im einzelnen bedeutet dies, daß der Benutzer keine individuellen Views zugeordnet bekommt, sondern nur individuelle Rechte auf allgemein verfügbaren Views erhält. Das Spektrum der dabei zu vergebenden Rechte ist allerdings recht eingeschränkt, d.h. da nur zwischen schreibendem und lesendem Zugriff unterschieden wird.

Selektion Darstellungskontext

In SPECTRUM wird zwischen der modellierten Ressource (dem sogenannten *modeltype*[3]) und der Darstellung in einem View (traditioneller View) unterschieden. Die von einer Ressource

[3]Modeltypes sind im weiteren Sinne mit Objektklassen vergleichbar (in Bezug auf die Vererbung von Attributen und Methoden), wobei die modeltypes zusätzlich die sog. Inferenzhandler vererbt bekommen. Diese Inferenzhandler realisieren die Reaktion einer Objektinstanz auf Ereignisse in der Plattform. Damit entfällt der Aufwand der Implementierung der aus X11-bekannten Callback-Funktionen, da diese Problematik aus dem Objekt ausgelagert wurde (zentraler Event-Handler).

bereitgestellte Information, meist um statische Information aus der Netzdatenbank ergänzt, wird in *modeltypes* festgelegt. Die Visualisierung der modellierten Ressource wird in einer Anzahl von Konfigurationsfiles beschrieben (*information block, perspective block, image block*). Dadurch ist eine recht flexible Darstellung von Information in verschiedenen Kontexten (logische Beziehungen, Gerätedarstellung, ..) möglich. Einziges Defizit: Der Benutzer spielt bei dieser Verbindung Ressource → Darstellung keine Rolle bzw. wird nicht berücksichtigt. Dies bedeutet, daß eine Darstellung von Managementinformation in verschiedenen Kontexten zwar möglich ist, dies aber in der geforderten Flexibilität von außen nicht beeinflußbar ist.

Selektion Information/Funktionalität

Selbst in SPECTRUM sind bisher kaum Management-Anwendungen integriert, die ihre Funktionalität anderen Anwendungen bereitstellen (abgesehen von elementaren Logging oder Event Report Funktionen). Der Zugriff auf Ressourcen über in SPECTRUM integrierte Anwendungen oder auf externe Anwendungen wird über den DCM (*Device Communication Manager*) realisiert. Die entsprechenden Funktionen sind über die SS-API (SpectroSERVER-API) von externen Anwendungen aus nutzbar (siehe auch Abbildung 3.3). Die Schnittstelle zum Benutzer ist ebenfalls modular ausgebildet, wobei die Zuordnung Ressource → Visualisierung mittels statischer Beschreibungen, die zur Laufzeit interpretiert werden, gelöst wird. Abschließend läßt sich feststellen, daß zwar die Plattform-Infrastruktur die Schnittstelle zur Managementinformation in einer geeigneten Granularität bereitstellt, Management-Anwendungen, die ihre Funktionalität über diese APIs verfügbar machen, bisher jedoch kaum integriert sind.

Selektion Visualisierung

Auch in dieser Hinsicht bietet SPECTRUM relativ große Flexibilität. Der Entwickler kann bei der Erstellung des *Modeltypes* die Form der Darstellung der Information und Funktionalität bzw. die Einbettung in View-Hierarchien oder die Ikonen-Zuordnung frei wählen. Zentrales Strukturierungsmittel ist dabei der View-Begriff. Leider spielt das bereits erwähnte Defizit der Strukturierung nach Benutzer/Rollen hier wieder eine wesentliche Rolle.

Online-Help

On-Line Hilfe ist im geforderten Sinne in SPECTRUM nicht zu finden. Einzelne Funktionen sind durch Hilfetexte erläutert, nicht aber Aktionen oder gar Verfahren (da solche gar nicht modelliert sind).

Dokumentation von Szenarien

Szenarien, d.h. Abfolgen von Aktionen, werden in dieser Form nicht dokumentiert.

Selektion Ressource

Ressourcen können nur manuell durch Betätigen der Maus ausgewählt werden. Eine Gruppierungsmöglichkeit besteht zum einen durch die Domänenbildung und durch die nach logischen Aspekten (Protokollschichtung) strukturierte Netze und Subnetze[4]. Eine dynamische Auswahl von Ressourcen und ebenso frei wählbaren Selektionskriterien (z.B. Überschreitung eines Schwellwertes), wie z.B. für das Fehlermanagement besonders wichtig, existiert nicht.

Bewertung

Trotz der innovativ konzipierten Plattform-Architektur verhindern einige gravierende Mängel die Umsetzung des in dieser Arbeit angestrebten Task-View-Modells. Zu den wohl wichtigsten Defiziten gehören folgende:

- keine Zuordnung Benutzer → individueller View
- keine Dokumentation von Szenarien möglich
- Trennung zwischen Objektinstanz und Darstellung erfolgt nicht (Bedingung für individuelle Views)
- Darstellungskontext nicht frei wählbar

3.2.3 Managementplattform OpenView

Eine Besonderheit der von der Firma Hewlett Packard entwickelten Managementplattform OpenView[5] ist das zugrundeliegende Informationsmodell. Obwohl sich in der Datenkommunikationswelt die Internet-Managementarchitektur weitgehend durchgesetzt hat, verwendet man bei HP OpenView den OSI-Managementansatz. Dies bedeutet, daß innerhalb der Plattform eine CMIS-orientierte Kommunikation benutzt wird, und die Modellierung der Ressourcen in HP OpenView gemäß der der OSI-SMI (Structure of Management Information [ISO 10165]) sehr ähnlichen HP OpenView SMI erfolgt. Dies hat zur Folge, daß es neben dem Vererbungsbaum und dem Enthaltenseinsbaum (für die Beschreibung von *Managed Objects*) auch einen Registrierungsbaum gibt. Leider werden diese Konzepte nur auf der Modellierungsebene verwendet, die erhofften Vorteile der Objektorientierung auf der Implementierungsseite bleiben aus. Ein Grund dafür ist sicher die für die Plattform gewählte Implementierungssprache „C“, die nicht objektorientiert ist, wodurch die Vererbung auf dieser Ebene nicht unterstützt wird. Die Plattform-Architektur selbst ist z.B. der SPECTRUM Architektur sehr ähnlich (Kommunikationsbaustein, Benutzerschnittstelle, ...), wobei der Integrationsprozeß von Ressourcen bei beiden Plattformen gänzlich anders verläuft. Sinnvollerweise werden neue Anwendungen gemäß einer tiefen Integration[6] in HP OpenView eingebettet. Anwendungen, die den HP OpenView Server benutzen wollen, ist durch ein Rahmenwerk (auf der Implementierungsebene) vorgeschrieben, wie sie mit dem Server kommunizieren und Funktionalität des Servers in Anspruch nehmen können. Zur Programmierung der Anwendung und der *Object Manager* (d.h. die Abbildung der CMIS-basierten Kommunikation auf die des Agenten) wird die Programmiersprache „C“ verwendet. Einen allgemeinen Überblick über die Plattform-Architektur liefert Abschnitt 3.4.

[4] Mittels der Objekte Subnet, 802.3LAN u.ä. ist es möglich, Netze in ihrer logischen Struktur abzubilden.

[5] Aufgrund der historisch bedingten Nähe der Managementplattform Netview 6000 von IBM zu HP Open View wird an dieser Stelle nur HP Open View als typischer Vertreter betrachtet.

[6] Tief im Sinne von [Abec 95].

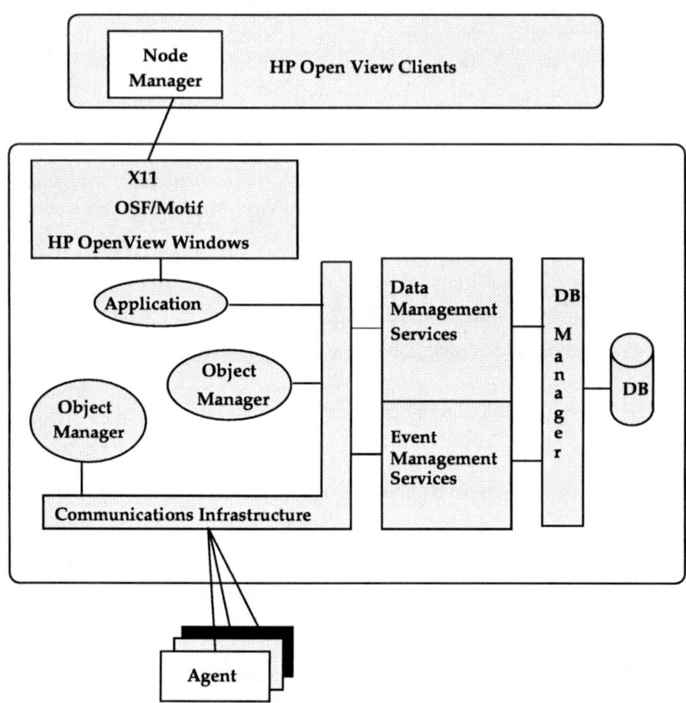

Abbildung 3.4: Architektur der Managementplattform HP Open View

Mehr-Benutzer-Population

Auch bei HP Open View wird der Benutzer individuell behandelt, d.h. es liegt ein Multi-User-Zugangskonzept zugrunde. Interessant ist dabei, daß einem Benutzer nicht nur Schreib-/Leserechte auf MOs (Managed Objects) zugewiesen werden können, sondern auch Managementanwendungen. Innerhalb der Konfigurationsphase der Plattform können dem Benutzer daher Schreib-/Leserechte auf Ressourcen (also auf Agenten-MIBs) und von ihm benutzbare Anwendungen zugeordnet werden (sogenannte *Capabilities*).

Selektion Darstellungskontext

In HP Open View besteht keine direkte Trennung zwischen der modellierten Ressource und der Darstellung der Ressourcen an der Benutzerschnittstelle. Der Benutzer hat die Möglichkeit, für die Darstellung einer Ressource unter verschiedenen Ikonen (der Spielraum ist dabei sehr begrenzt) zu wählen, die Form der Darstellung der Information selbst unterliegt aber nicht seinem Einflußbereich. Dies bedeutet, daß beim Zugriff auf Agenten-Information immer nur ein Fenster mit einem MIB-Browser erscheint, der den Zugriff auf die Managementinformation gestattet. Freiheiten bei der Form der Darstellung (z.B. als Balken- oder Torten-Diagramm) oder etwa die Definition von Views gibt es nicht. Ebenso ist auch eine Beschränkung auf relevante Managementinformation in den Views (Ausschnittbildung) nicht möglich. Dies könnte allenfalls in externen Managementanwendungen geschehen, die eigene Darstellungen verwenden, was jedoch dem Plattform-Gedanken[7] zuwiderläuft.

Selektion Information/Funktionalität

HP Open View ist wie auch Cabletron SPECTRUM eine modular aufgebaute Plattform. Neben einer Kommunikationsinfrastruktur und einer Datenbank-Management-API wird auch der Zugriff auf die Benutzerschnittstelle (Open View Windows) ermöglicht. In den Entwicklungshandbüchern wird von einer tiefen Integration der Anwendungen ausgegangen. Wie auch bei vielen anderen Plattformen geht auch bei HP Open View der Funktionsumfang der von der Plattform bereitgestellten Funktionalität nicht über elementare Funktionen wie z.B. zum Beispiel Event-Reporting und Logging hinaus.

Selektion Visualisierung

Dieser Bereich ist bei HP Open View am schwächsten ausgeprägt. Die Darstellung von Managementinformation beschränkt sich auf simple MIB-Browser-Funktionalität. Ebenso wie die interpretierte Darstellung von Objekten und Information fehlt auch die Verwaltung von verschiedenen Views („traditionelle" Views) in der Plattform. In HP Open View sind Views nur in einem Darstellungskontext (Protokollschichtung) realisiert. Einzig allein das Registrieren von Management-Anwendungen und Bereitstellen der Anwendungsfunktionalität in entsprechenden HP Open View Windows Menüs wird unterstützt.

Online-Help

Online-Help ist im geforderten Sinne in HP Open View nur zum Teil zu finden. In HP Open View werden Hilfetexte zu den einzelnen Maps bzw. zu den in den Menüs zugreifbaren Funktionen angeboten, nicht aber zu der Managementinformation der Ressourcen (allenfalls das „DESCRIPTION" Feld der MIB-Attribute). Eine Erläuterung zu Aktionen oder gar Verfahren (da solche gar nicht modelliert sind) existiert nicht.

Dokumentation von Szenarien

Szenarien, d.h. Abfolgen von Aktionen, werden in dieser Form nicht dokumentiert.

[7] Der Sinn und Nutzen einer Managementplattform ist eng verbunden mit der gemeinsamen Nutzung von Information und Funktionalität. Externe Managementanwendungen kooperieren in der Regel mit Managementplattformen nur insofern, als daß sie die Benutzung der Anwendungsfunktionalität über eine Schnittstelle gestatten. Fast ausnahmslos halten diese Anwendungen aber einen eigenen Datenbestand (wie z.B. die Netzbeschreibung), den sie nicht mit anderen Anwendungen teilen.

Selektion Ressource

Ressourcen können nur manuell durch Betätigen der Maus ausgewählt werden.

Bewertung

Das Fehlen von View-Konzepten sowie die mangelnde Möglichkeit zur Steuerung der Darstellung stellen in Bezug auf die Umsetzung des Task-View-Modells ein großes Defizit dar. Weiterhin sollte man nicht außer acht lassen, daß trotz des mächtigen Informationsmodells die Implementierung von Anwendungen nur rudimentär unterstützt wird. Wie bereits erwähnt, ist die Plattform HP Open View in der Programmiersprache „C" implementiert (auch Managementanwendungen sind in dieser Sprache geschrieben, bzw. die Funktionalität der Plattform wird über „C"-Libraries bereitgestellt.), d.h. es existieren auf der Implementierungsebene keine Objektklassen. Bei der Implementierung von Managern bzw. Managementanwendungen in HP Open View sind selbst immer wiederkehrende Abläufe (z.B. das Registrieren einer Anwendung) als Code-Schablonen immer wieder neu zu schreiben oder aus bisherigen Anwendungen zu kopieren. Ändern sich Abläufe im Zuge der Plattform-Weiterentwicklung, sind diese Anwendungen sicher nicht weiter verwendbar.

3.2.4 Managementplattform NAS Hierarchical Network Management System

Eine in einem etwas anderen Umfeld entstandene Plattform beschreibt das Papier [GS 93]. Hier wird eine Eigenentwicklung von dem NASA Ames Research Center vorgestellt, die als Projekt im Jahre 1990 begann. Nach der Aufstellung eines Anforderungskataloges und einer Analyse existierender Managementwerkzeuge entschloß man sich, das Projekt „NAS Hierarchical Network Management System" das die Projektierung und Implementierung eines skalierbaren Netzmanagementsystems zur Überwachung großer Netze zum Inhalt hat, ins Leben zu rufen. Charakteristische Eigenschaften der betrachteten Plattform sind eine verteile Architektur (vier verschiedene Modultypen: server, interface, input/output, database) und eine objektorientierte Modellierung der Ressourcen. Für die Modellierung stehen 11 Objektklassen zur Verfügung, die neben physischen Aspekten (Processor, Interface) auch organisatorische Aspekte (Administrator, Local Address) abbilden. Besonderer Wert wurde auf die Eigenschaft gelegt, auch sehr große Netze mit einigen tausend Komponenten übersichtlich darzustellen. Zu diesem Zweck wurden Objekte eingeführt, die eine Hierarchie von Komponenten (LAN → Subnet → Site) darstellen können.

Mehr-Benutzer-Population

Es ist kein Konzept für eine Mehrbenutzer-Umgebung vorhanden. Nur der Administrator hat Zugang zum System.

Selektion Darstellungskontext

Die durch die verteilte Architektur bedingte Client-Server-Struktur stellt bereits eine Trennung zwischen den vom Server überwachten Ressourcen und der im Client realisierten Darstellung dar. Darüber hinaus kann der Benutzer sogenannte *Custom Diagrams* definieren. Dies sind objektorientierte Strukturierungsmittel, mit denen der Benutzer für ihn relevante Ressourcen auswählen kann und die dabei durch den Server zu überwachende Ressourceninformation inklusive der Darstellung festlegen können.

Selektion Information/Funktionalität

Der Aufbau des NAS Managementsystems ist modular, obgleich keine Aussagen über die Möglichkeit der Integration von Anwendungen gemacht werden. Daher lassen sich keine Bewertungen hinsichtlich dieser Anforderung machen.

Selektion Visualisierung

Es besteht die Möglichkeit, View-Hierarchien anzulegen, die allerdings nur nach einem vorgegebenen Strukturierungsprinzip geordnet sind. Die Visualisierung von Managementinformation und Funktionalität ist von der Benutzerschnittstelle vorgeschrieben, der Benutzer hat nur die Möglichkeit, eine Selektion der gewünschten Information durchzuführen.

Online-Help

Es werden keine Aussagen zum Grad der Unterstützung in der Plattform gemacht.

Dokumentation von Szenarien

Szenarien, d.h. Abfolgen von Aktionen, werden in dieser Form nicht dokumentiert.

Selektion Ressource

Ressourcen können nur manuell durch Betätigen der Maus ausgewählt werden.

Bewertung

Die Managementplattform NAS ähnelt in ihrer Leistungsfähigkeit und den ihr zugrundeliegenden Konzepten mehreren Netzmanagementsystemen am Markt. Besonderheiten der Plattform NAS sind neben einer objektorientierter Modellierung von Ressourcen auch die Modellierung von organisatorischen Aspekten in eigenen Objekten. Was die Visualisierungsfähigkeit angeht, bewegt sich die Plattform eher im Mittelfeld der untersuchten Plattformen, d.h. der Benutzer kann zwar Information selektieren, deren Darstellung in einem bestimmten Kontext aber nicht weiter beeinflußen bzw. auswählen. Inwieweit die objektorientierte Modellierung Auswirkungen auf die Implementierung hat, konnte nicht bewertet werden (keine Aussage in den Dokumenten).

3.2.5 Managementplattform TONICS

Die Analyse von Managementplattformen hinsichtlich der Realisierbarkeit von Task-Views soll mit einem letzten Beispiel aus der Telekommunikationswelt abgeschlossen werden. Die in den GTE-Labs entwickelte Plattform TONICS (Telephone Operations Network Integrated Control System) wurde zum Zweck eines effizienten Managements der über 2000 Switches mit ca. 17 Millionen Lines der GTE entworfen und gebaut. Sie wird von ca. 300 Benutzern rund um die Uhr verwendet und ist seit März 93 im Einsatz. Zu den Randbedingungen zählen die Verwendung der Plattform für eine große Zahl von „Netzelementen“ und die Unterstützung verschiedener „Operation Systems“. So z.B. sollte es Standardprotokolle für das Management intelligenter Netzelemente (z.B. CMIP, SNMP, TL1) ebenso wie herstellerspezifische, polling-basierte und/oder bit-orientierte Protokolle (wie z.B. TBOS, TABS, DCP) und auch die Schnittstelle zu älteren Netzelementen berücksichtigen.

Allgemein werden in der Telekommunikationswelt sogenannte „Network Interface Devices“ (NIDs) eingesetzt, um Zugang (Überwachen und Steuern) zu einem oder mehreren Netzelementen zu bekommen. NIDs werden aufgrund ihrer Lokation oder Funktionalität kategorisiert. Einige Systeme arbeiten im Central Office (CO), andere im Network Operation Center (NOC). Unter den CO-Systemen gibt es ebenfalls noch die Subnetwork-Controller (SCs), die speziell für das Überwachen und Steuern von Subnetzen eingesetzt werden. Mediation Devices (MDs) sind Stand-Alone-Geräte, die für Nachrichtenzwischenspeicherung und die Alarmweitergabe verantwortlich sind (siehe Abbildung 3.5).

Leider werden in den verfügbaren Dokumenten keine Aussagen zu dem zugrundeliegenden Informationsmodell von TONICS gemacht (d.h. der Bezug zu TMN ist nicht offensichtlich zu erkennen).

NIDs können auch hierarchisch angeordnet werden. Eine wichtige Aufgabe von TONICS ist es, Funktionalität, die bisher von stand-alone Geräten bereitgestellt wurde, zu integrieren.

Im Moment ist die Verbindung zwischen dem Central Office (CO) und dem Network Operation Center (NOC) typischerweise ein X.25 Netz, obwohl auch TCP/IP Netze oder T1 WAN Links verwendet werden.

Das Netzmodell ist als eine verteilte Datenbank implementiert. In vielen Fällen erfolgt ein Zugriff auf die Netzkonfiguration über ein externes *Operating System*. Um die Zugriffe hinsichtlich der Perfomance zu verbessern, dienen Netzelemente als entfernte Datenbank-Server. Die meiste Zeit überlappen sich die Inhalte der Netzdatenbank mit denen der redundanten Server.

Mehr-Benutzer-Population

Zu der Plattform haben eine Vielzahl verschiedener Anwender Zugriff. Innerhalb der Plattform werden die Benutzer sog. „Communities“ zugeordnet (technician, adminsitrators, managers), die über Benutzerprofile Information und Funktionalität zugewiesen bekommen. Die gewünschte Information und Funktionalität wird in „Frameworks“ (Profile zur Beschreibung der Benutzer-Anforderungen) beschrieben. So wird z.B. für das Fehlermanagement eine Routine-Spezifikation und eine Netz-Analyse-Spezifikation benutzt. Bei der Lösung von Routineaufgaben wird die Routine-Spezifikation verwendet und dementsprechend auch die dafür vorgegebene Information und Funktionalität. In einer solchen Spezifikation werden z.B. Maps, Filter, Eskalations-

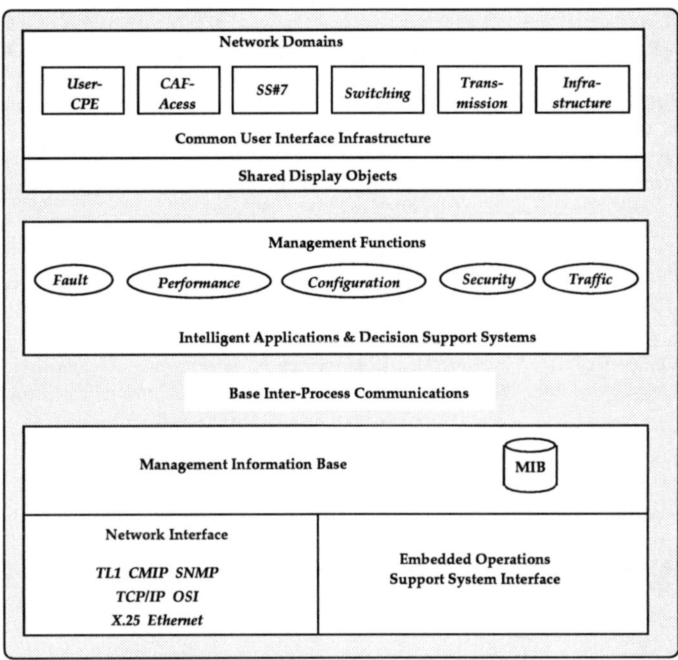

Abbildung 3.5: Architektur von TONICS

Mechanismen, View-Hierarchien und anderes festgelegt.

Selektion Darstellungskontext

Die Trennung von Ressourcen und deren Visualisierung ist durch die Verteilung der Netzdatenbank und der Visualisierungs-Clients, sowie der verschiedenen Benutzerprofile (→ Sichtweisen) gegeben. TONICS unterstützt bisher keine Wahl des Darstellungskontexts.

Selektion Information/Funktionalität

Die Plattform TONICS ist stark modular aufgebaut, wobei die Struktur und der Inhalt (die Module) von der Spezifik der Telekommunikationswelt geprägt sind. Anwendungen werden im Sinne einer tiefen Integration eingebettet (siehe auch Abbildung 3.5).

Selektion Visualisierung

Die Visualisierung von Managementinformation und Funktionalität wird über einzelne Parameter im bereits erwähnten Framework spezifiziert. Dabei werden verschiedene Fenster-Typen („Geografische" für die geografische Darstellung der Netzelemente, „Matrix" für die Darstellung der Querbeziehungen zwischen Netzelementen und deren Alarmen, ..) spezifiziert, die zum einen die präsentierte Funktionalität, wie auch die Darstellung der Managementinformation implizieren. Eine benutzerspezifische Interpretation der Managementinformation erfolgt nicht.

Online-Help

Zu der Online-Help des System ist den Dokumenten zu entnehmen, daß eine Anbindung der Online-Help zu den integrierten Werkzeugen über die Plattform-Schnittstelle geplant ist.

Dokumentation von Szenarien

Szenarien, d.h. Abfolgen von Aktionen, werden in dieser Form nicht dokumentiert.

Selektion Ressource

Ressourcen können nur manuell, d.h. durch Betätigen der Maus ausgewählt werden.

Bewertung

Die Plattform TONICS zeigt einen interessanten Ansatz mit spezifischen Problemen und Architekturen der Telekommunikationswelt. Die große Anzahl der Plattform-Benutzer hat sicher dazu geführt, sich über Benutzer-Profile und spezielle, individuelle Sichtweisen der Benutzer mehr Gedanken zu machen als in der Datenkommunikationswelt. So ist es auch zu erklären, daß bei dem Kriterium Zugangskonzept und der Visualisierung von Managementinformation hier die größten Fortschritte zu verzeichnen sind. Diese Plattform ist von den untersuchten die erste, die eine eigene Sprache zur Beschreibung der Benutzerprofile besitzt. Inwieweit eine Zuordnung Benutzer → Rollen → Aufgaben realisiert ist, war nach dem vorliegenden Stand der Dokumente nicht ersichtlich. Leider berücksichtigt auch TONICS nicht die Modellierung von Vorgehensweisen zur Aufgabenlösung.

3.2.6 Bewertung der Managementplattformen

Plattform	Mehr-Benutzer Umgebung	Selektion Darstellungs-kontext	Selektion Inf./Fkt.	Selektion Visualisierung
Cabletron *SPECTRUM*	keine Rollen, aber Identifizierung individueller Benutzer; Hierarchie von Rechten wird vergeben, die sich aber nur auf Schreib-/Leserechte bezieht	generell realisiert, aber innerhalb der Plattform nicht mischbar	ist für Managementinformation realisiert, Funktionalität nur in eigenen Anwendungen referenzierbar	Management-information und -funktionalität mittels eigener Werkzeuge (GIB-Editor) flexibel einer Darstellung zuordenbar
Hewlett Packard *Open View*	keine Rollen, aber individuelle Benutzer mit Schreib-/Leserechten und sog. Capabilities (zugeordnete Anwendungen)	verwendet nur einen Darstellungskontext, daher keine Wahl möglich	Benutzer kann z.T zwischen Ikonen für die Darstellung wählen, Darstellung der Information aber ist fest	Darstellung der Management-information / -funktionalität ist nicht beeinflußbar
NASA Research Center *NAS-Hierarchical NMS*	„Ein Benutzer Umgebung“	keine Aussagen	nicht offensichtlich realisiert	nicht beeinflußbar
GTE Labs *TONICS*	Zugang wird über Rollen der Benutzer gesteuert	keine Aussagen	ist realisiert	modularer Aufbau

Plattform	Online Help	Dokumentation von Szenarien	Selektion Ressource
Cabletron *SPECTRUM*	einzelne Funktionen werden erläutert, nicht aber Aktionen oder Verfahren	nicht realisiert	manuelle Auswahl via Maus oder Keyboard möglich, keine dynamische Auswahl
Hewlett Packard *Open View*	Maps und Menüfunktionen werden erläutert	nicht realisiert	Objekte der Maps können einzeln selektiert werden, oder mittels Drag-and-Drop Aktionen der Maus
NASA Research Center *NAS-Hierarchical NMS*	keine Aussagen	nicht realisiert	manuelle Auswahl
GTE Labs *TONICS*	Anbindung der Online-Dokumentation der Werkzeuge ist geplant	nicht realisiert	manuelle Auswahl

3.3 Views in Datenbanken

Views besitzen in der Welt der Datenbanken eine lange Tradition. Aufgrund der historischen Entwicklung und der großen Verbreitung sind Views in relationalen Datenbanken am besten bekannt. Schon der Entwurfsprozeß der Datenbank beginnt mit einer Anforderungsanalyse, die in einer Menge von Benutzer-Views endet. Jeder View beschreibt den Datenbank-Inhalt und die Struktur, die für die Ausführung einer gegebenen Funktion durch den Benutzer (oder einer Gruppe) geeignet ist. Ein "Benutzer-View" wird definiert als die Vorstellung eines Benutzers über das, was eine vorgeschlagene Datenbank (oder ideale Datenbank) enthalten soll. Oder anders gesprochen: Ein Benutzer-View ist eine Repräsentation der für eine bestimmte Gruppe von Benutzern für einen bestimmten Zweck relevanten Aspekte. Die Menge aller Views, die in einer Organisation benutzt werden, wird daher oft als eine Spezifikation dessen beschrieben, was eine Unternehmensdatenbank enthalten sollte.

3.3.1 Views in relationalen Datenbanken

Wie auch in allen anderen Anwendungsgebieten der Views stellte sich beim Umgang mit Datenbeständen in relationalen Datenbanken das Problem, daß mehrere Benutzer an ein und denselben physischen Datenbestand verschiedene Anforderungen hatten. Die Lösung dieses Problems war der View. Im weiteren wird anhand der Datenbank-Sprache SQL die Notwendigkeit der Realisierung von Views und deren Probleme bei der Umsetzung analysiert.

Einführung

In SQL existieren zwei verschiedene Typen von Tabellen: Basisrelationen (oder einfach Tabellen) und Views. Diese unterscheiden sich wie folgt:

- Eine Basisrelation ist eine „reale" Tabelle, d.h. sie existiert physisch in dem Sinne, daß physisch gespeicherte Records und möglicherweise Indizes existieren, die direkt diese Tabelle im Speicher repräsentieren.
- Im Gegensatz zu den Basisrelationen ist ein View eine „virtuelle" Tabelle, d.h. er existiert nicht direkt im physischen Speicher. Für den Benutzer stellt sich diese (virtuelle Tabelle) als Tabelle dar. Views können als flexible Möglichkeit, auf eine Basisrelation zu sehen, betrachtet werden. Views werden immer unter Verwendung der Basisrelationen definiert.

Abbildung 3.6 gibt einen schematischen Überblick über die bereits diskutierten Zusammenhänge.

Views können ebenso wie Basisrelationen zu jeder Zeit erzeugt oder gelöscht werden (CREATE VIEW, DROP VIEW, CREATE TABLE, DROP TABLE). Views werden nicht durch ihre eigenen physisch gespeicherten Daten unterstützt, sondern allein die View-Definition wird im Katalog (aktuell „SYSVIEW") abgespeichert, wie z.B. auf folgende Art:

```
CREATE VIEW GOOD_SUPPLIERS
AS SELECT S#, STATUS, CITY
FROM S
WHERE STATUS > 15
```

Wird die Anweisung „CREATE VIEW" ausgeführt, so wird die Teilanfrage nach „AS" nicht ausgeführt, sondern einfach dieser Teil (der die eigentliche View-Definition enthält) unter dem View-Bezeichner „GOOD_SUPPLIER" im Katalog abgespeichert. Der Benutzer bekommt den Eindruck, es gäbe eine Tabelle „GOOD_SUPPLIER" in der Datenbank mit den oben definierten Eigenschaften, wie in Abbildung 3.7 dargestellt.

Der View „GOOD_SUPPLIER" ist ein Fenster in die Basisrelation S. Eine weitere Eigenschaft des Fensters ist seine Dynamik. Änderungen in S werden automatisch und sofort im Fenster (View) sichtbar. In der entgegengesetzten Richtung analog. Nun eine Retrieval-Operation auf dem View „GOOD_SUPPLIER":

```
SELECT *
FROM GOOD_SUPPLIER
WHERE CITY = 'LONDON'
```

Wie man sieht, entspricht diese SELECT-Anweisung einer normalen SELECT-Anweisung auf einer Basisrelation. Das System konvertiert diese SELECT-Anweisung auf eine Folge von Operationen auf der Basisrelation. Die zur obigen Operation äquivalente Operation ist folgende:

```
SELECT S#, STATUS, CITY
FROM S
```

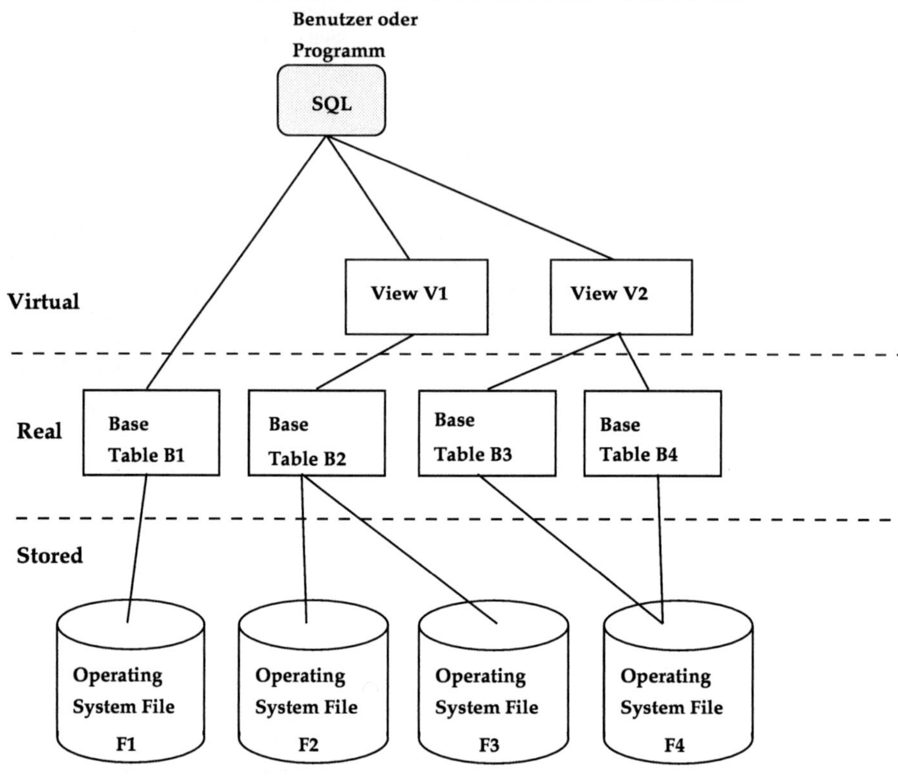

Abbildung 3.6: Views in SQL-Datenbanken

WHERE CITY = 'LONDON'
AND STATUS > 15

Diese neue Anweisung kann nun übersetzt und ausgeführt werden. Die Konvertierung wird durch eine Verbindung der SELECT-Anweisung, die durch den Benutzer definiert wurde, und durch die SELECT-Anweisung, die bei der Definition des Views abgespeichert wurde möglich. Update-Operationen werden in einer ähnlichen Weise behandelt. So wird z.B. die Operation:

UPDATE GOOD_SUPPLIERS
SET STATUS = STATUS + 10
WHERE CITY = 'PARIS'

GOOD_SUPPLIERS

S#	SNAME	STATUS	CITY
S1	Smith	20	London
S2	Jones	10	Paris
S3	Blake	30	Paris
S4	Clark	20	London
S5	Adams	30	Athens

Abbildung 3.7: GOOD_SUPPLIERS als ein View der Basisrelation „S" (nicht schattierter Teil)

in die Operation:

```
UPDATE S
SET STATUS = STATUS + 10
WHERE CITY = 'PARIS'
AND STATUS > 15
```

transformiert. Die Insert- und Delete-Operationen werden analog behandelt.

Views in der Phase der Modellierung von Datenbanken

Der Entwurf einer Datenbank besteht wesentlich aus dem Entwurf der konzeptionellen Ebene, also des konzeptionellen Datenbankschemas, welches eine gegebene Realwelt bzw. eine Ausschnitt daraus modelliert. In Abbildung 3.8 wird der Entwurfsprozeß einer Datenbank schematisch dargestellt.

Anforderungsanalyse und -spezifikation

In der ersten Phase des Entwurfsprozesses, der Anforderungsanalyse und -spezifikation, werden die Anforderungen aller potentieller Benutzer an die neu einzurichtende Datenbank erhoben. Diese Anforderungen sind zunächst zu sammeln und zu dokumentieren und dienen dann als Basis für eine Analyse. Grundsätzlich lassen sich zwei Typen von Anforderungen unterscheiden:

- *Informationsanforderungen*: Hierunter fallen alle statischen Informationen, welche das betreffende Datenbank-System im Betrieb der Datenbank benutzen wird. Bei dieser Form der Anforderungs-Akquisition geht es um die Syntax und die Semantik der in der Datenbank abzulegenden Daten.
- *Bearbeitungsanforderungen*: Hierzu werden alle dynamischen Aktivitäten und Prozesse, die später auf der Datenbank ablaufen sollen, gezählt.

Konzeptioneller Entwurf

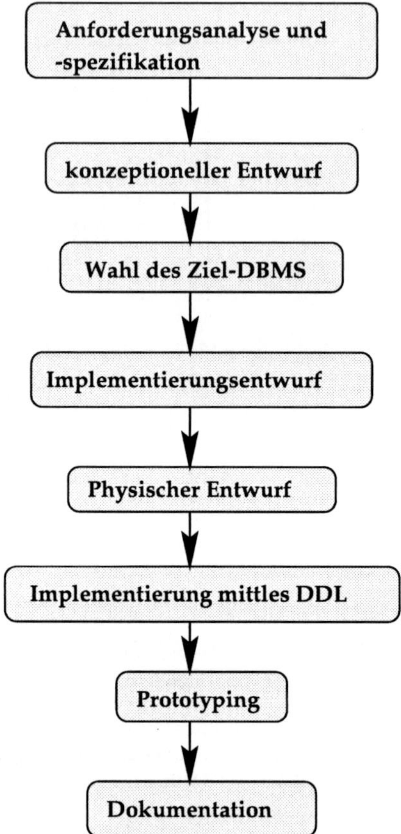

Abbildung 3.8: Phasen des Datenbank-Entwurfsprozesses

In dieser Phase besteht die Aufgabe darin, eine konzeptionelle Globalsicht der betreffenden Anwendungen zu erstellen. Eingabe für diese Phase liefert die Anforderungsspezifikation, Resultat ein konzeptionelles, zielsystem-unabhängiges Datenbankschema.

Im einzelnen besteht die Aufgabe des Designers bei dieser Vorgehensweise darin, die Beschreibungen der einzelnen Benutzer bzw. Benutzergruppen zunächst einzeln in sog. Sichten zu überführen, wobei er bereits ein abstraktes, konzeptionelles Datenmodell benutzt. Jede dieser Sichten stellt eine erste formale Beschreibung der Informationsstrukturen so dar, wie sie von der betreffende Gruppe benötigt wird. Für diese sog. Sichten-Modellierung (View Modelling) verwendet man ein Datenmodell, welches von dem des Ziel-Datenbank Modells (DBMS) verschieden ist, um nicht bereits in dieser Phase des Entwurfs auf möglicherweise bestehende Einschränkungen oder spezielle Eigenschaften des zu benutzenden Systems Rücksicht nehmen zu müssen. Konkret verwendet man in dieser Phase heute meist das Entity-Relationship-Model zur Modellierung einzelner Sichten.

Der zweite Teilschritt des konzeptionellen Entwurfs besteht dann in einer Integration vorhandener Einzelsichten, d.h. in einer Überführung dieser in eine konzeptionelle Globalsicht der Datenbank.

Der Integrationsschritt zerfällt grob in zwei Teilschritte: Durch eine Analyse der gegebenen Einzelsichten sind zunächst Inkonsistenzen, Redundanzen und Konflikte zwischen diesen aufzudecken; so kann es z.B. unbeabsichtigte Namensgleichheiten oder -unterschiede sowie ganze oder teilweise Übereinstimmung geben. Dann kann durch ein Misch-Vorgang die Globalsicht erstellt werden, wobei die gegebenenfalls bestehenden Abhängigkeiten oder Beziehungen der Sichten untereinander zu berücksichtigen sind.

View Definition

Die allgemeine Syntax der View-Definition eines CREATE VIEW ist folgende:

```
CREATE VIEW view-name [(list-of-column-names)]
AS select-expr
[WITH [CASCADED|LOCAL] CHECK OPTION]
```

Zentral für die Definition eines Views ist die Verwendung der SELECT-Anweisung. Die optionale Check-Klausel einer View-Definition ermöglicht die Spezifikation von Einschränkungen der Veränderbarkeit eines View-Inhaltes; ist z.B. WITH CHECK OPTION angegeben, so werden nur Einfügungen bzw. Veränderungen durchgeführt, welche die in dem View definierten Bedingungen erfüllen. Derartige Check-Klauseln können sogar von „außen", also z.B. von Tabellen, welche in die View-Definition eingehen, geerbt werden. Wie üblich kann der select-expr weder UNION noch ORDER BY[8] enthalten. Hier einige Beispiele:

1.

```
CREATE VIEW REDPARTS (P#, PNAME, WT, CITY)
AS SELECT P#, PNAME, WEIGHT, CITY
FROM P
WHERE COLOR = 'Red'
```

Das Resultat dieser Anweisung ist die Generierung eines neuen Views mit Namen xyz.REDPARTS, wobei xyz die User-ID des Benutzers ist, der diesen View erzeugt hat. Der Besitzer (Erzeuger) des Views kann diesen einfach als REDPARTS referenzieren, während andere Benutzer diesen als xyz.REDPARTS verwenden müssen. Der View besitzt vier Spalten, bezeichnet mit P#, PNAME, WT und CITY, die alle mit den Spalten der unterliegenden Basisrelation P# übereinstimmen. Werden keine expliziten Spalten-Bezeichner im CREATE VIEW angegeben, so erbt der View die Spalten-Bezeichner der Quelle (der Basisrelationen). Spalten-Bezeichner müssen explizit für alle Spalten eines Views angegeben werden, wenn:

[8] Diese können natürlich in Retrieval-Operationen auf den View wieder verwendet werden.

- jede Spalte im View von einer Funktion abgeleitet wurde, einem operationalen Ausdruck, oder einer Konstante (und so kein Name vererbbar ist), oder
- zwei oder mehrere Spalten des Views denselben Namen bekommen würden.

Die nächsten zwei Beispiele sollen dies illustrieren:

2.

CREATE VIEW PQ (P#, TOTQTY)
AS SELECT P#, SUM (QTY)
FROM SP
GROUP BY P#

In diesem Beispiel kann kein Name für die zweite Spalte vererbt werden, da die Spalte von einer Funktion abgeleitet wurde. Daher müssen Spalten-Bezeichner dieser Art wie angegeben explizit spezifiziert werden. Dieses Beispiel stellt kein einfaches Zeilen-Spalten-Subset dar, sondern eine statische Zusammenfassung oder Komprimierung der unterliegenden Basisrelation.

3.

CREATE VIEW CITY_PAIRS (SCITY, PCITY)
AS SELECT S.CITY, P.CITY
FROM S, SP, P
WHERE S.S# = S.SP.S#
AND SP.P# = P.P#

Die Bedeutung des Beispiels ist folgende: Ein Paar Stadtnamen (x,y) erscheint im View, wenn ein Lieferant in Stadt x ein Produkt liefern kann, das in Stadt y gelagert ist. So z.B.: Lieferant S1 liefert Produkt P1, Lieferant S1 ist in London ansässig und Produkt P1 ist in London gelagert; und so erscheint das Paar (London, London) im View. Die obige View-Definition enthält einen Join, so daß das vorliegende Beispiel von mehreren Basisrelationen abgeleitet wurde.

4.

CREATE VIEW LONDON_REDPARTS
AS SELECT P#, WT
FROM REDPARTS
WHERE CITY = 'London'

Da die Definition eines Views durch jede beliebige Sub-Anfrage dargestellt werden kann, und da jede Sub-Anfrage Daten aus einem View wie auch aus einer Basisrelation akquirieren kann, ist es möglich, einen View unter Verwendung eines anderen Views zu spezifizieren.

Die Syntax von DROP VIEW ist:

DROP VIEW view-name

Der angegebene View wird gelöscht, d.h. die entsprechende View-Definition wird aus dem Katalog entfernt. Alle Views, die unter Verwendung dieses Views definiert wurden, werden ebenfalls verworfen.

z.B.: DROP VIEW REDPARTS

Wenn eine Basisrelation gelöscht wird, werden alle Views, die auf dieser Basisrelation definiert wurden, ebenfalls entfernt.

Retrieval-Operationen

Es wurde bereits erwähnt, wie Retrieval-Operationen auf Views in äquivalente Anfragen an die Basisrelationen transformiert werden. Im allgemeinen arbeitet der Konvertierungsprozeß der Anfragen korrekt und funktioniert ohne jede Überraschung für den Benutzer. Probleme können allerdings auftreten, wenn der Benutzer ein View-Feld wie ein normales Tabellenfeld behandeln will und das View-Feld nicht von einer einfachen Basisrelation, sondern z.B. von einer Funktion abgeleitet ist. Gegeben sei folgende View-Definition:

```
CREATE VIEW PQ (P#, TOTQTY)
AS SELECT P#, SUM (QTY)
FROM SP
GROUP BY P#
```

(das Beispiel mit der statistischen Zusammenfassung, Bsp.:2)

und folgende Anfrage:

```
SELECT *
FROM PQ
WHERE TOTQY > 500
```

Wird der einfache Verbindungsprozeß (wie bereits bei der Anfragekonvertierung erläutert) verwendet, bekommt man folgendes Resultat:

```
SELECT P#, SUM (QTY)
FROM SP
WHERE SUM (QTY) > 500
GROUP BY P#
```

Diese Anweisung stellt aber keine gültige SQL-Anweisung im Sinne des Standards dar. Prädikaten in WHERE-Klauseln ist es nicht gestattet, aggregierte Funktionen wie z.B. die SUM-Funktion zu referenzieren.

Die originale Anfrage sollte in folgende Anfrage (o.ä.) konvertiert werden:

```
SELECT P#, SUM (QTY)
FROM SP
GROUP BY P#
HAVING SUM (QTY) > 500
```

Das erwähnte falsch konvertierte Beispiel verstößt gegen ein grundlegendes Prinzip: jede konvertierte Form einer originalen Anfrage muß immer eine legale SQL SELECT-Anweisung sein.

View Update

Es sei an dieser Stelle bemerkt, daß das Problem der Auswertung oder Übersetzung von View-Updates in Datenbank-Updates von realen Systemen nur auf sehr elementare Weise gelöst wird. Eine gängige Variante ist, daß eine Einfügung oder Löschung bezüglich eines Views, welcher aus einer Basisrelation durch Projektion oder Selektion hervorgeht, stets als Einfügung oder Löschung auf der betreffenden Basisrelation ausgeführt wird (unabhängig von der „Semantik“

der betreffenden Operation). Falls ein Verbund in der View-Definition verwendet wird, so wird jeder View-Update vom System zurückgewiesen. Für weiterführende Betrachtungen zu diesem Thema sei auf [Heue 92] oder [Voss 94] verwiesen.

Logische Datenunabhängigkeit

Ein wesentlicher Aspekt bzw. Vorteil des Einsatzes von Views ist die logische Datenunabhängigkeit. Systeme wie z.B. SQL liefern als System schon eine physische Datenunabhängigkeit, d.h. der Benutzer und das Benutzerprogramm sind unabhängig von der physischen Struktur der gespeicherten Datenbank. Ein System liefert logische Datenunabhängigkeit, um Benutzer oder Benutzerprogramme ebenfalls von der logischen Struktur der Datenbank unabhängig zu machen. Zwei Aspekte der logischen Datenunabhängigkeit sind hier zu nennen: Vergrößerung und Restrukturierung.

Vergrößerung

So wie die Datenbank wächst, um neue Information aufzunehmen, müssen auch die Datenbank-Definitionen mitwachsen. Zwei verschiedene Klassen des Vergrößerns einer Datenbank können eintreten:

- Die Erweiterung existierender Basisrelationen um neue Felder
- Die Aufnahme neuer Basisrelationen

Keiner dieser beiden Aspekte sollte Auswirkungen auf die bisherige Benutzung der Datenbank haben (außer, der Benutzer gibt z.B. SELECT * an).

Restrukturierung

In dem Lebenszyklus einer Datenbank kann es vorkommen, daß es notwendig ist, die Datenbank zu restrukturieren. Dies bedeutet, die Position der Information in der Datenbank zu ändern (spez. Zuordnung Feld zu Basisrelation). So könnte es notwendig sein, eine Basisrelation vertikal zu splitten, so daß häufig gebrauchte Spalten auf ein schnelleres Speichermedium und weniger häufig gebrauchte Spalten auf ein langsameres Speichermedium abgelegt werden.

Vorteile der View-Benutzung

Den Abschluß der Betrachtung bildet eine Zusammenfassung der Vorteile des Einsatzes von Views und eine Bewertung anhand der Anforderungen aus Kapitel 2. Views bieten folgende Vorteile:

- Sie liefern eine gewisse logische Datenunabhängigkeit (siehe voriger Abschnitt)
- Sie erlauben das Benutzen der gleichen Daten von verschiedenen Benutzern auf verschiedene Art und Weise.
- Die Wahrnehmung der Daten durch den Benutzer wird vereinfacht. Es ist offensichtlich, daß der View-Mechanismus es dem Benutzer erlaubt, sich auf die Daten zu konzentrieren, die für ihn relevant sind, und andere zu ignorieren. Vielleicht nicht so offensichtlich ist, daß dieser Mechanismus die Datenmanipulationsoperationen wesentlich vereinfachen kann (z.B. keine Operationen zum Navigieren durch Basisrelationen nötig).

- Der View-Mechanismus deckt bestimmte Sicherheitsaspekte ab. Der View verhindert den Zugriff des Benutzers auf Daten, für deren Zugriff er nicht autorisiert ist.

Der folgende Abschnitt soll eine Bewertung der View-Konzepte in relationalen Datenbanken anhand der in Kapitel 2 ermittelten Anforderungen realisieren.

1. **Selektion Ressource:** Zu diesem Punkt läßt sich in ER-Datenbanken nur schwer eine Entsprechung finden, da die Problematik anders geartet ist. Eventuell läßt sich die DOMAIN-Bedingung in SQL-Anweisungen als ein ähnlicher Mechanismus betrachten[9]. Fazit: Eine statische wie auch dynamische Selektion von Ressourcen wäre in ER-Datenbanken realisierbar.
2. **Selektion Funktion/Information:** Dieser Punkt entspricht genau dem Leistungsvermögen von Views in relationalen Datenbanken. Das ebenfalls erwähnte Problem der Aktualität von Views ist zumindest im Bereich der ER-Datenbanken sicher auf dem höchsten Stand im View-Umfeld. Siehe dazu auch View-Updates (Seite 49).
3. **Online-Hilfe:** Es ist sicher möglich, diese Information wie jede andere Information auch in ER-Datenbanken abzulegen. Die Semantik dieser Information müßte allerdings in einer Metaebene zwischen GUI und ER-View abgelegt und verwaltet werden.
4. **Selektion Visualisierung:** Dieser Punkt ist nicht Gegenstand der Betrachtung in ER-Datenbanken-Views.
5. **Selektion Kontext:** Auch dieser Punkt ist nicht Gegenstand der Betrachtung in ER-Datenbanken-Views. Das schließt nicht aus, Information dieser Art in ER-Views zu speichern, was aber sicher nicht dem Grundgedanken der Views im Netz- und Systemmanagement entsprechen würde.
6. **Mehr-Benutzer-Population:** Diese Anforderung ist in ER-Views bereits gelöst. Views in ER-Datenbanken liefern einen wesentlichen Beitrag zur Systemsicherheit.
7. **Dokumentation von Verfahren:** Siehe auch Punkte 4/5. Es ist sicher möglich, derartige Information in Views abzuspeichern, wobei entsprechende Darstellungen aber noch entwickelt werden müssten.

3.3.2 Views in objektorientierten Datenbanken

Wie im Relationenmodell sind Sichten auch in objektorientierten Datenmodellen (OODM) virtuelle Instanzen, die erst durch einen Anfrageausdruck aus den in der Objektbank vorliegenden Basisinstanzen berechnet werden. Die virtuellen Instanzen sind im objektorientierten Datenmodell Objektrelationen (also Objektmengen und ihre Zustände) von virtuellen Klassen. Solche Sichten können Benutzern zur Verfügung gestellt werden, denen die in der Objektbank definierten Klassen nicht ausreichen.

Für die Integration von Sichten in ein objektorientiertes Datenbanksystem (OODBS) ist die Menge der generischen Operationen von entscheidender Bedeutung: sind objekterhaltende Operationen zugelassen, so lassen sich, wie in relationalen Datenbanksystemen üblich, Sichten bilden.

[9] Auch der View in ER-Datenbanken ließe sich im weiteren Sinne als eine Selektion im obigen Sinne verstehen.

Generische und objektspezifische Operationen

In vielen objektorientierten Datenbankmodellen ist ein Operationenteil nicht enthalten, weil er scheinbar durch ein wesentlich allgemeineres Konzept objektorientierter Systeme ersetzt werden kann: die Methoden. Methoden können für jede Klasse definiert werden und stellen in ihrem Implementierungsteil die Mächtigkeit einer objektorientierten Programmiersprache wie C++ oder Smalltalk zur Verfügung. Die Anfrageoperationen relationaler Datenbanken sollen dann über Standardoperationen erreicht werden, die in die allgemeine „Collection"-Klasse aufgenommen werden und so allen Objekten zur Verfügung stehen.

Standard-Methoden als Anfrageoperationen

Diese Technik wird z.B. von dem OODBS *Gem Stone* mit der Sprache OPAL (Smalltalk basiert) oder etwa von dem System *Object Store* mit Standardmethoden verfolgt. Gem Stone unterscheidet z.B. zwischen reinen Smalltalk-Methoden und DB-Methoden von OPAL. In OPAL wird durch spezielle syntaktische „Tricks" erreicht, daß das System die DB-Methoden erkennt und als spezielle, effizient implementierte Operationen nutzt. Außerdem umfaßt die Menge der darstellbaren Anfragen nur die gemeinsame Selektion und das Verfolgen vordefinierter Klassen – Unterklassen – bzw. Klassen – Komponentenklassen – Beziehungen. Betrachtet man OPAL insgesamt (nicht nur die Methoden), so erreicht man zwar die volle Mächtigkeit einer Programmiersprache, die Operationenfolge wird allerdings schwer optimierbar und „unsicher".

Generische Operationen statt objektspezifischer Methoden

Neben diesen negativen Konsequenzen ist das zweite Problem bei der Verwendung von Methoden als Anfrageoperationen, daß die Implementierungen von Methoden eigentlich *objektspezifisch* sind, durch andere Definitionen vom Programmierer überschrieben werden können und nicht im Datenbankmodell fest "verdrahtet" sind. Die positiven Eigenschaften einer Relationenalgebra können allerdings nur erreicht werden, wenn ein Standardsatz von Operationen fest zum Modell gehört. Im Gegensatz zu Methoden, die *objektspezifische Operationen* genannt werden, sollen Anfrageoperationen *generische Operationen* (oder implizite Operationen) heißen, da sie fest zum Modell gehören, „generisch" auf alle Arten von Objektmengen angewandt werden können und nicht explizit erzeugt oder definiert werden müssen.

Was liefern generische Operationen

Generische Operationen können Werte aus Zuständen von Objekten extrahieren und in einer Ergebnisinstanz sammeln. Sie können aber auch dynamisch neue Zustandstypen erzeugen, neue Objektmengen zu bestehenden Klassen ermitteln, beziehungsweise dynamisch neue Klassen generieren.

Eine Konsequenz dieser Sichtweise ist auch, daß die in der Objektbank vorhandene Menge von Objekten mit ihren Zuständen noch nicht den vollen Informationsgehalt der Datenbanken ausmacht. Dazu gehören nun auch die Objektmengen und ihre Zustände sowie alle Typen und Klassen, die sich mit Hilfe der generischen Operationen „berechnen" lassen. Diese Sichtweise ist konsistent zu der in *deduktiven Datenbanksystemen*: das in den Datenbanken enthaltene Wissen ist nicht nur das explizit abgespeicherte Faktenwissen (die Basisrelationen einer relationalen Datenbank), sondern auch das Wissen, das sich mit Hilfe von Regeln ableiten läßt. In einer klassischen relationalen Datenbanken gibt es mit den Sichten einen ähnlichen Mechanismus: zur Datenbank zählen hier nicht nur die gespeicherten Basisrelationen, sondern auch alle virtuellen Relationen, die durch Sichten (also Anfragen des Benutzers) definiert werden.

Die objektorientierten Anfrageoperationen lassen sich nach [Heue 92] in drei Arten unterteilen: *objekterhaltende* und zum Erreichen großer Mächtigkeit *objekterzeugende* und *relationale* Operationen. Da objekterhaltende Operationen Bedingung für die Definition von Sichten in OODBS sind, wird der Schwerpunkt der Betrachtung bei diesen liegen.

Relationale Operationen

Relationale Operationen verzichten auf die Berücksichtigung der Objektidentität, des Klassenkonzeptes und der Strukturhierarchie und sehen die zugrundeliegenden Objekte mit ihren Zuständen einfach als geschachtelte Relationen oder Menge „komplexer Werte" an. Die generischen Operationen für die einzelnen Typkonstruktoren (s.o.) liefern eine gute Basis für diesen rein wertbasierten Kern von generischen Operationen.

Objekterzeugende Operationen

Objekterzeugende Operationen stellen auf ähnliche Weise Information aus den Zuständen von Objektmengen zusammen. Es werden Ergebnisklassen erzeugt, deren Objektmengen disjunkt sind zu allen anderen in der Objektbank vorhandenen Objektmengen.

Probleme treten eigentlich nur bei rekursiven Regeln in regelbasierten Sprachen auf; zu entscheiden ist, ob die Objekte implizit, frei oder durch eine Funktion erzeugt werden.

Implizites Erzeugen

Implizit werden in einer objektorientierten Anfragesprache neue Objekte erzeugt, wenn die Erzeugung durch die generischen Operationen nicht gesteuert werden kann, und sogar für den Benutzer nicht sichtbar ist. In solchen Anfragesprachen werden bei jeder generischen Operation neue Objekte erzeugt.

Freies Erzeugen

Eine Anfragesprache unterstützt das freie Erzeugen von Objekten, wenn in gewissen generischen Operationen das Erzeugen von Objekten vom Benutzer gewählt werden kann, er die Objekterzeugung aber sonst nicht weiter beeinflußen kann. Der Vorteil gegenüber der impliziten Erzeugung ist die Sichtbarkeit des Erzeugungsprozesses für den Benutzer. Ein Nachteil dieser Art der Objekterzeugung ist, daß der Prozeß insbesondere in rekursiven Anfragen nicht kontrolliert werden kann.

Objekterzeugende Funktion

Die kontrollierteste Art, Objekte zu erzeugen, ist die über Funktionen gesteuerte. Dieses Paradigma der Objekterzeugung wird beispielsweise in der Sprache O-Logic, F-Logic und LIVING IN A LATTICE unterstützt. Innerhalb der objekterzeugenden, generischen Operationen wird explizit vermerkt, von welchen Werten des Zustandes die Erzeugung eines neuen Objektidentifiers abhängt.

Objekterhaltende Operationen

Wie bereits mehrfach angedeutet, sind relationale und objekterzeugende Operationen nicht ausreichend. *Objekterhaltende Operationen* bewahren nun die Objektidentität der in die Operation einfließenden Objekte und sichern neben der **Abgeschlossenheit** auch die **Adäquatheit** der objektorientierten Anfrageoperation zu. Die Informationen über Objekte und die zu ihnen gehörenden Methoden gehen nicht verloren. Die Semantik wird jedoch um einiges komplizierter. So ist jeweils zu klären, wo genau in der Klassen- und Typhierarchie das Ergebnis wiederzufinden ist. Außerdem sind objekterhaltende Operationen nicht immer anwendbar, und es treten Inkonsistenzen und Konflikte zwischen sich widersprechenden Zuständen auf.

Einschub (nach [Heue 92])

Abgeschlossenheit bedeutet, daß die Anfrageergebnisse wieder konsistent im Datenbankmodell darstellbar sein müssen. Wird aus einer Objektmenge mit ihren Zuständen etwa eine Teilmenge selektiert, so ist das Ergebnis wieder eine Objektmenge mit Zuständen. Eine konsistente Darstellung der Ergebnisklassen liegt aber nur dann vor, wenn die Klasse auch an einer der Definition der Klassenhierarchie entsprechenden Stelle in der Hierarchie einsortiert wird.

Adäquatheit bedeutet, daß alle Datenmodellkonstrukte in der Anfrage und zur Darstellung des Ergebnisses ausgenutzt werden. Besteht unser Datenmodell also aus komplexen Typen und Klassen, die in einer Hierarchie stehen, so sollen auch die Ergebnisse komplexe Typen und Klassen besitzen können, die mit den anderen Klassen zusammen eine konsistente Hierarchie ergeben. Es reicht also nicht aus, nur Relationen als Ergebnistyp zuzulassen, da dann die anderen Konzepte des OODMS nicht ausgenutzt werden. Unter anderem bedeutet der Verzicht auf Adäquatheit, daß bestimmte Attribute und Methoden, die eigentlich auf die Ergebnisklasse vererbt werden können und damit dort anwendbar sind, nicht mehr vererbt und im Ergebnis angewendet werden können.

Eine adäquate Anfragesprache benötigt also auf jeden Fall objekterhaltende Operationen. Nur bestehende Objekte zu selektieren reicht für eine mächtige Anfragesprache nicht aus. Man benötigt zusätzlich die Möglichkeit:

- sich dynamisch neue Typen für bestehende Klassen als „Sicht“ auf diese Klasse zu generieren, und
- sich aus den Zuständen existierender Klassen völlig neue Informationen zusammenzustellen.

Einschub Ende

Im folgende werden drei typische Anwendungen objekterhaltender Operationen vorgestellt, die direkt Bezug zum Begriff der Sichtweise OODBS haben.

Sichten

Wie im Relationenmodell sind Sichten auch im OODM virtuelle Instanzen, die erst durch einen Anfrageausdruck aus den in der Objektbank vorliegenden Basisinstanzen berechnet werden. Die virtuellen Instanzen sind im OODM Objektrelationen (also Objektmengen und ihren Zuständen) von virtuellen Klassen. Solche Sichten können Benutzern zur Verfügung gestellt werden, denen die in der Objektbank definierten Klassen nicht ausreichen. Sichten können auch durch dynamische Klassifizierung oder dynamische Einkapselung gebildet werden.

Dynamische Klassifizierung

Statt Unter- oder Oberklassen im Schema zu definieren und bei Update-Operationen explizit Objekte in diese Unter- oder Oberklassen einzufügen, können durch objekterhaltende Operationen auch dynamische Klassen berechnet werden.

Dynamische Einkapselung

Durch eine objekterhaltende Projektion, die dem Benutzer als Sicht zur Verfügung gestellt wird, kann eine dynamische Einkapselung erreicht werden: anderen Benutzern können andere Attribute frei zugänglich zur Verfügung stehen. In OODMs ist u.U. die gesamte Struktur einer Klasse nach außen sichtbar. Nur bei Methoden sind die Implementierungsteile bereits eingekapselt. Eine *Einkapselung* von Strukturen kann nun einerseits als Sichtweise verstanden werden, die etwa mit objekterhaltenden Projektionen des Operationsteils oder durch allgemeinere Abstraktionen definiert werden kann. Statt eine Sicht auf existierende Klassen zu definieren, kann man aber auch gleich dafür ein spezielles Datenmodell-Konzept einführen (nach [Heue 92]). In diesem Fall kommt das Konzept der abstrakten Datentypen (ADT) zur Anwendung[10]. Die entstehende Sicht ist dann mit der Einkapselung des Zustands in objektorientierten Sprachen (z.B. Smalltalk) vergleichbar.

Das in der Welt der objektorientierten DBS als Maßstab geltende DBS MANIFESTO schließt die Definition von Sichten aus seinem Forderungskatalog aus. Im allgemeinen wird diese Forderung an ein OODBS als umstritten bewertet. Gründe dafür sind sicher in den sehr aufwendigen Konzepten und Implementierungen von generischen, objekterhaltenden Operationen zu sehen.

Ein weiterer Ansatz, um den Mangel der strukturellen Abstraktion in relationalen DBM zu beheben, ist der View-Objekt Ansatz von [Bars 90]. Barsalou kombiniert bei seinem View-Objekten die Vorteile der objektorientierten Programmiersprachen mit denen der Datenbank-Notation eines relationalen Views. Die Motivation dieses Ansatzes wird durch die Komplexität der aus dem KI-Bereich stammenden Anwendungen im Bereich der Biomedizin erreicht. Die bei diesen Anwendungen auftretenden komplexen Datenstrukturen lassen sich weder effizient auf Tupel von Relationen abbilden, noch in angemessener Zeit bearbeiten. Das in dieser Arbeit vorgeschlagene Modell basiert auf einer 3-Ebenen-Architektur (siehe Abbildung 3.9). Dieses Modell wurde in dem System PENGUIN umgesetzt.

[10] In diesem Fall sind die ADTs Klassen, in denen alle Attribute privat sind und nur über speziell definierte Anfrageoperationen gelesen werden können.

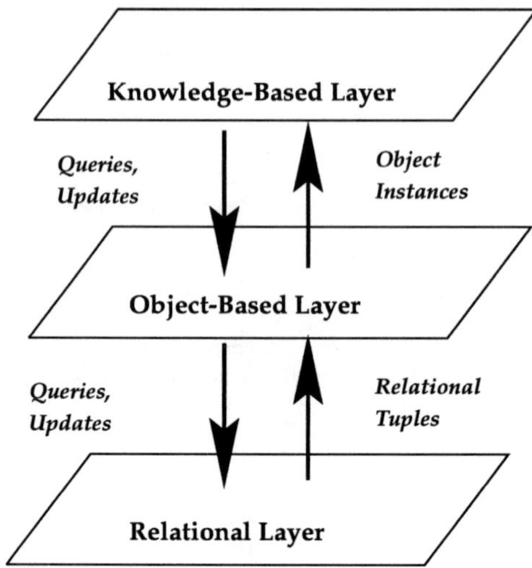

Abbildung 3.9: View-Objects in relationalen Datenbanken

3.3.3 Bewertung von Views in Datenbanken

Das Fazit der Betrachtung der Realisierung bzw. Anwendung von Views in relationalen (ER) und objektorientierten Datenbanken ist, daß Views in ER-Datenbanken eine wesentlich gößere Rolle spielen als in objektorientierten Datenbanken. Ein Grund dafür ist sicher die Komplexität und der Realisierungsaufwand für generische objekterhaltende Operationen in objektorientierten Datenbankmodellen (siehe auch [ABDD 89]). Die alternative Verwendung von Objektmethoden (also keine generischen, vom Datenbankmodell bereitgestellten Operationen) hat den Nachteil, daß diese objektspezifisch sind und vom Programmierer überschrieben werden können. Die positiven Eigenschaften einer Relationenalgebra (z.B. Abgeschlossenheit und Adäquatheit) kann allerdings nur mit generischen, fest im Modell verankerten Operationen erreicht werden.

In den historisch älteren ER-Datenbanken sind Views ein wesentlicher Bestandteil. Neben logischer Datenunabängigkeit, der Verbesserung der Wahrnehmung von Daten und der Möglichkeit der Bearbeitung von Daten durch mehrere Benutzer garantieren Views auch die Erfüllung individueller Sicherheitsanforderungen. Mit den Views in ER-Datenbanken wird genau das spezifiziert, was ein Benutzer von der Datenbank sehen will. Die Analyse der Benutzeranforderungen (später z.T. realisiert in Views) ist daher ein wesentlicher Bestandteil des Entwurfsprozesses einer ER-Datenbank. Die Views in ER-Datenbanken realisieren genau eine Anforderung, die an betreibergerechte Views gestellt werden, die Selektion von Information. Im Abschluß des Abschnittes zu ER-Datenbanken wird eine mögliche Umsetzung weiterer Anforderungen betreibergerechter Sichtweisen diskutiert. Man darf allerdings nicht vergessen, daß die Zielrichtung der Views in ER-Datenbanken (s.o.) eine andere ist, als die mit den betreibergerechten Views verfolgte. Es ist ebenfalls offensichtlich, daß verschiedene, mit ER-Datenbanken z.T. gelöste Probleme wie z.B. das View-Update oder die Sicherung konsistenter Daten im Modell der betreibergerechten Sichtweisen (Task-View-Modell) bedingt durch die Vielfalt der behandelten Aspekte (Information, Funktionalität, Visualisierung, ...) zu weitaus komplexeren Problemen führt. Einige davon werden sicher in dieser Arbeit nicht berücksichtigt werden können und sind Gegenstand weiterführender Arbeiten (siehe Kapitel 9).

3.4 Views in verwandten Bereichen

Im bisherigen Verlauf des Kapitels wurden u.a. Managementplattformen daraufhin untersucht, inwieweit sie geeignet sind, benutzerspezifische Sichtweisen zu realisieren bzw. die Einbettung solcher Sichtweisen durch die Architektur zu unterstützen. Die konzeptionelle Seite der Betrachtung, wie man solche Sichtweisen gewinnt, nach welchen Kriterien man sie strukturiert oder ähnliche Probleme sollen Gegenstand der folgenden Bewertungen sein. Wie auch schon bei der Betrachtung der Managementplattformen stellt diese Auswahl auch nur einen Ausschnitt von Arbeiten dar (siehe dazu auch [FEKN 93], [FGHK 93], [KNF 93], [FKN 91], [FKNF 92], [NFK 94]).

3.4.1 Eine aufgabenorientierte Benutzerschnittstelle für das Netzmanagement

Grundlage für diese Bewertung bildet die Veröffentlichung [SaSu 94]. Wie auch in vielen anderen wissenschaftlichen Veröffentlichungen zu diesem Thema wurde auch hier festgestellt, daß die die Festlegung, **welche** Information **wann** und **wie** darzustellen ist, eine charakteristische Eigenschaft für Benutzerschnittstellen ist. Dies gilt insbesondere für die Steuerung und Überwachung komplexer technischer Systeme, bei denen die Quantität der darstellbaren Information die Möglichkeit der Schnittstelle, alles zu einem Zeitpunkt darzustellen, bei weitem übersteigt. Kernpunkt der vorgestellten Idee ist das vorerst für das Knowledge-Engineering entwickelte Modell FIKA (Functional Information and Knowledge Acquisition). Nach diesem Modell läßt sich die gesamte akquirierte Menge an Information und Wissen nach drei verschiedenen Zielen strukturieren (sogenannte *information processing goals* IPG's):

- Bewertung der Situation (situation assessment)
- Auswahl der Aktionen (choice of actions)
- Konfliktlösung (evaluation of impact actions)

Das Erreichen eines jeden dieser Ziele erfordert eine Auswahl der erforderlichen Information, die Analyse der ausgewählten Information und eine Bewertung dieser Information (siehe auch Abbildung 3.10).

Die IPG's liefern die Basis für die Entwicklung von Unterstützungssystemen, die dem Benutzer dabei helfen, aufgabenrelevante Information zu akquirieren. Das in Abbildung 3.11 dargestellte Beispiel soll die Anwendung des Modells für die Phase der Situationsbewertung illustrieren.

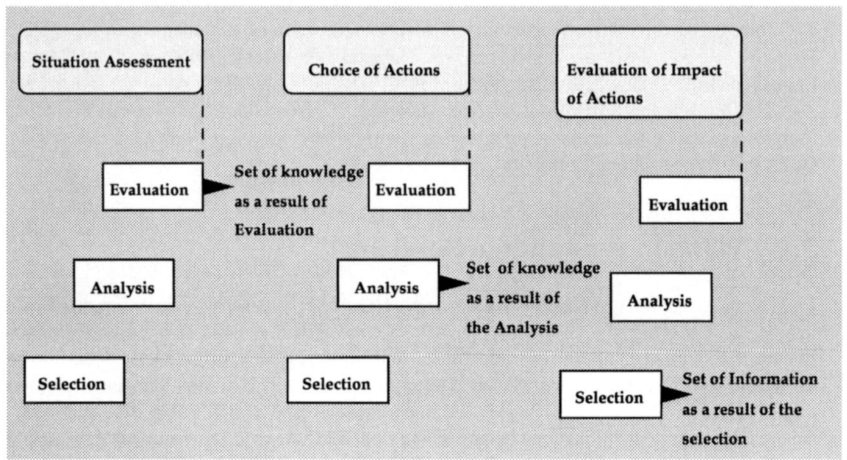

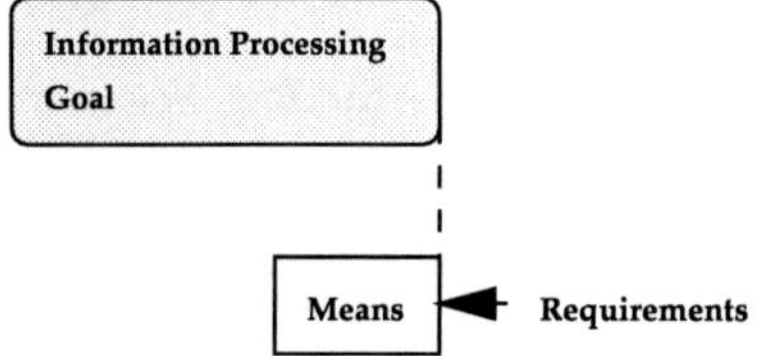

Abbildung 3.10: Modell der Akquisitionsmethode FIKA

Die linke Seite der Abbildung zeigt dabei die mögliche Unterstützung des Systems in dieser Phase. Die rechte Seite der Abbildung stellt charakteristische Typen von Information in den einzelnen Stufen (Auswahl, Analyse, Bewertung) dar. Auf der Grundlage dieses Ansatzes wurde eine Benutzerschnittstelle entworfen, die sich an den zu erfüllenden Aufgaben eines Benutzers orientiert. In dem Papier wird eine exemplarische Ausprägung der Schnittstelle beschrieben, die auf fünf verschiedenen Fenster-Typen basiert:

- Task Manager Window: dieses Fenster enthält die für einen Benutzer relevanten Aufgaben.
- Task Support Window: dieses Fenster erlaubt dem Benutzer den Zugriff auf alle Information, die für die Lösung der aktuell ausgewählten Aufgabe von Nutzen ist.
- Event Window: dieses Fenster zeigt eine Liste aller aktiven Ereignisse.

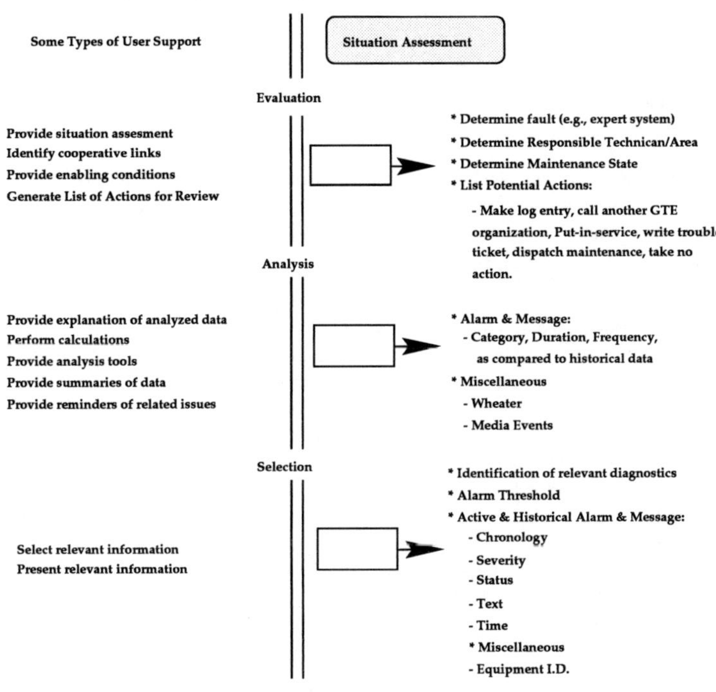

Abbildung 3.11: Beispiel der Anwendung des FIKA Modells

- Event/Switch Matrix Window: dieses Fenster zeigt alle Switches, für die ein Benutzer verantwortlich ist, sowie die für den Switch relevanten Ereignisse.
- Geographic Map Window: dieses Fenster stellt die Switches in einer geografischen Karte dar.

Jede einzelne Aufgabe wird durch ein *Task Information Package*, welches folgende Information enthält, beschrieben:

- Typ der Aufgabe
- Priorität der Aufgabe (Minor, Major, Critical)
- Status der Aufgabe (angenommen, nicht angenommen, diagnostiziert, Aktionen ausgeführt)
- Zeitpunkt der Initiierung der Aufgabe
- Aufgabe geteilt (shared, not shared)
- Zuständigkeit (Operateur, Administrator, Techniker)

Gemäß des FIKA Modells ist das Task Support Window wieder in die drei Hauptbereiche aufgeteilt:

- Bewertung der Situation (situation assessment)
- Auswahl der Aktionen (choice of actions)
- Konfliktlösung (evaluation of impact actions)

Je nach Aufgabenstellung der einzelnen Abschnitte des Task Support Windows sind Informationsauswahl, Informationsmanipulation, Variation der Darstellung oder Konsultation der Wissensbasis möglich.

Bewertung:

Dem Task Based GUI wie auch dem in dieser Arbeit vorgestellten Task-View-Modell ist die Orientierung an Managementaufgaben und das Ziel, Expertenwissen zugänglich zu machen, gemeinsam. Beide haben sich weiter das Ziel gesetzt, als Unterstützungssystem bei der Entscheidungsfindung zu agieren. Der wesentlichste Unterschied des im Task Based GUI vorgeschlagenen FIKA-Modells und des Task-View-Modells besteht darin, daß beim FIKA-Modell die Auswahl von Aktionen nach Expertensystem-Strategien im Vordergrund steht, während beim Task-View-Modell die Dokumentation impliziten Wissens der Experten den Schwerpunkt darstellt[11]. Desweiteren werden im FIKA-Modell auch keine Vorgehensweisen im Sinne von Verfahren zur Lösung der Aufgaben modelliert, was sich gerade bei der Weitergabe von Expertenwissen (welches oft zu großen Teilen in den Vorgehensweisen enthalten ist) als Defizit herausstellt. Eine mögliche sinnvolle Erweiterung des Task-View-Modells wäre z.B. die expertensystemgesteuerte Auswahl von Verfahren (z.B. beim Fehlermanagement) zur Lösung eines komplexeren Problems.

3.4.2 Sichtweisen im Software-Engineering am Beispiel des Systems ADDD

Eine aus einem vollkommen anderen Bereich stammende Betrachtung der Problematik der Sichtweisen wird in [KoMe 94ba] und [KoMe 94bb] dargestellt.

Ein mit der Komplexität des Netz- und Systemmanagements vergleichbares Komplexitätsmaß eröffnet sich bei der Betrachtung der im Prozeß der Software-Entwicklung anfallenden Daten und Informationen. Ebenso wie im Netz- und Systemmanagement sind im Prozeß der Software-Entwicklung verschiedenartigste Sichtweisen auf den Entwicklungsprozeß notwendig. Die Heterogenität der Ressourcen im Netz- und Systemmanagement ist sicher mit der Vielfalt der Werkzeuge und Informationsquellen in der Software-Entwicklung vergleichbar. Lediglich die Vielfalt der Benutzer-Profile (Benutzer mit verschiedenen Rollen), die außerdem von organisatorischen Aspekten geprägt ist, wird bei der Software-Entwicklung sicher nicht in diesem Maße relevant sein. Aus dieser Problematik resultieren technische wie auch ergonomische Probleme. Auf der technischen Seite müssen große Datenmodelle administriert werden, neue Werkzeuge und Objekte müssen integriert und Versionen verwaltet werden. Auf der ergonomischen Seite,

[11]Die automatische Auswahl von Verfahren als Folge von Zustandsänderungen im Netz ist vorerst nicht Gegenstand der Betrachtungen.

d.h. der Seite der Benutzer, muß eine große Quantität an Information und Funktionalität handhabbar gemacht werden. Benutzerschnittstellen sollten so entworfen sein, daß ein bestimmter Teil der Arbeit, die ein Benutzer auszuführen hat, unterstützt wird. Ein Benutzer z.B., der einen Modul zu implementieren hat, benötigt dazu die Quellen (Sourcecode) zusammen mit einer Edit-Compile-Debug Funktionalität, um das Modell zu erstellen. Eine andere Person, die z.B. als Manager des Projektes agiert, ist interessiert an verwendeten Ressourcen, Anforderungen an das Modell und erreichten Resultate, verbunden mit einer Funktionalität damit umzugehen. (Sub)Windows, die zu diesem Zweck geschaffen wurden, werden im Software-Engineering als Views bezeichnet.

In dem genannten Papier wird eine Software-Umgebung mit dem Namen ADDD (*A Depository of Development Documents*) entworfen. Der aktuelle Prototyp bietet Möglichkeiten zum Task-Management und zur Software-Konfiguration. Im ADDD werden Werkzeuge durch das Definieren von View-Objekten beschrieben. Ein **View-Objekt** beschreibt, wie ein Werkzeuge mit Objekten im Repository interagiert. Es verwaltet die Beziehungen und Abhängigkeiten, die dazu notwendig sind. Komplexere View-Objekte können durch Komposition und Verfeinerung gebildet werden. In der Terminologie des ADDD ist der Begriff des Views ein Synonym für Benutzerinteraktionen mit *shared objects*. Im folgenden wird die Funktionalität des ADDD in Bezug auf das Task-Management betrachtet.

Authentifizierung und Steuerung von Nebenläufigkeiten basieren auf einem Konzept für lang fortdauernde, geschachtelte Aktionen, gennant *Design Transactions*. Jede durchgeführte Aktion gehört zu genau einer *Design Transaction*. Eine *Design Transaction* ist ein persistentes Objekt, welchem Eigenschaften zugeordnet werden können. Diese Eigenschaften werden als *Working Context* der *Design Transaction* bezeichnet; sie beschreiben die *Design Transactions* und beeinflussen deren Ausführung.

Im ADDD existieren drei Typen von *Design Transactions*: Tasks, Task Sessions und Tool Transactions. Eine *Task* besitzt eine Menge von Anforderungen, Resultaten und Team-Mitgliedern. Eine Task kann weiter in Sub-Tasks strukturiert werden. Neben den Sub-Tasks gibt es eine weitere Verfeinerung der Sub-Transaction: die Task-Session. Eine Task besitzt eine Task-Session für jedes Team-Mitglied. Eine Task-Session definiert und beschreibt das Arbeitsumfeld für ein Team-Mitglied unter Berücksichtigung seiner Aufgabe. Wenn ein Benutzer mit der Bearbeitung seiner Aufgabe fortfährt, wird seine Task-Session gestartet, welche die Arbeitsumgebung zum Zeitpunkt des Verlassens wiederherstellt. Im ADDD besitzt jedes Team-Mitglied eine Anzahl von Rollen. Nur die Team-Mitglieder, die die Rolle „Manager" für eine Aufgabe haben, können Team-Mitglieder delegieren (Benutzer wird Team-Mitglied), Subtasks erzeugen und Rollen zuweisen.

Im ADDD ist ein View eine Betrachtung eines *Shared Objects* im Repository durch den Benutzer. Da mehrere Views desselben *Shared Objects* bestehen können, ist es für die Benutzer möglich, über diese Objekte zu kommunizieren. Jeder View zeigt nur eine Untermenge der Objekte, so zeigt z.B. ein Task-List-View die Aufgaben eines Benutzers, während ein Management-View eines Tasks alle Subtasks, alle beteiligten Team-Mitglieder und ihre Rollen darstellt. Weiterhin bietet der View ausgewählte Funktionalität auf den visualisierten Objekten an, so kann man z.B. eine Subtask einem Team-Mitglied im Management-View zuordnen, nicht aber im Task-List-View. Folgende drei View-Typen werden vorgestellt:

- Task-List-View
- Management-View
- Configuration-View

Task-List-View

Inhalt:

Der Task-List-View ist der erste View, der einem Benutzer beim Betreten des Systems ADDD dargestellt wird. Wenn ein Task dem Benutzer zugeordnet wird, erscheint automatisch der Task-List-View.

Funktionalität:

- Öffnen eines Tasks, z.B. Starten oder Weiterführen einer Task-Session.
- Schließen eines Tasks, z.B. Suspendieren einer Task-Session.

Objekte:

Die Task, die einem Benutzer zugeordnet wurde.

Management-View

Inhalt:

Stellt die organisatorischen Aspekte einer Task t dar. Nur ein Team-Mitglied in der Rolle des „Managers" für eine Task t kann die Funktionalität des Management-Views für t benutzen. Andere Team-Mitglieder können diesen View-Typ nur als read-only View zum Informieren verwenden.

Funktionalität:

- Delegieren von Rollen zu Team-Mitgliedern
- Delegieren von Subtasks zu Team-Mitgliedern
- Erzeugen von neuen Anforderungen und neuen Subtasks
- Publizieren und Freigeben von Resultaten

Objekte:

- Subtasks von t
- Team-Mitglieder von t und ihre Rollen
- Anforderungen von t und ihre Subtasks
- Resultate (z.B. Konfiguration, Reports) erzeugt von t und ihre Subtasks

Configuration-View

Inhalt:

Stellt ein Konfigurationsobjekt dar. Die Konfiguration kann publiziert und editiert werden. Ein batch-orientierter Erzeugungsprozeß kann unterbrochen oder reaktiviert werden.

Funktionalität:

- Configuration Editing: Source-Versionen können in eine Konfiguration eingefügt oder entfernt werden. Eingefügte Versionen werden als Default-Version während des Erzeugens neuer Target-Versionen benutzt. Weiterhin kann eine Konfiguration implizit durch das Ändern ihrer Source-Version geändert werden.

- Steuerung eines Generierungsprozesses oder eines Subenvironments: Target-Versionen können gemäß dem System Modell erzeugt werden. Ein Batch ähnlicher Generierungsprozeß kann unterbrochen oder wieder gestartet werden. Ein Subenvironment kann eingefügt oder entfernt werden.
- Configuration Publishing: Die Konfiguration als Ergebnis einer Task kann freigegeben werden. Alle Source-Versionen einer freigegebenen Konfiguration werden automatisch read-only gesetzt.

Objekte:

- Source-Versionen, welche zur Erzeugung der Target-Versionen nötig sind inklusive ihrer Konfigurationen und dem Systemmodell.
- abgeleitete Objekte
- Targets

Bewertung

Trotz der thematischen Ferne des untersuchten ADDD zum Task-View-Modell sind doch Gemeinsamkeiten zu finden. Im ADDD wie auch im zu entwickelnden View-Modell werden Aufgaben und Sichtweisen modelliert, wobei zur Strukturierung und Beschreibung Rollen, Teilaufgaben und Environments (Werkzeuge) eingesetzt werden. Der wohl wesentlichste Unterschied beim Task-Management des ADDD zum View-Modell liegt darin, daß der ADDD nur Views auf Aufgaben definiert, das View-Modell aber eine View-Hierarchie benutzt, bei welcher ein View auf die Aufgaben wieder weitere Views enthalten kann. Aus diesem Grund steht beim View-Modell wohl auch die Lösung des Problems, sprich die Erfüllung einer Aufgabe durch Verfahren (abgestützt auf Werkzeuge) im Vordergrund, während beim ADDD die Definition von Sichtweisen mit selektiver Funktionalität auf das *Shared Object* Task der Schwerpunkt ist. Der Task-List-View des ADDD ist als ein View im Sinne der Arbeit zu verstehen, bei welchem alle Aufgaben eines Benutzers zugreifbar sind. Der Management-View im ADDD ist im View-Modell der Arbeit eher als eine Schnittstelle zur Verwaltung/Administration des Task-View-Modells anzusehen. Dieser Aspekt wird im View-Modell der Arbeit bei der Betrachtung des Unterstützungswerkzeuges mit untersucht. Anforderungen des View-Modells, die beim ADDD nicht erfüllt werden:

- Dokumentation von Szenarien
- Auswahl von Visualisierung und Darstellungskontext.

3.4.3 Bewertung der konzeptionellen Ansätze aus der Forschung

Ganz offensichtlich resultieren die Eigenschaften der betrachteten Modelle (FIKA und ADDD) aus den jeweiligen Anforderungen des Einsatzgebietes.

Das FIKA-Modell ist für den Einsatz im Netzmanagement entworfen worden, und hat daher den Schwerpunkt in der Lösung komplexer Problemstellungen. Im FIKA werden mächtige Expertensystem-Strategien zur Auswahl der jeweils durchzuführenden Aktionen mit dem Ziel der Diagnose eines Fehlers oder der Behebung eines fehlerhaften Zustandes eingesetzt. Die Motivation ergibt sich aus der inhärent großen Komplexität der Probleme im Netzmanagement (heterogene Landschaft, große Quantität an Ressourcen, komplexe Wechselwirkungen zwischen Ressourcen), speziell im Bereich des Fehlermanagements.

Das ADDD-Modell stammt aus dem Bereich des Software-Engineerings. Hier steht das Software-Projekt im Vordergrund der Betrachtungen. Es werden Sichten wie z.B. der Task-List (Aufgaben eines Benutzers im Software-Projekt), der Management View (organisatorische Aspekte einer Task) oder der Configuration View (Konfiguration eines Projektes) definiert. Zwangsläufig macht sich auch hier eine Selektion und Reduzierung der für eine Sichtweise relevanten Information und Funktionalität notwendig, wobei die Aspekte zur Bildung der Sichtweisen wieder von der Problematik des Software-Engineering geprägt sind.

Interessant ist auch die Frage, inwieweit Weiterentwicklungen des Task-View-Modells von den bisher betrachteten Modellen profitieren könnten. Ein möglicher Aspekt wäre z.B. der Einsatz von Expertensystem-Strategien zur Auswahl von Verfahren beim Einsatz in komplexen Bereichen, wie z.B. der Fehlerdiagnose. Eine Erweiterung des Task-View-Modells um dynamische Aspekte einer Task-Session, wie z.B. um die Bearbeitung einer Task zu unterbrechen oder wiederaufzunehmen, wäre sicher ebenso wichtig. Weiterhin ist die Übernahme von Transaktions-Konzepten bzw. Konzepten aus dem Bereich des CSCW (*Computer Supported Corporate Work*) denkbar, um Konflikte, die aus der verteilten Bearbeitung von Zielobjekten (Management-Ressourcen) entstehen, zu vermeiden. Um den Benutzer von bestimmten Aufgaben zu entlasten, wäre eine Erweiterung des Task-View-Modells um Triggermechanismen, die eine automatische Aktivierung der Aufgabenbearbeitung aufgrund von eingetretenen Ereignissen unterstützen, hilfreich.

Die angesprochenen Aspekte gehen allerdings weit über das in der Arbeit gestellte Ziel hinaus und sind eher als Anregung für weitere Arbeiten am Task-View-Modell gedacht.

Kapitel 4

Ein Lösungsmodell zum Entwurf betreibergerechter Views

In Abschnitt 3.2.1 werden die aus der Problemstellung abgeleiteten technischen Anforderungen an die Realisierung der betreibergerechten Sichtweisen erläutert. In diesem Kapitel soll nun die konzeptionelle Basis für eine Realisierung dieser Sichtweisen gelegt werden.

Die in der Einführung aufgezeigte Problemstellung hat gezeigt, daß herkömmliche Managementplattformen in ihrer Fähigkeit, Managementinformation und -funktionalität dem Benutzer in einer adäquaten Form zugänglich zu machen, zu wenig flexibel sind, bzw. dies nicht ermöglichen. Aufgrund ihrer Nutzung als Integrationsbaustein für Managementwerkzeuge bieten Plattformen den Zugang zu einer hohen Quantität an Managementinformation und -funktionalität verschiedener Ausprägungen, die entweder über die Komponente, das Endsystem oder andere Integrationstechniken (siehe [Abec 94]) verfügbar gemacht werden. Die arbeitsteilige Aufteilung in den für das Management der Netze zuständigen Abteilungen, die nicht zuletzt auch in der gewachsenen Komplexität und physischen Ausdehnung der Netzverbunde begründet ist, führte zu einer Änderung der Einsatzcharakteristik der Managementplattformen von einem „Ein-Mann-Werkzeug" zu einem „Mehr-Benutzer-Werkzeug". Plattform-Benutzer mit verschiedensten Aufgabenfeldern fordern angemessene Unterstützung bei der Lösung ihrer Aufgaben durch die Managementplattform. Derzeit verfügbare Managementplattformen bieten aber nicht einmal in Ansätzen realisierte Konzepte zur Unterstützung der von den Plattform-Benutzern geforderten Individualität bei der Arbeit mit der Plattform an.

Eine Beseitigung der technischen Defizite in Managementplattformen zur Realisierung von betreibergerechten Sichtweisen würde allein die technische Umsetzung dieser Sichtweisen gestatten, nicht aber das Problem der Spezifikation dieser Sichtweisen lösen.

Das in dieser Arbeit vorgestellte Modell der Task-Views entstand in Anlehnung an die z.B. in [HAWI 95] veröffentlichten Arbeiten, in denen ein wesentlich allgemeinerer Ansatz entwickelt wurde.

Einige Worte zum Aufbau des Kapitels. Nach einer Klärung grundlegender Begriffe in Abschnitt 1 des Kapitels wird im zweiten Abschnitt das Task-View-Modell entwickelt. Nachdem die einzelnen Modellebenen identifiziert und charakterisiert wurden, folgt im 3. Abschnitt die Notation des Modells. Im 4. Abschnitt wird der Prozeß der Anwendung der Task-Views beschrieben. Nach einer Bewertung des durch die Modellierung erzielten Gewinns in Abschnitt 5, endet dieses Kapitel mit einem Beispiel zur Anwendung der Notation.

4.1 Begriffsbildung

Unter **Managed Object** (MO) versteht man die Managementinformation, die aus Managementsicht ein zu verwaltendes, zu überwachendes oder zu steuerndes Betriebsmittel beschreibt. MOs sind für Managementzwecke geeignete Abstraktionen von Ressourcen (nach [HEAB 93]).

Im OSI-Management werden zur Unterstützung des Managements eine Reihe von generischen Hilfsfunktionen, die sog. **Systems Management Functions** (SMF) definiert, die zum Teil recht komplexe Funktionen bereitstellen. Zusammen mit den SMFs wird auf der Basis von funktionsspezifischen Modellen auch die damit im Zusammenhang stehende Managementinformation in Form von Support Managed Object Classes definiert (nach [HEAB 93]).

Der wohl wichtigste und fundamentalste Begriff in dieser Arbeit ist der der **betreibergerechten Sichtweisen** auf das Netz- und Systemmanagement. Der Netzbetreiber stellt in aller Regel Dienste (Kommunikationsdienste, Installationsdienste, Wartungsdienste, ...) zur Verfügung, zu deren Realisierung oder Erfüllung er sich seiner Ressourcen (Kommunikations-Infrastruktur, Werkzeuge, Mitarbeiter) bedient. Dies bedeutet, daß innerhalb der verschiedenen Abteilungen einer Betreiberorganisation die Mitarbeiter definierte Aufgaben zu erfüllen haben (Netzzugang realisieren, Workstation warten, ...). Gemäß ihrer Aufgabe haben diese Mitarbeiter nun individuelle Sichtweisen auf ihre Ressourcen, die von verschiedensten Aspekten geprägt sind. Allen gemeinsam ist dabei, daß diese Sichtweisen einem Ziel dienen: der Erfüllung der ihnen gestellten Aufgaben. Eine betreibergerechte oder betreibergemäße Sichtweise ist daher eine aufgabenorientierte Sichtweise auf die Netz- und Systemressourcen einer Betreiberorganisation, die einen optimalen Einsatz der Ressourcen zum Zwecke der Aufgabenerfüllung realisiert. Dieser View stellt eine Auswahl und Zusammenstellung von MOs (OSI und Internet) und Anwendungsfunktionalität dar, die nach dem Kriterium „Aufgabenerfüllung " gebildet wurde. Die Darstellung der ausgewählten MOs und Funktionen wird ebenfalls von diesen Kriterien bestimmt. Diese Sichtweise wird im weiteren als **Task-View** bezeichnet. Ein Task-View bildet die Schnittstelle zwischen der technischen Basis und der organisatorischen Ebene eines Unternehmens (siehe Abbildung 4.1).

Organisationseinheit: Teil einer Organisationsstruktur (z.B. Abteilung), die Dienste bereitstellt bzw. nutzt. Eine Organisationseinheit kann als Dienstleister oder Dienstnutzer auftreten.

Views: Views sind nach bestimmten Kriterien (funktional, organisatorisch, verfahrensorientiert) definierte Sichtweisen, die eine Abstraktion von bestimmten Details in der Betrachtung darstellen. Bekannteste Vertreter sind die als „Plattform-Views“ (in der Arbeit auch als traditionelle Views bezeichnet) bezeichneten, mehr technisch orientierten Sichtweisen auf Kommunikationsressourcen. Ein Beispiel für einen View, der schon nahe an der Organisation liegt, ist der Task-View, der sich sehr stark an den Managementaufgaben eines Benutzers der Managementplattform orientiert.

Abbildung 4.1: Der Task-View als Schnittstelle zwischen der technischen Basis und der organisatorischen Ebene

4.2 Modell

Um systematisch ein Modell für die Task-Views zu entwickeln, ist es zuerst notwendig, die „Gegeben"-Seite und das Ziel genau zu analysieren.

Für die Aufnahme des Ist-Zustandes in einer Betreiberorganisation ist es zunächst wichtig, die bisher klar definierten Ebenen genauer zu analysieren. Zu diesen Ebenen zählt sicher die technische Basis einer Betreiberorganisation, sprich Kommunikationsressourcen, Endsysteme, Werkzeuge, Anwendungen etc.

4.2.1 Technische Basis

Die technische Basis enthält alle Ressourcen, die entweder Gegenstand des Managements sind (Zielobjekte) oder das Management unterstützen (Anwendungen, Werkzeuge). Diese Unterscheidung ist insofern von Bedeutung, als daß sich Rollen von Mitarbeitern bzw. Aufgaben immer auf die Gegenstände des Managements beziehen und nicht auf Hilfsmittel, Werkzeuge oder ähnliches, die das Management nur unterstützen und damit auch zur technischen Basis gehören.

In Abbildung 4.2 wird das Spektrum der „Technischen Basis" dargestellt. Zur weiteren Klassifizierung wird der Inhalt der technischen Basis in plattforminterne und plattformexterne Ressourcen unterteilt. Diese werden unterschieden, da plattforminterne Ressourcen durch ihre plattforminterne Repräsentation als Managed Object, plattformexterne Ressourcen durch die Tool-/Function-Views dargestellt, d.h. beide unterschiedlich beschrieben werden.

Die plattformexternen Ressourcen werden durch die Kommunikationsressourcen (Netzkomponenten, Medium), Endsysteme und externe Anwendungen gebildet. Externe Anwendungen

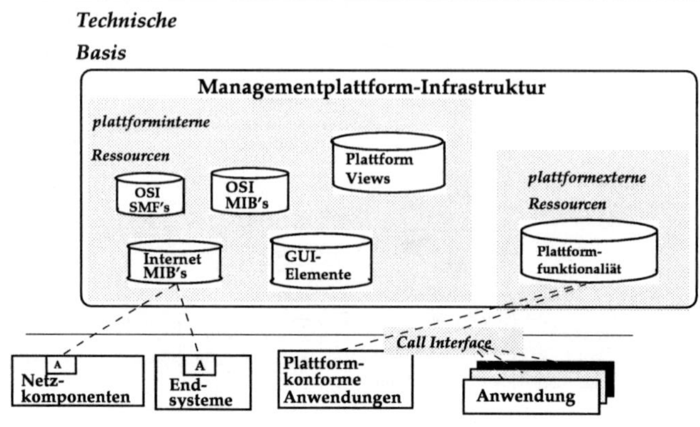

Abbildung 4.2: Die technische Basis des Task-View-Modells

sind dabei nicht tief integrierte Anwendungen (siehe [Abec 94]), die, wie z.B. im SNI Transview Control Center, über die Benutzerschnittstelle aufgerufen werden, selbst die Steuerung übernehmen und ansonsten isolierte Werkzeuge darstellen.

Die plattforminternen Ressourcen bestehen aus der Management-Abstraktion der Ressourcen (MIBs der Netzkomponenten und Endsysteme[1]), Aufrufschnittstellen zu externen Anwendungen, gegebenenfalls standardisierter Managementfunktionalität (wie z.B. die von der ISO definierten *Systems Management Functions* [ISO 10164-x] oder die im Internet-Management definierte Funktionalität der RMON-MIB [RFC 1271]), nicht standardisierten Plattform-Funktionen, plattforminternen Anwendungen, Plattform-Views und den Elementen zur graphischen Darstellung. Basis für die Beschreibung des standardisierten Anteils ist die von der ISO genormte OSI-Managementarchitektur mit dem in [ISO 10165] festgelegten Informationsmodell oder der Internet-Management-Ansatz, auch SNMP-Management genant (wegen des einfacheren Informationsmodells), beschrieben in den Internet-Standards [RFC 1155] in der Version SNMP-V1 oder in [RFC 1450] in der Version SNMP-V2. Ein dabei sehr wesentliches Problem ist das Akquirieren der Information über die **verfügbare** technische Basis. Gemeint ist damit die von dem Agenten der Komponente verfügbare Managementinformation und Funktionalität. Im Gegensatz zur OSI-Welt, in der das automatische Erkennen der verfügbaren Ressourcen bzw. deren Funktionalität über die Systems Management Function [ISO 10164-16] geschieht, existiert in der Internet-Welt kein derartiger Standard. Daß diese Problematik erkannt wurde und bereits seit einigen Jahren Gegestand der Forschung ist, zeigen Arbeiten wie z.B. [Schw 92] oder [SBD 93].

Die Heterogenität der Ressourcen,die mittels einer Plattform zu verwalten sind, schlägt sich vor allem in der Vielfalt der Views (Werkzeuge, MIBs, Aktionen, Verfahren, ...) nieder. Je größer

[1]Wie in Form standardisierter MIBs in [RFC 1213], [RFC 1286], [RFC 1514] oder [RFC 1565]definiert

die Heterogenität, desto mehr Aufwand ist in die Erarbeitung einer View-Hierarchie und dem Entwurf von View-Bibliotheken die generische Anteile bereitstellen, zu investieren.

Die Management-Abstraktionen der Ressourcen bieten den Zugang zu standarisierter Managementinformation über standardisierte Managementprotokolle an. Die Aufrufschnittstelle bietet die Möglichkeit, externe Anwendungen zu benutzen, die nicht tief in die Plattform integriert worden sind, d.h. ihre Funktionalität nicht über eine modulare Schnittstelle nach außen zugänglich machen. Diese Schnittstelle ist natürlich mit Vorbehalten zu betrachten, da Funktionalität, die über diese Art Integrationsschnittstelle in die Plattform eingebracht wird, nur sehr restriktiv die Einbettung in Task-Views ermöglicht, da die Anwendung selbst einen monolithischen View darstellt. Einen weiteren Bestandteil der Plattform stellen ebenfalls standardisierte Managementfunktionen, d.h. die von der ISO genormten *Systems Management Functions* [ISO 10164-x] oder die von der Internet standardisierte RMON-MIB [RFC 1271] dar. Nicht standardisierte Managementfunktionalität ist in der plattforminternen Bibliothek enthalten, wie z.B. Log-Methoden, Monitor-Funktionen usw. Im Gegensatz zu den externen Anwendungen sind interne Anwendungen tief integrierte Anwendungen, d.h. sie stützen sich stark auf die von der Plattform bereitgestellte Infrastruktur ab und ermöglichen daher auch einen selektiven Zugriff auf Funktionalität in der Anwendung, was für die Task-Views von elementarer Bedeutung ist. Zu den letzten beiden Bestandteilen gehören die Bibliothek für die Elemente des GUI (Graphisches User Interface), d.h. die Elemente, die die Ein-/Ausgabeinformation für die Darstellung an der Benutzer-Schnittstelle aufbereiten, sowie die Elemente für die technischen Plattform-Views bereitstellen.

Bemerkenswert bei traditionellen Plattform-Views ist dabei, daß die über ein Symbol oder eine Ikone symbolisierte Ressource immer die gleiche Managementinformation darstellt, der Kontext, in dem eine Ressource angezeigt wird, d.h. die Beziehung der Ressource zur Umgebung oder zu einer anderen Ressource, verschieden sein kann. Dies bedeutet, daß technisch orientierte Plattform-Views ein weiteres Mittel sind, um Ressourcen neben der Verwendung der von ihnen bereitgestellten Managementinformation über ihren Einsatzkontext zu identifizieren und zu charakterisieren.

Folgende Informationen charakterisieren die technische Basis:

- Typ (Netzressource, Funktion, View, GUI-Element, Anwendung)
- extern/intern für externe/interne Anwendungen
- OSI/Internet für MIB's und standardisierte Management-Funktionen
- Name/Identifier der MIB/Anwendung/View/GUI-Element

Wie schon in Abbildung 2.2 des Kapitels 2 eingeführt, wird ein View nicht nur durch technische Aspekte, sondern auch durch organisatorische Aspekte geprägt. Der folgende Abschnitt soll diese Aspekte näher erläutern und deren Einfluß auf die Views klären.

An dieser Stelle eine Anmerkung: Die folgenden Schritte werden bei der Füllung/bzw. Anpassung des Modells an reale Gegebenheiten iterativ durchgeführt werden müssen. Dies bedeutet, daß es sicher nicht in jedem Fall eine Verfeinerung einer Ebene (z.B. Aufgabe → Verfahren → Aktion) ohne Kenntnis der von der Technischen Basis bereitgestellten Funktionalität und Information möglich sein wird. Es wird daher ein stufenweiser Abgleich zwischen den Ebenen erforderlich sein.

4.2.2 Analyse der Betreiberseite-Organisatorische Ebene

Innerhalb einer Betreiberorganisation gibt es in der Regel mehrere Abteilungen, die für bestimmte Klassen von Aufgaben verantwortlich sind. So gibt es z.B. eine LAN-Abteilung, die für die Installation, Wartung und Administration der Ressourcen des LAN's verantwortlich ist (siehe Abbildung 4.3). Diese historisch gewachsene Aufteilung der Abteilungen schlägt sich natürlich in den Ausprägungen der Views nieder, da bei einer Migration zu weniger werkzeugspezifischen Views dies der Ausgangspunkt ist.

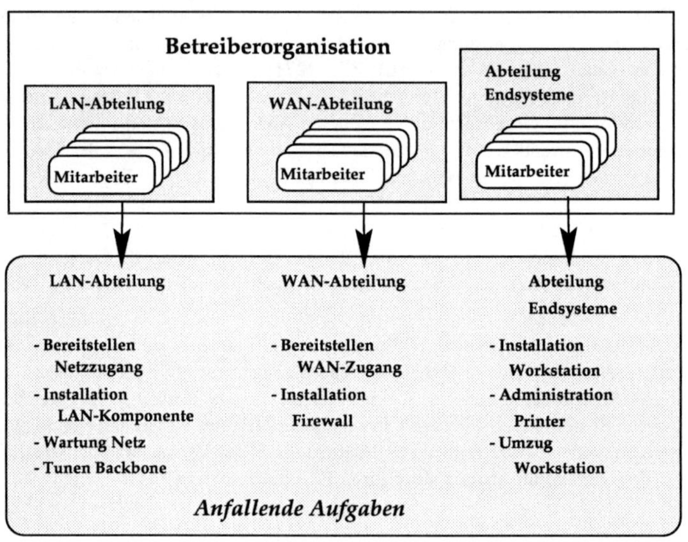

Abbildung 4.3: Beispiele für Abteilungen einer Organisation

Um eine Aufgabe zu erfüllen, benötigt der Mitarbeiter gewisse Qualifikationen oder Fähigkeiten[2]. Weiterhin ist die Aufgabe durch eine definierten Zustand vor und nach der Aufgabenerfüllung gekennzeichnet. Gemäß der Aufgabenstellung ist nicht allein die Tätigkeit zur Erfüllung der Aufgabe spezifisch für den Mitarbeiter, sondern auch die Ressourcen auf die sich die Tätigkeit bezieht. Für die Modellierung der Betreiberseite sind folgende Punkte wichtig:

- Mitarbeiter werden durch die Rolle, die sie in einem Unternehmen innehaben, ihre Qualifikation, ihren Zuständigkeitsbereich und die ihnen übertragenen Aufgaben charakterisiert.
- Mitarbeiter sind i.d.R. für Kommunikationsressourcen eines Herstellers und oft für eine bestimmte Anzahl von Instanzen zuständig.

[2]Die Person agiert in einer Rolle.

- Sie verwenden oft mehrere Werkzeuge und Hilfsmittel zur Erledigung ihrer Aufgaben.
- Die ihnen übertragenen Aufgaben sind durch einen definierten Ausgangs- und Endzustand gekennzeichnet.
- Die einem Mitarbeiter übertragenen Aufgaben orientieren sich meist an speziellen Werkzeugen für bestimmte Ressourcen, selten an Funktionsbereichen oder Phasen (Installation, Wartung, ...) eines Netzes.

4.2.3 Fazit aus der Analyse der beiden Ebenen

In den vorangegangenen Abschnitten wurden die beiden Ebenen (siehe Abbildung 4.1) hinsichtlich Inhalt und Struktur genauer betrachtet. Auf der technischen Seite wurde die Heterogenität der Ressourcen herausgestellt, die Unterteilung in Zielobjekte des Managements und Werkzeuge/Hilfsmittel des Managements, sowie der Bezug der technischen Basis zur Managementplattform. Auf der organisatorischen Ebene wurde festgestellt, daß es in den Unternehmen meist eine gewissen Anzahl von Bereichen gibt, die generell die Informationsverarbeitung zur Aufgabe haben und oft nach Netztechnologie, Netztyp oder den Endsystemen strukturiert sind. Abbildung 4.4 soll diesen Überblick darstellen.

Ebenfalls recht deutlich ist die noch große Diskrepanz zwischen den einzelnen betrachteten Ebenen. Wie läßt sich die offensichtlich bestehende Lücke zwischen den zu lösenden Aufgaben und den zur Unterstützung bereitstehenden Werkzeugen überwinden? Dabei ist es sicher erlaubt Anleihen an die Realität zu nehmen. Ein Mitarbeiter einer Abteilung, der mit der Erfüllung einer Aufgabe betraut wurde, hat oft konkrete Vorstellungen darüber, wie er dies tun wird. Sicher ist auch, daß das konkrete Vorgehen zur Lösung einer Aufgabe von diversen Randbedingungen abhängt. Nach einer Analyse der Ausgangssituation löst der Mitarbeiter eine Aktion aus (z.B. Telefonat, Benutzung einer Werkzeug-Funktion, Auslösen des Resets bei einer Netzkomponente) und bewertet danach das Ergebnis seiner Aktion. Gegebenenfalls löst er weitere Aktionen aus und bewertet wieder das Ergebnis. Dies wird er solange durchführen, bis er das Ziel erreicht hat. Dabei kann die konkrete Abfolge seiner Aktionen natürlich auch von Ergebnissen vorher durchgeführter Aktionen abhängen. Dieser Zusammenhang ist in Abbildung 4.5 dargestellt.

Die in Abbildung 4.5 dargestellte Abfolge von Aktionen entspricht der Vorgehensweise des Mitarbeiters zur Aufgabenlösung, man spricht in dem Fall auch von einem Verfahren, das angewendet wird. Bei der Ausführung der Aktionen bedient sich der Mitarbeiter der zur Verfügung stehenden Hilfsmittel und Werkzeuge. Hiermit wäre wieder die Verbindung zu der technischen Basis gegeben. Fügt man nun dieses Bild zur Aufgabenerfüllung in das vorherige Bild, welches die beiden analysierten Ebenen (technische Basis und organisatorische Ebene) darstellt, ein, so bekommt man Abbildung 4.6.

Eine detaillierte Beschreibung der Verfahren und Aktionen folgt in den weiteren Abschnitten.

4.2.4 Teilschritte zur Erfüllung einer Aufgabe

Eine Aufgabe setzt sich aus einzelnen, semantisch abgeschlossenen Teilschritten zusammen, den **Aktionen**. Die Abfolge dieser Aktionen wird durch das **Verfahren** vorgegeben. In Abhängigkeit von den verwendeten Werkzeugen, der Erfahrung des Benutzers oder aber den Vorgaben des

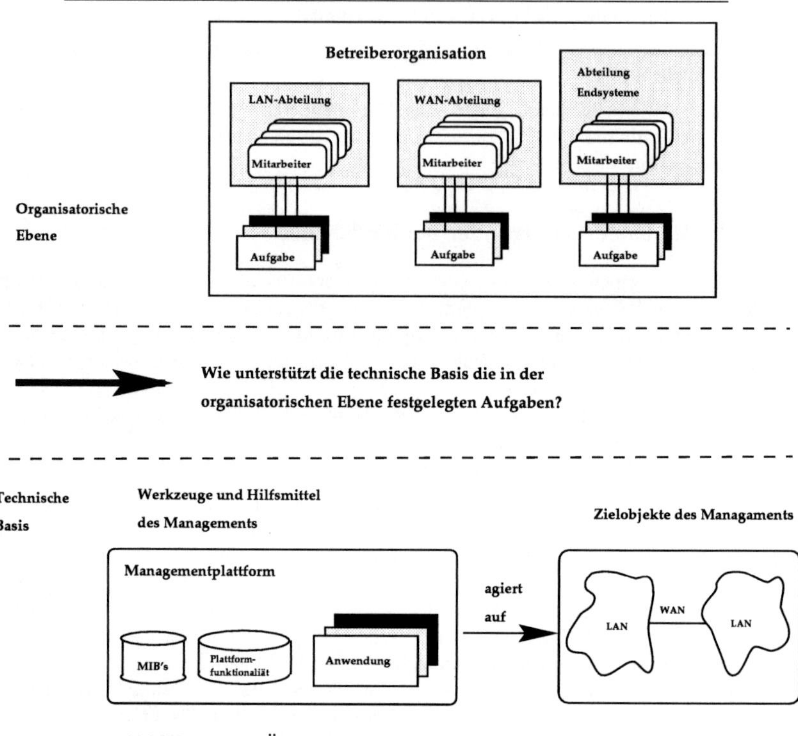

Abbildung 4.4: Überblick über die beiden analysierten Ebenen

Unternehmens ist der Benutzer in der Lage, mehrere verschieden Verfahren zu verwenden. Ein Verfahren beschreibt dabei den konkreten Ablauf zur vollständigen Erbringung der Aufgabe, nicht nur eines Teils[3]. Auf die konkrete Realisierung einer Aufgabe, d.h. auf das Verfahren (Abfolge der Aktionen), haben zwei grundlegende verschiedene Aspekte Einfluß:

- organisatorische Gegebenheiten
- technische Vorgaben

Organisatorische Gegebenheiten resultieren aus ablauforganisatorischen Festlegungen, die innerhalb einer Abteilung oder eines Unternehmens bestehen. Beispiele dafür wären:

- bevor eine Workstation an das Netz angeschlossen werden darf, ist die Inventar-Nummer für das Gerät einzuholen

[3]Ein Verfahren kann sich aus mehreren Teilverfahren zusammensetzen

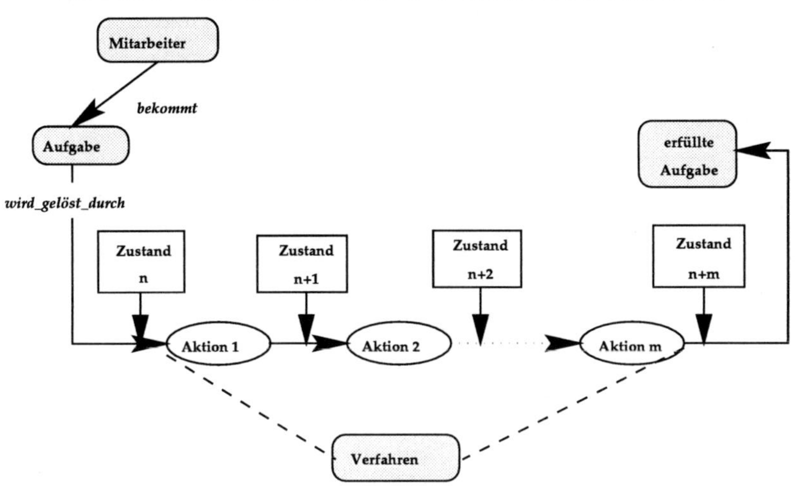

Abbildung 4.5: Allgemeines Vorgehen zur Lösung von Aufgaben

- netzbelastende Aktionen wie z.B. das Anstoßen der Datensicherung sind nur in der Zeit zwischen 22.00 Uhr und 4.00 Uhr durchzuführen

Technische Vorgaben resultieren aus technischen Gegebenheiten oder physikalischen Zusammenhängen:

- zum Management der Router wird die Managementplattform SPECTRUM in der Version 3.1.10 eingesetzt
- der Erreichbarkeitstest auf IP-Ebene in TCP/IP-Netzen wird mittels des Unix-Kommandos „ping“ durchgeführt

Zur **Beschreibung eines Verfahrens** sind folgende Informationen notwendig:

- Welche Aktionen gehören zum Verfahren (Bausteine des Verfahrens) ?
- Reihenfolge der Aktionen (Ablauf) ?
- Welche Abhängigkeiten bestehen zwischen den Aktionen? Dabei existieren folgende Varianten:
  - Das Resultat einer Aktion beeinflußt den Inhalt einer anderen Aktion.
  - Das Resultat einer Aktion beeinflußt die weitere Abfolge von Aktionen (→ Verfahren mit resultatabhängigem Verlauf).
  - Die Ausführung einer Aktion bedingt die Ausführung einer anderen Aktion.
- Welche Aufgaben werden unterstützt?

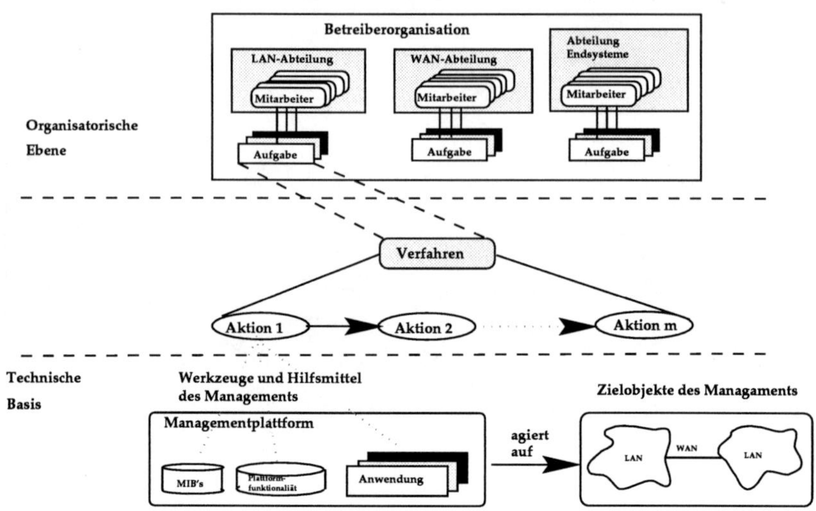

Abbildung 4.6: Füllung der Lücke zwischen organisatorischer Ebene und technischer Ebene

Bei einer konkreten Modellierung von Verfahren in einer Netzbetreiberorganisation reichen die z.B. in Abbildung 4.5 gemachten Annahmen[4] nicht aus. Bei einer Betrachtung von konkreten Verfahren ergaben sich folgende Verfeinerungen der in Abbildung 4.5 dargestellten, vereinfachten Verfahren:

- Verfahren mit resultatabhängigem Verlauf: Der Ablauf eines Verfahrens wird durch Resultate von Einzelaktionen im Verfahren beeinflußt (siehe Abbildung 4.8), ein typisches Beispiel dafür ist das Fehlerbehebungsverfahren (inklusive Erkennung und Diagnose).
- Verfahren mit resultatunabhängigem Verlauf: Der Ablauf eines Verfahrens wird durch Resultate von Einzelaktionen im Verfahren nicht beeinflußt (siehe Abbildung 4.7), ein typisches Verfahren ist z.B. das Umzugsverfahren.

Anmerkung: Eine wesentliche Vorgabe bei der Beschreibung von Verfahren ist die Voraussetzung, daß alle möglichen Fälle des Verlaufs eines Verfahrens bekannt sind. Für heuristische Entscheidungen über den Verlauf eines Verfahrens wären u.U. andere Beschreibungstechniken angebracht (z.B. deklarative Beschreibungsformen o.ä.). An dieser Stelle wird sichtbar, wie wichtig die Wahl der geeigneten Granularität der Aktionen oder Teilverfahren beim Entwurf bzw. der Füllung des Modells ist.

[4] Die Abbildung beschreibt ein rein sequentielles Vorgehen, bei dem der Verlauf vollkommen unabhängig von den Ergebnissen der Verfahrensschritte, d.h. der Aktionen, ist.

Annahme:

Eine Aktion A_n wird beschrieben durch ihren Anfangszustand $Z_{A_{An}}$ und ihren Endzustand $Z_{E_{An}}$.

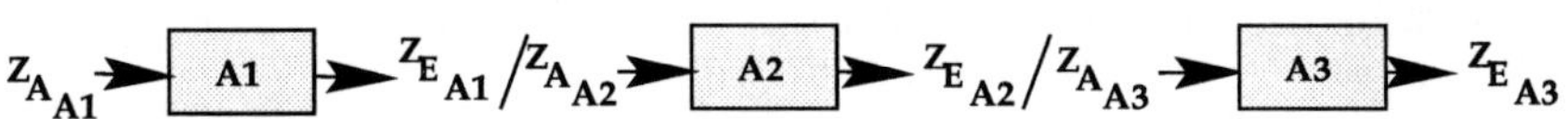

Abbildung 4.7: Verfahren mit resultatunabhängigem Verlauf

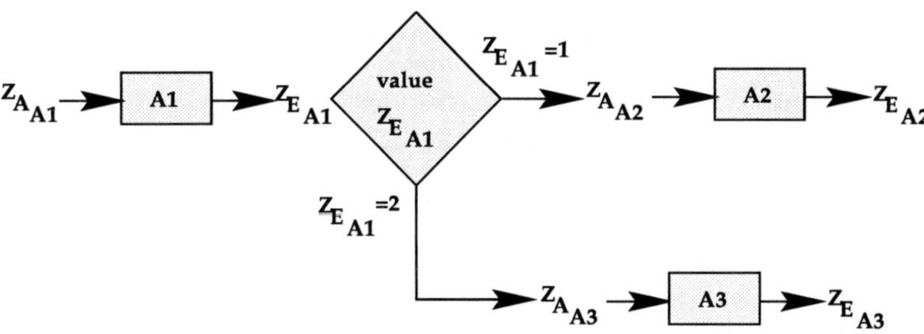

Abbildung 4.8: Verfahren mit resultatabhängigem Verlauf

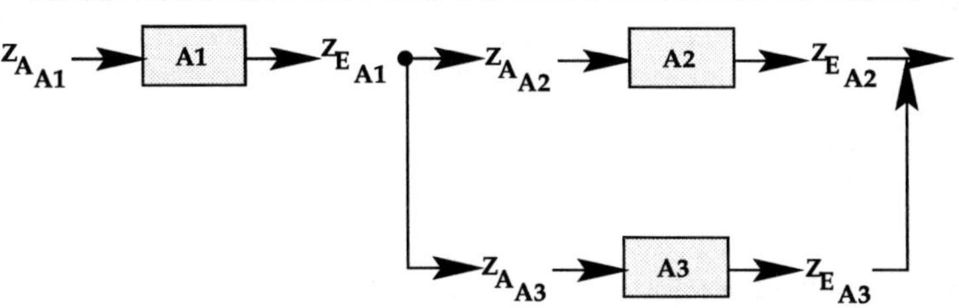

Abbildung 4.9: Parallele Ausführung von Aktionen

Als weiterer Darstellungsaspekt kommt noch die Parallelität von Aktionen eines Verfahrens in Betracht.

Um die Aktionen, aus denen die Verfahren bestehen, zu beschreiben, ist folgende Information nötig:

- Welche Funktionalität wird in dieser Aktion angeboten (Auswahl Anwendung, Parametrisierung Anwendung) ?
- Welche Information ist über die Ressource (Auswahl über die Zielobjekte der Aufgabe) verfügbar (Auswahl MIB, Auswahl MIB-Attribut) ?
- In welchen Objekt-Beziehungen werden die Zielobjekte dargestellt (Auswahl der Darstellung, Auswahl des Darstellungskontexts) ?
- Beschreibung der Aktion ?
- Variable Subsets an Funktionalität und Information die durch Resultate anderer Aktionen ($\rightarrow$ siehe Verfahrensaspekt: Das Resultat einer Aktion beeinflußt den Inhalt einer anderen Aktion) ?

Diese Informationen lassen sich im Gegensatz zu denen Ablaufbeschreibungen der Verfahren in einfachen Templates erfassen (siehe folgende Abschnitte).

Der letzte Aspekt der Aktionsbeschreibung hängt mit der resultatabhängigen Auswahl an Funktionalität und Information in einer Aktion zusammen. Die ist im weitesten Sinne vergleichbar mit den *Conditional Packages* in der OSI-Modellierung, wobei die Conditional packages in diesem Fall die bereits erwähnten Subsets an Funktionalität und Information darstellen, die durch die jeweiligen Resultate der Aktionen aktiviert wurden. Ein Beispiel wäre folgender Sachverhalt:

Es wurde ein Verfahren zur Konfiguration von Print-Servern ausgewählt. In einem der ersten Schritte wird als Server eine Workstation selektiert, die von der Architektur her eine „BSD-Maschine“ (in den Anfängen von der Universität Berkley entwickelt) ist. In den folgenden Schritten sind aufgrund der Eigenschaften der Architektur andere Informationen (z.B. */etc/printcap* und nicht */usr/spool/lp/interface/$printername* für SYSV-Architekturen) zu verwenden, die in einem Conditional Package für die jeweilige Aktion beschrieben werden.

Führt der Benutzer eine Aktion aus, so will er zunächst die ganze Beschreibung dieser Aktion bekommen, welche konkreten Funktionen er auf welchen Objekten ausführen muß. In dieser Aktion werden ihm nur die Funktionen im Menü (den Menüs) angeboten, die zur Durchführung der Aktion auf den Zielobjekten notwendig sind. Je nach Aktion will er die Zielobjekte dazu in einem bestimmten Kontext sehen, und unterschiedliche Informationen angeboten bekommen.

Nachdem die Aktionen eines Verfahrens modelliert wurden, müssen diese einen Bezug zur tatsächlich vorhandenen Funktionalität und Information bekommen. Hierzu ist es nötig, die modellierten Aktionen auf die technische Basis abzubilden.

4.2.5 Abbildung der Aktionen auf die Technische Basis

Um die Abbildung der Aktionen auf die technische Basis zu realisieren, ist es nötig, folgende Schritte durchzuführen:

- Anwendungen auszuwählen
- diese Anwendungen zu parametrisieren

- MIB's auszuwählen
- MIB-Attribute zu selektieren
- die Darstellung zu steuern

Diese Ebene realisiert die Abbildung herstellerunabhängiger Aspekte auf konkrete Werkzeuge, MIB's und Plattform-Interna. Dieser Punkt ist besonders interessant, wenn es um Werkzeug-Migrationen geht, da beim Austauschen eines Werkzeuges oft nur die Parametrisierung der Anwendung zu ändern und nicht die ganze Aktion neu zu entwerfen ist. Das gleiche gilt für MIB's, die über diesen Referenzpunkt ebenso austauschbar sind.

4.2.6 Visualisierungsaspekte im Task-View-Modell

Ein Punkt, der für die Formalisierung des Modells von Interesse ist und ebenfalls Einfluß auf die Implementierung des Task-View-Modells hat, ist die Frage nach der Visualisierung. Mit anderen Worten: Welche Ebenen des Task-View-Modells sind für die Darstellung an der View-Benutzer Schnittstelle interessant? Wie sieht die Schnittstelle des Benutzers zum Task-View-Modell aus? Mögliche Konzepte oder Realisierungen Task-basierter Konzepte existieren bereits (siehe [SaSu 94]). Es ist allerdings sicher, daß die Gestaltung der Benutzer-Schnittstelle vom konkreten unterliegenden Modell und bedingt auch von der Spezifik der betrachteten Domäne (z.B. Medizin, Software-Entwicklung) abhängt.

Betrachtet man die möglichen Benutzerinteraktionen im Task-View-Modell, so lassen sich zwei verschiedene Wege des Zugangs erkennen. Entweder wird das Task-View-Modell durch ein Ereignis aus dem Netz initiiert (z.B. Komponenten-Ausfall, Überlast im Backbone), oder der Benutzer geht seinem „Alltagsgeschäft" nach und erledigt periodische Aufgaben. In beiden Fällen startet der Benutzer in der Aufgabenebene, d.h. mit den TASK VIEWs. Hat er die zur Bearbeitung anstehende Aufgabe ausgewählt, betritt er die Verfahrensebene, in der er eine Verfahren aus den möglichen Alternativen auswählt. Nun arbeitet er die Folge von Einzelaktionen ab, bis das Ende eines Verfahrens erreicht ist.

In der Aufgaben- und Verfahrensebene ist die Visualisierung durch generische Templates abgedeckt, die bis auf den Inhalt der Felder keine spezifischen Anteile enthalten. Die eigentliche Schnittstelle zum Benutzer mit ihrer ganzen Komplexität und Vielfalt wird durch die ACTION VIEWs gebildet. Daß der Schwerpunkt in der Action View Ebene auf der Darstellung der referenzierten Information und Funktionalität liegt, wird an der Formalisierung deutlich.

Die Funktions-/Informations- oder Werkzeugebene ist für die Visualisierung an der Benutzer-Schnittstelle eher von untergeordneter Bedeutung. Für die beiden unteren Ebenen gilt in bezug auf die Visualisierung das für die oberen beiden Ebene gesagte. Diese Ebenen werden allerdings recht selten von Interesse sein, da die Spezifik der Werkzeuge und ihrer Funktionen gerade durch die Aktionenebene verschattet werden sollte.

4.3 Beschreibungstechnik für das Task-View-Modell

Anhand der im vorigen Abschnitt entwickelten Modellierung soll nun eine konkrete Modellstruktur sowie eine Notation für die Elemente der einzelnen Ebenen definiert werden. Das in

Abbildung 4.10 dargestellte Task-View-Modell bildet das Bindeglied zwischen der organisatorischen Ebene der Betreiberorganisation und der Technischen Basis.

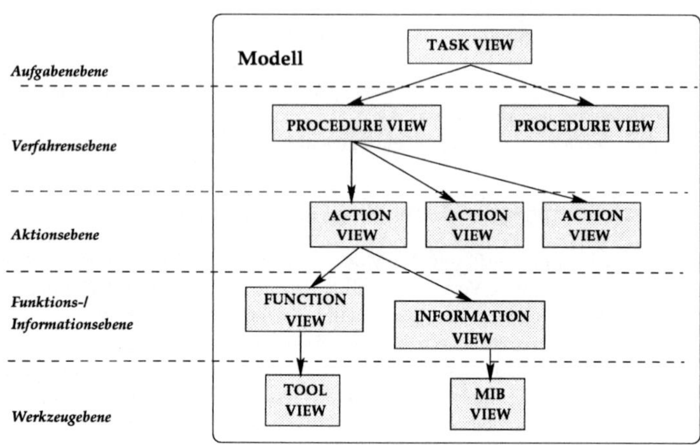

Abbildung 4.10: Modell der Task-Views

Gemäß der Betrachtungen im vorigen Abschnitt zur Modellstruktur wurden folgende Ebenen identifiziert:

- *Aufgabenebene*: beschreibt die von einem Benutzer zu lösende Managementaufgabe, Zuständigkeiten und welche Aktionen zur Lösung der Aufgabe durchgeführt werden müssen
- *Verfahrensebene*: beschreibt den konkreten Ablauf, d.h. die Sequenz von Einzelaktionen zur Erbringung einer Aufgabe
- *Aktionsebene*: stellt einzelne Schritte innerhalb einer Aufgabe dar, enthält Informationen über unterstützende Werkzeuge, Managementinformation sowie die Darstellung
- *Funktions-/Informationsebene*: charakterisiert die zur Unterstützung eines Aufgabenschrittes (Aktion) notwendige Information sowie die genutzte Funktionalität einer Anwendung
- *Werkzeugebene*: beschreibt Werkzeuge und Anwendungen inklusive der von ihnen bereitgestellte Funktionalität (Function-Views) sowie MIBs und deren Informationsbestand (Information-Views).

Die Strukturierung der folgenden Abschnitte entspricht einer top-down Betrachtung der einzelnen Modellebenen.

Jedes Beschreibungs-Template enthält einen Anteil an Information, die für die Administration der Templates notwendig ist. Diese besteht aus:

- Autor oder Besitzer eines Templates (*Owner*)

- Datum der letzten Änderung (*Last Modification*)
- Kurzbezeichnung des View-Namens (*Short Name*)

4.3.1 Aufgabenebene

Ausgangspunkt für die Betrachtungen der „Betreibersicht" sind die vom Benutzer einer Plattform zu lösenden Managementaufgaben. Aufgaben sind innerhalb einer Organisationseinheit anfallende Tätigkeiten, die kontrolliert und gesteuert werden können. Um eine Tätigkeit durchführen zu können, werden bestimmte Qualifikationen oder Fähigkeiten von der die Tätigkeit ausübenden Person gefordert. Diese Person agiert bei der Lösung einer Aufgabe in einer bestimmten Rolle (dynamische Zuordnung). Weiterhin ist für eine Aufgabe ein bestimmter Bereich an Zielobjekten interessant (siehe Feld „TARGET DOMAIN"), auf welche sich die Aktionen zur Lösung der Aufgabe beziehen; man spricht hier auch von einer Domäne von Objekten. Die Spezifikation einer Domäne (siehe auch [ISO 10040/2], [ISO 10164-19], [ISO N1616]) erlaubt unter anderem auch eine weitere Konkretisierung der Aufgabe. In einem Unternehmen ist z.B. ein Verantwortlicher für Router nicht für alle Router des Unternehmens, sondern nur für die Router seiner Zweigstelle zuständig o.ä. zuständig. Man kann daher sagen, daß die Rolle den Typ der Ressource festlegt, die TARGET DOMAIN die Instanzen des Types. Damit eine Aufgabe erbracht werden kann, ist es notwendig, sich auf **Verfahren** abzustützen. Diese Verfahren legen die Teilschritte einer Abfolge von **Aktionen** zur Erbringung der Aufgabe fest. Dieser Zusammenhang ist in Abbildung 4.11 verdeutlicht. Die Beschreibung des TASK-VIEW Objektes folgt auf Seite 81.

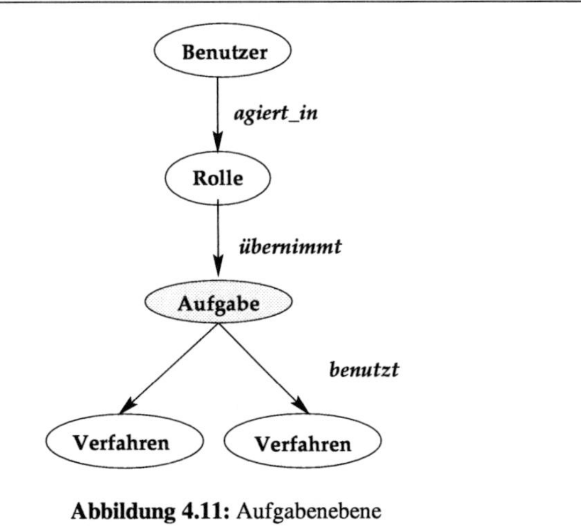

Abbildung 4.11: Aufgabenebene

Eine Aufgabe wird von folgenden Einflußgrößen bestimmt:

- Der Qualifikation, die ein Mitarbeiter besitzen muß, um die ihm gestellten Aufgaben zu erfüllen → **ROLE**
- Der Inhalt der Aufgabe, beschrieben in einer textuellen Form → **DESCRIPTION**
- Die Menge der Ressourcen, für die ein Mitarbeiter im Kontext der Aufgabenerfüllung zuständig ist → **TARGET DOMAIN**
- Die Verfahren, die die Erfüllung der Aufgabe realisieren bzw. die Vorgehensweise zur Erfüllung beschreiben → **PROCEDURE VIEW**

Die Rolle eines Mitarbeiters ist eng mit der Aufgabe verknüpft, weniger mit dem Verfahren. Verfahren sollten generisch, d.h. für andere Aufgaben wiederverwendbar sein; deswegen wäre es falsch, an dieser Stelle die Rolle zu beschreiben. Die Aufgabe referenziert ein Verfahren, das wiederum aus einer Folge von Aktionstypen[5] besteht. Die spezifische Rolle, die einer Aufgabe zugeordnet ist, hat insofern Auswirkungen auf ein Verfahren, als daß z.B. ein Experte u.U. ein Verfahren mit weniger Benutzerführung verwenden wird, während eine „Neuling“ Verfahren benutzt, die eine sichere Führung garantieren. Das gleiche trifft für die Target Domain zu, die ebenfalls stark mit der Aufgabe verknüpft ist und nur insofern mit dem Verfahren etwas zu tun hat, als daß es dieses „parametrisiert“. Damit die TARGET DOMAIN auch dynamischen Strukturen in Netzen gerecht wird, ist neben der expliziten Angabe von Ressourcen auch die Möglichkeit gegeben, mit einer den Datenbanken entlehnten und für diese Zwecke erweiterten Select-Where-Klausel Domänen in einer impliziten Form zu beschreiben.

Formalisierung:

Syntax der Anfragesprache zur Angabe von impliziten Domänen:

```
<query-statement>::= SELECT <select-list>
                     <from-spec>
                     [WHERE <boolean>]

<select-list>::= <path-expression>
                 [,<path-expression> ...]

<from-spec>::= <variable-declare>
               [,<variable-declare> ...]

<boolean> ::= <predicate>
              | <boolean> AND <predicate>

<variable-declare> ::= <object-name>
                       <variable> [ <variable> ...]

<path-expression> ::= <path-sequence>
                      [.<path-terminator> ]
```

[5]Aktionstypen sind hier in dem Sinne zu verstehen, als daß diese keine Informationen oder Zustände von Instanzen spezifizieren, sondern wie ein Template eine zu instantiierende Schablone beschreiben

<path-terminator> ::= <attribute> | <atom-method>

<path> ::= <connection> | <reference> | <object-method>

Folgende Operatoren sind erlaubt:

- =, <>, <, >, <=, >=
- +, -, *, /
- LIKE, IS NULL, IS NOT NULL

Das *predicate* kann auch *path-expressions* enthalten. Es werden allerdings weder Disjunktion noch geschachtelte Anfragen unterstützt. Als atomare Methoden können folgende vordefinierte Terme verwendet werden (Auswahl):

- *path_to()*: statische Route von Punkt x zu Punkt y
- *cpu_load()*: Last der CPU einer Komponente/Endsystem
- *connects()*: Verbindung zwischen Punkt x und Punkt y
- *located_in()*: geografischer Standort einer Ressource

TASK VIEW **OBJECT-TYPE**

ID **ATTRIBUTE-TYPE**
Syntax VIEW-ID
Access read-only
Status mandatory
Description Identfier, eindeutige Kennzeichnung der Aufgabe

SHORT NAME **ATTRIBUTE-TYPE**
Syntax STRING[12]
Access read-write
Status mandatory
Description Kurzbezeichnung der Aufgabe

OWNER **ATTRIBUTE-TYPE**
Syntax STRING[12]
Access read-write
Status mandatory
Description Autor des Templates

LAST MODIFICATION **ATTRIBUTE-TYPE**
Syntax DATE
Access read-write
Status mandatory
Description Datum der letzten Änderung

DESCRIPTION **ATTRIBUTE-TYPE**
Syntax STRING[255]
Access read-write
Status mandatory
Description Beschreibung des Inhalts der Aufgabe

ROLE **ATTRIBUTE-TYPE**
Syntax INTEGER {
Operateur (1)
Administrator (2)
Manager (3)
}
Access read-write
Status mandatory
Description In welcher Tätigkeit muß ein Bearbeiter der Aufgabe fungieren, um die Anforderungen zu erfüllen.

TARGET DOMAIN **ATTRIBUTE-TYPE**
Syntax IP-RANGE|SFW-CLAUSE
Access read-write
Status mandatory
Description Zielobjektraum der Aufgabe (IP-Range, Regeln, SFW-Klausel)

PROCEDURE VIEW **ATTRIBUTE-TYPE**
Syntax VIEW-ID
Access read-write
Status mandatory
Description ID des PROCEDURE VIEWS, der die Reihenfolge der Aktionen festlegt

4.3.2 Verfahrensebene

In dieser Ebene wird die genaue Abfolge der Aktionen zur Erbringung der Aufgabe festgelegt. Eine Aufgabe kann sich dabei auf verschiedene Verfahren abstützen, wobei jedes Verfahren die Aufgabe vollständig erfüllt, man aber (evtl.) die Wahl zwischen verschiedenen Möglichkeiten zur Durchführung der Aufgabe hat. Beispielsweise kann man einen Controlware-Mutiplexer mittels der etwas umständlicheren Prozedur über das Element-Management-Werkzeug TIME-VIEW manipulieren, oder über die Konsolen-Schnittstelle des Multiplexers direkt, wenn man der speziellen Kommando-Sprache mächtig ist. Beide Verfahren (Konfiguration mittels Element-Management-Werkzeug oder Konsole) realisieren die gleiche Aufgabe, aber mit unterschiedlichen Abläufen und Aktionen. Abbildung 4.12 zeigt den Zusammenhang mit den Ebenen darüber (Aufgabenebene) und darunter (Aktionsebene). Die Beschreibung des PROCEDURE VIEW Objektes folgt auf Seite 86.

Zur Beschreibung eines Verfahrens sind die einzelnen Aktionen nötig, aus denen ein Verfahren besteht (ACTION VIEW hier als Referenz), sowie die Beschreibung der Abfolge der Aktionen (PROCEDURE VIEW CONTROL). Die Trennung von Verfahren und Aktionen ist insofern wichtig, als daß durch sie die Wiederverwendbarkeit der Aktionen wesentlich erhöht wird. Die Spezifik, die sich durch die Anwendung der Verfahren ergibt, wird dadurch in der Verfahrenssteuerung gehalten und nicht in den Aktionen.

Die in Abschnitt 4.2.4 bereits festgelegten Aspekte zur Beschreibung von Verfahren müssen nun auf die Notation abgebildet werden. Dabei ergeben sich folgende Abbildungen:

- Bausteine des Verfahrens → Aktionen
- Beziehung Resultat/Ausführung → Verfahrenssteuerung
- ablaufverändernde Aspekte → Verfahrenssteuerung
- inhaltbeinflußende Aspekte → Verfahrenssteuerung

Bei der bereits in der Modellierung der Verfahren angesprochenen Beziehung, daß das Resultat einer Aktion den Inhalt einer anderen Aktion beeinflussen kann, wird die Auswahl des Inhalts über die Verfahrenssteuerung realisiert; die verschiedenen Conditional Packages werden jedoch bei den Aktionen beschrieben.

Für die Beschreibung der Ablaufsteuerung wurde eine Prolog-nahe Notation gewählt.

Zur Formalisierung der Verfahrenssteuerung werden folgende Prolog-Regeln verwendet:

ausführen_aktion(verfahrens_id, aktions_id)
ausführen_aktion(verfahrens_id, aktions_id, package_id)
erreicht_zustand(verfahrens_id, aktions_zustand)
erreicht_zustand(verfahrens_id, wert_aktions_zustand

Die Regel **ausführen_aktion** führt eine Aktion mit dem Identifier *aktions_id*, die zum Verfahren mit dem Identifier *verfahrens_id* aus. Ein optionaler Parameter ist dabei das durch *package_id* spezifizierte Subset an Information/Funktionalität (zweite Regel), das bei Angabe mit aktiviert wird. Die Regel **erreicht_zustand** testet, ob innerhalb des mit *verfahrens_id* bezeichneten Verfahrens der angegebene allgemeine Zustand[6] *aktions_zustand* oder ein spezifischer Zustand[7] *wert_aktions_zustand* eingetreten ist.

Die Verwendung dieser Regeln zur Beschreibung der Steuerung wurde bereits an Beispielen (siehe Seite 84) demonstriert.

Anmerkung: Der Operator **:-** trennt den Bedingungsteil (rechte Seite) von dem Folgerungsteil (linke Seite) einer Prolog-Regel. Die linke Seite ist wahr, wenn die rechte Seite erfüllt ist.

Voraussetzung:

Jede Aktion A_n ist durch einen Anfangszustand $Z_{A_{A^n}}$ und einen Endzustand $Z_{E_{A^n}}$ gekennzeichnet. Jedes Verfahren beginnt mit einem Zustand „START“ und endet in einem Zustand

[6]Dies bedeutet in der Regel, daß die Aktion beendet wurde. Das Resultat ist dabei nicht von Bedeutung.

[7]Das bedeutet, daß die Aktion mit einem bestimmten, im Parameter festgelegten Resultat enden muß.

„STOP".

Die bei der Beschreibung der Beispielaufgaben verwendete Notation ist folgendermaßen zu lesen:

Hat in der Klausel `erreicht_zustand` das mit `Verfahren_nr1` bezeichnete Verfahren den Zustand `START`[8] erreicht, wird die in der Klausesl `ausführen_aktion` die auf der rechten Seite des Terms angegebene Aktion `A1` des im linken Teil des Terms angegebenen Verfahrens (Die Verfahrensnuymmer entspricht durch Unifikation dem Wert des in der Klausel `erreicht_zustand` angegebenen Verfahrens.) ausgeführt. Der Bedingungsteil steht damit auf der **rechten** Seite des Operators **:-**, der auszuführende Teil auf der **linken** Seite.

Die in Abbildung 4.7 dargestellte einfache Sequenz läßt sich auf folgende Weise beschreiben:

ausführen_aktion(Verfahren_nr1, A_1):-
erreicht_zustand(Verfahren_nr1, START).

ausführen_aktion(Verfahren_nr1, A_2):-
erreicht_zustand(Verfahren_nr1, Z_{E_A1}).

ausführen_aktion(Verfahren_nr1, A_3):-
erreicht_zustand(Verfahren_nr1, Z_{E_A2}).

ausführen_aktion(Verfahren_nr1, STOP-Aktion):-
erreicht_zustand(Verfahren_nr1, Z_{E_A3}).

Die Beschreibung des in Abbildung 4.8 dargestellten Verfahrens (Verfahren mit resultatabhängigem Verlauf) wird folgendermaßen aussehen:

[8] Ist die Ausführung eines Verfahrens zu initiieren, wird ein Prolog-Fakt mit dem Wert „START" in die Wissensbasis geschrieben.

ausführen_aktion(Verfahren_nr1, A_1):-
erreicht_zustand(Verfahren_nr1, START).

ausführen_aktion(Verfahren_nr1, A_2):-
erreicht_zustand(Verfahren_nr1, 1[a]).

ausführen_aktion(Verfahren_nr1, A_3):-
erreicht_zustand(Verfahren_nr1, 2).

ausführen_aktion(Verfahren_nr1, STOP-Aktion):-
erreicht_zustand(Verfahren_nr1, Z_{E_A3}).

ausführen_aktion(Verfahren_nr1, STOP-Aktion):-
erreicht_zustand(Verfahren_nr1, Z_{E_A2}).

[a] Hier ist der Wert „1“ des Zustandes gemeint

Die Beschreibung des in Abbildung 4.9 dargestellten Verfahrens (Verfahren mit parallelen Abläufen) wird folgendermaßen aussehen:

Gesetzt den Fall, es gäbe ein Verfahren, das aus vier Aktionen bestünde, wobei das Resultat der Aktion Nummer 1 den Inhalt der Aktion Nummer 3 bestimmt, so wäre folgende Beschreibung vorstellbar:

ausführen_aktion(Verfahren_nr1, A_1):-
erreicht_zustand(Verfahren_nr1, START).

ausführen_aktion(Verfahren_nr1, A_2):-
erreicht_zustand(Verfahren_nr1, Z_{E_A1}).

ausführen_aktion(Verfahren_nr1, A_3, $package\_1$):-
erreicht_zustand(Verfahren_nr1, $Z_{E_A1=true}$).

ausführen_aktion(Verfahren_nr1, A_3, $package\_2$):-
erreicht_zustand(Verfahren_nr1, $Z_{E_A1=false}$).

ausführen_aktion(Verfahren_nr1, STOP-Aktion):-
erreicht_zustand(Verfahren_nr1, Z_{E_A3}).

Im vorliegenden Fall wird beim Beenden der Aktion Nummer 1 mit dem Resultat = „true“ das Subset[9] Nummer 1 und bei Resultat = „false“ das Subset Nummer 1 der Aktion 3 aktiviert.

[9] Ein Subset ist eine Auswahl an Information/Funktionalität, das je nach Resultat der Ausführung einer Aktion zusätzlich aktiviert werden kann (siehe auch OSI-Informationsmodell, *conditional packages)*.

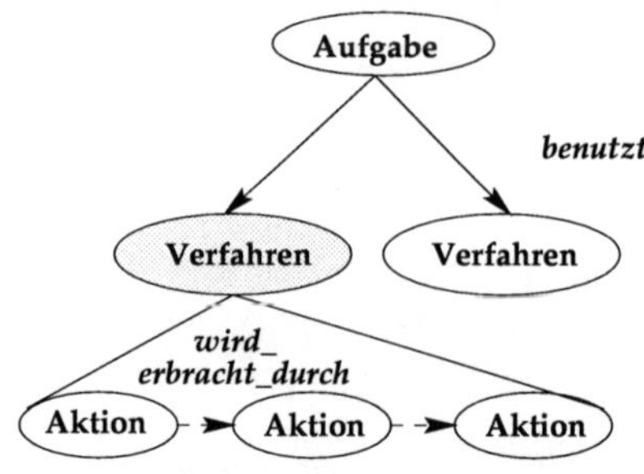

Abbildung 4.12: Verfahrensebene

Formalisierung:

PROCEDURE VIEW **OBJECT-TYPE**

ID **ATTRIBUTE-TYPE**
Syntax VIEW-ID
Access read-only
Status mandatory
Description Identfier, eindeutige Kennzeichnung des Verfahrens

SHORT NAME **ATTRIBUTE-TYPE**
Syntax STRING[12]
Access read-write
Status mandatory
Description Kurzbezeichnung des Verfahrens

OWNER **ATTRIBUTE-TYPE**
Syntax STRING[12]
Access read-write
Status mandatory
Description Autor des Templates

LAST MODIFICATION **ATTRIBUTE-TYPE**
Syntax DATE
Access read-write
Status mandatory
Description Datum der letzten Änderung

DESCRIPTION **ATTRIBUTE-TYPE**

Syntax STRING[255]
Access read-write
Status mandatory
Description Beschreibung des Inhalts des Verfahrens

SUPPORTED TASK VIEWS **ATTRIBUTE-TYPE**
Syntax SEQUENCE OF VIEW-ID
Access read-write
Status mandatory
Description unterstützte Task Views

ACTION VIEWS **ATTRIBUTE-TYPE**
Syntax SEQUENCE OF VIEW-ID
Access read-write
Status mandatory
Description Folge von Aktionen beschrieben

PROCEDURE CONTROL **ATTRIBUTE-TYPE**
Syntax SEQUENCE OF CONTROL-STRINGS
Access read-write
Status mandatory
Description Beschreibung der Ablaufsteuerung des Verfahrens

COMMENT **ATTRIBUTE-TYPE**
Syntax STRING[255]
Access read-write
Status mandatory
Description Kommentare

4.3.3 Aktionsebene

In dieser Ebene werden die „Bausteine“ der Verfahren, die Aktionen beschrieben. Aktionen beschreiben Tätigkeiten, die durch einen definierten Anfangs- und Endzustand gekennzeichnet sind. Die Granularität dieser Aktionen wird dabei wesentlich von der Granularität der Funktionalität der Anwendungen geprägt. Ein weiteres Kriterium für die Aktionen ist die semantische Abgeschlossenheit einer Aktion. Typische Beispiele für Aktionen sind z.B. der Test auf Erreichbarkeit eines Hosts, das Ermitteln einer Route von Punkt **a** nach Punkt **b** oder die Akquisition der IP-Adresse für ein Endsystem. Aktionen sind grundlegende Bestandteile der Verfahren und ermöglichen eine hersteller- und werkzeugunabhängige Beschreibung von Tätigkeiten.

Den Aktionen im Task-View kommt aufgrund ihrer unmittelbaren Nähe zum Benutzer eine besondere Rolle zu. Im Unterschied zu der Darstellung von Aufgaben oder Verfahren ist die Dynamik bzw. Spezifik der Darstellung (mehrere verschiedene Aspekte) größer als in allen anderen Ebenen des Modells. Durch die Nähe zum Benutzer stellt in der Aktionsebene die Darstellung von Information/Funktionalität sowie die Beschreibung der Interaktionen des Modells mit dem Benutzer einen Schwerpunkt dar. Erschwert wird dies durch die Tatsache, daß weder für die Beschreibung der Darstellung von Information, noch für die Spezifikation der Benutzerinteraktionen ein akzeptierter Standard existiert. An die Modellierung der Aktionen im Task-View-Modell werden aufgrund des Schnittstellencharakters zum Benutzer besondere Anforderungen gestellt:

- Plattformunabhängige (bzw. von der Spezifik der Visualisierungsumgebung unabhängig) Beschreibung der Darstellung von Information/Funktionalität.
- Ein Beschreibungsmittel zur Spezifikation von Interaktionen in einem ACTION VIEW. Diese sollten ebenfalls unabhängig von der Spezifik der Visualisierungsumgebung sein.
- Die im ersten Punkt erwähnte Beschreibungstechnik sollte bi-direktional sein, d.h. Interaktionen des Benutzer mit der Darstellung sollten zum Aktualisieren der Views und folglich zu Änderungen in den Datenquellen führen.
- Die Dynamik der Daten sollte durch geeignete Beschreibungselemente in den Views abgebildet werden können, d.h. durch entsprechende Animationen visualisiert werden.

Eine Beschreibung des ACTION VIEW Objektes folgt auf Seite 98.

Die Informationsdarstellung in der Informatik hat ein so großes Spektrum, daß die Darstellungsprobleme meist domänenspezifisch analysiert und gelöst werden. Für numerische Daten wurden mehrere Systeme entwickelt, die das automatisierte Darstellen von Geschäfts- und Statistikdaten realisieren (siehe [CaHa 81] und [Shim 83]). Wissenschaftliche Darstellungen, die es dem Forscher ermöglichen, seine Simulation oder Berechnung zu überwachen, sind ein Schwerpunktthema der Forschung im Bereich der Computer Graphik. Man kann feststellen, daß allgemeine Werkzeuge zur Darstellung von abstrakten Objekten und Relationen bisher nicht entwickelt wurden. Die einzig bekannte Ausnahme in der Forschung stellt das in [KaKa 91] vorgestellte und weiterentwickelte ([TNMK 94] und [MTKY 94]) Konzept dar. Das dort vorgestellte Konzept TRIP (TRanslation Into Pictures) und deren Weiterentwicklung TRIP2/3 liefern einen systematischen, bi-direktionalen Ansatz zur Transformation von Anwendungsdaten in graphische Darstellungen. Leider besitzt dieser Ansatz keine Möglichkeit zur Beschreibung von Benutzerinteraktionen, sondern nur zur Darstellung von passiven Objekten[10]. Das bereits existierende Konzept von TRIP2 wurde daher vom Autor für diese Arbeit um Aspekte zur Beschreibung von Benutzerinteraktionen erweitert. Es folgt nun eine kurze Beschreibung des erweiterten Modells von TRIP2.

Das erweiterte Modell E-TRIP (Enhanced- TRanslation Into Pictures) basiert auf einer Transformation der Anwendungsdaten in graphische Darstellungen. In diesem Modell werden Anwendungsdaten, repräsentiert durch abstrakte Objekte und Relationen, mittels Abbildungsregeln in graphische Objekte und Relationen übersetzt. Das Modell E-TRIP gestattet die bi-direktionale Transformation. Ein Problem war dabei die allgemeine Anwendbarkeit des Modells. In der Realität existieren eine Vielzahl von Formen der Darstellung von Anwendungsdaten und deren graphischen Darstellungen. Um den Benutzer von der Notwendigkeit der Spezifikation komplexer Darstellungsvorgänge zu befreien, wurden in E-TRIP zwei universelle Darstellungsebenen eingeführt, so daß nur Transformationsregeln zwischen diesen (Anwendungsdaten → Abstrakte

[10] Es sind zwar im Konzept Interaktionen mit den graphischen Objekten vorgesehen (Move, Delete, ...), die aber nicht den Anforderungen des Task-View-Modells genügen.

Struktur Darstellung, Visuelle Struktur Darstellung → Graphische Daten, siehe Abbildung 4.13) zu spezifizieren sind.

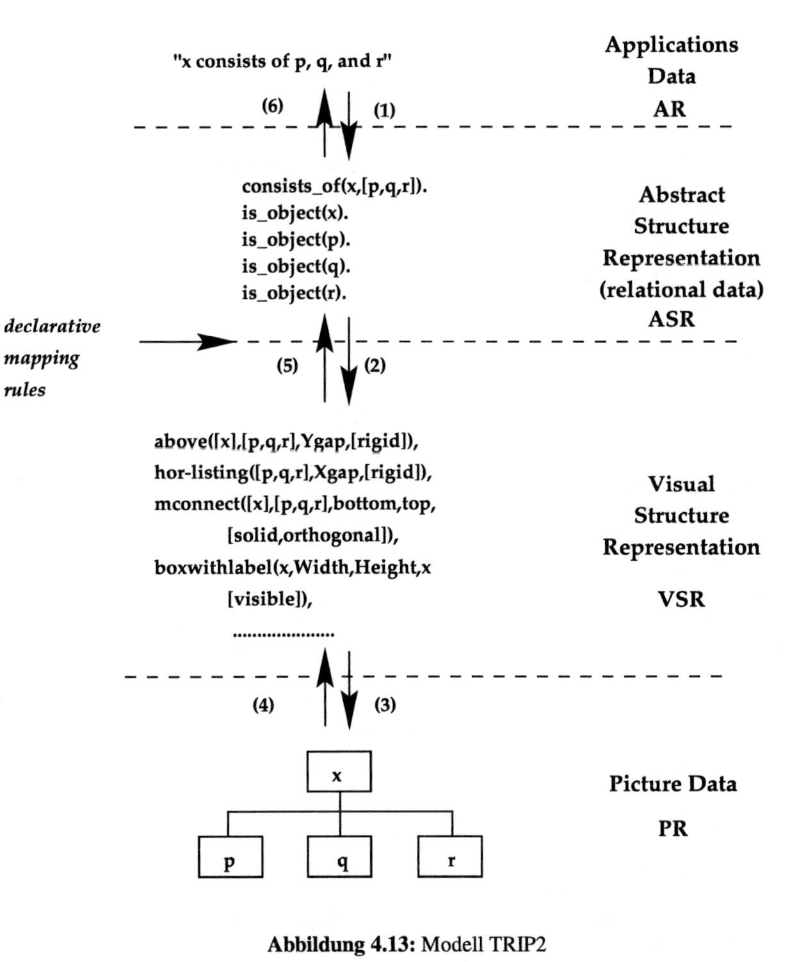

Abbildung 4.13: Modell TRIP2

Im Transformationsprozeß werden folgende vier Ebenen der Darstellung verwendet:

- **Anwendungsdaten-Repräsentationsebene (AR)**
  Diese Ebene enthält eine anwendungsspezifische Darstellung. Sie kann jede beliebige Form

der Beschreibung annehmen (nat. Sprache, Programmlistings, Datenbankschema). Diese Ebene ist für die Spezifikation der ACTION VIEWs von untergeordnetem Interesse, da die in den ACTION VIEWs verwendete Information/Funktionalität mit den Beschreibungsmitteln der nächsten Ebene (ASR) spezifiziert werden. Dies schließt natürlich die Möglichkeit nicht aus, bei Bedarf auf diese Ebene zurückzugreifen.

- **Abstrakte Strukturdarstellung (ASR)**
  Diese Darstellung repräsentiert die darunterliegende Schicht der Anwendungsdaten in einer anwendungsunspezifischen Form. Anwendungsdaten werden in Form von abstrakten Objekten und Relationen dargestellt. Spezifische Daten werden dabei analysiert (anwendungsspezifischer Analysator) und in eine universelle Darstellung transformiert. Die inverse Transformation gestattet die Generierung der Anwendungsdaten aus der graphischen Darstellung [11]. In E-TRIP wird die Darstellung der ASR-Daten durch eine Menge von Prolog-Regeln durch den Programmierer definiert.
- **Visuelle Strukturdarstellung (VSR)**
  Diese Ebene repräsentiert die Struktur einer graphischen Darstellung, die aus der ASR gewonnen wurde. In der VSR werden noch keine absoluten Koordinaten spezifiziert. Die VSR wird ebenfalls durch Prolog-Regeln spezifiziert. Im Gegensatz zu den ASR-Regeln, die durch den Benutzer vorgegeben sind, werden VSR-Darstellungen durch das zur Darstellung verwendete System vorgeben (Managementplattform).
- **Graphische Darstellung (PR)**
  Diese Ebene beschreibt direkt die Dastellung auf dem Ausgabemedium (Plotter, Bildschirm). Die Benutzer sehen und manipulieren Darstellungen, die aus den Daten generiert werden.

Der Transformationsalgorithmus arbeitet folgendermaßen:

Zuerst wird die originale Darstellung der Anwendungsdaten analysiert und daraus die entsprechende ASR-Darstellung generiert (Schritt 1 in Abbildung 4.13). Der Analysator muß für jeden Typ von Anwendungsdaten angepaßt werden, da er spezifisch für die Syntax der Anwendungsdaten ist. Danach werden die ASR-Daten durch einen Prozeß, der Visual Mapping genannt wird, in VSR-Daten transformiert (Schritt 2 in Abbildung 4.13). Abstrakte Objekte werden auf graphische Objekte und abstrakte Relationen auf graphische Relationen abgebildet.

Der inverse Prozeß der Abbildung von VSR-Daten auf ASR-Daten wird als „Inverse Visual Mapping“ bezeichnet (Schritt 5 in Abbildung 4.13). An dieser Stelle sei betont, daß die Abbildungsregeln deklarativ sind und daher keine weitere Information über die Übersetzung enthalten. Als Resultat des Modells kann eine einzelne Regel prinzipiell für das Visual Mapping und das Inverse Visual Mapping verwendet werden. Würde man die Abbildung prozedural beschreiben, wäre es notwendig, zwei verschiedene Prozeduren für je eine Richtung zu entwerfen. Zuletzt werden die VSR-Daten in die Graphische Darstellung (PR) übersetzt (Schritt 3 Abbildung 4.13). Die graphischen Relationen werden zuerst in geometrische Vorgaben/Restriktionen zwischen dargestellten Objekten umgewandelt, dann werden die geräteabhängigen Daten (Ausgabemedium) erzeugt. In der umgekehrten Richtung (Inverse Visual Mapping) werden VSR-Daten aus der graphischen Darstellung durch ein 3D-Parsing generiert (Schritt 4 Abb. 4.13).

[11] Dies ist ein wichtiger Aspekt für die bi-direktionale Nutzung der graphischen Darstellung, d.h. der Transformation der über die graphischen Objekte eingegebenen Daten in Anwendungsdaten.

Bevor nun aber die Syntax des Objektes zur visuellen Repräsentation der Aktionen festgelegt wird, sollten einige Zusammenhänge zwischen den Objekten der Aktionenebene verdeutlicht werden. Die äußere Klammer für die Darstellung der im ACTION VIEW referenzierten Anteile stellt in der Welt der graphischen Visualisierung das Fenster (eng. *window*) dar. Innerhalb eines Fensters sind verschiedene Aspekte darstellbar: Views auf einzelne Objektinstanzen, Views auf die Funktionalität der Werkzeuge und Views auf die Beziehungen zwischen Objektinstanzen. Natürlich sollte die Benutzerspezifik nicht so weit gehen, daß für jeden dieser Aspekte individuelle Spezifikationen existieren (was sicher auch wenig Sinn macht, da genügend generische Anteile vorhanden sind). In der Entwicklung der Managementplattformen sind Tendenzen zu beobachten, die sich einerseits an den Standards orientieren oder aber im Laufe der Anwendung der Plattformen als hilfreich erwiesen haben. Die Views auf einzelne Objektinstanzen, wie auch die Views auf Anwendungsfunktionalität (in begrenztem Umfang) orientieren sich fast ausnahmslos an den von der ISO standarisierten Funktionsbereichen (Leistung, Sicherheit, ...). Die Views auf die Beziehungen zwischen Objektinstanzen werden nur in wenigen Managementplattformen realisiert und beschränken sich auf folgende View-Typen:

- topologischer View (Kommunikationsschichtung)
- Standort-View (Standort der Ressource wie z.B. Stadt, Gebäude, Raum, Rack)
- organisatorischer View (Bildung von Domänen)
- für Komponenten: Geräteview (Ansichten der Ressource wie z.B. Ports, Speisung des Gerätes)

Diese realisierten View-Typen wurden auch als Grundlage für das Attribut „Object Relation" verwendet. Als Basis für die Beschreibung der Views auf Objektinstanzen und der Anwendungsfunktionalität ist eine Bibliothek von Spezifikationen (E-TRIP Modell) einer typischen Auswahl und Darstellung von Managementinformation und Funktionalität denkbar und sinnvoll. Der Benutzer würde in diesem Fall nur noch einen (oder mehrere) vordefinierte Views auswählen, die Darstellung und Auswahl von Information und Funktionalität wäre in der View-Spezifikation enthalten. Es wäre für den Benutzer weiterhin möglich, individuelle Semantik von Ressourcen zu definieren (wie z.B. Workstation ist Mail-Server) oder aber mittels geeigneter Werkzeuge in Anlehnung an die bereits definierten View-Spezifikationen eigene, individuelle Views zu erzeugen (siehe auch Model Type Editor, GIB-Editor von Managementplattform SPECTRUM). Ein sich dabei allerdings stellendes Problem ist die Pflege und Wartung solcher individueller Views z.B. beim Update der Agenten-Software (neue MIBs) oder der Verwendung neuer Werkzeuge. Aufgrund der Tatsache, daß für die Darstellung der Daten von Objektinstanzen (in Abhängigkeit der Relationen/View-Typen) vordefinierte Darstellungsregeln existieren, ist die Spezifikation der Darstellung für den „standardisierten" Fall auf wenige Details beschränkt. Folgende ASR-Konstrukte werden für die Spezifikation vorgeschlagen:

window_consists_of(*instance*, *view_type*)

window_consists_of(*domain*, *relationen_type*):-

Im ersten Fall wird eine einzelne Instanz einer Managementressource dargestellt, wobei optional individuelle View-Spezifikationen angegeben werden können. Die zweite Ausprägung spezifiziert die Darstellung einer Domäne von Instanzen, im Gegensatz zum ersten Term wird hier die zur Darstellung ausgewählte Relation (topologisch, kommunikationsorientiert, ..) angegeben.

Die für die Interaktionen mit dem Benutzer nötigen Interaktionsobjekte werden ebenfalls als vordefinierte Spezifikationen den View-Typen zugeordnet.

Durch die bisher definierten ASR-Konstrukte ist aber nur die Darstellung der Objekte und Relationen festgelegt. Die Spezifikation der Benutzerinteraktionen geschieht durch die bereits erwähnte Erweiterung des TRIP-Modells. Dazu werden sog. Interaktionsobjekte definiert, die mögliche Interaktionen des Benutzers mit den graphischen Objekten beschreiben. Das **Interaktionsobjekt** hat folgende Syntax:

INTERACTION VIEW **OBJECT-TYPE**

ID **ATTRIBUTE-TYPE**
Syntax VIEW-ID
Access read-only
Status mandatory
Description Identfier, eindeutige
Kennzeichnung eines Interaktionsobjektes

SHORT NAME **ATTRIBUTE-TYPE**
Syntax STRING[12]
Access read-write
Status mandatory
Description Kurzname des Interaktionsobjektes

OWNER **ATTRIBUTE-TYPE**
Syntax STRING[12]
Access read-write
Status mandatory
Description Autor des Templates

LAST MODIFICATION **ATTRIBUTE-TYPE**
Syntax DATE
Access read-write
Status mandatory
Description Datum der letzten Änderung

DESCRIPTION **ATTRIBUTE-TYPE**
Syntax STRING[255]
Access read-write
Status mandatory
Description Beschreibung der Funktionalität des Interaktionsobjektes

DERIVED FROM **ATTRIBUTE-TYPE**
Syntax SEQUENCE OF INTERACTION VIEW CLASSES
Access read-write
Status optional
Description Eine Liste der IO-Objektklassen, von der dieses Objekt Eigenschaften geerbt hat.)

VARS **ATTRIBUTE-TYPE**
Syntax SEQUENCE OF VARIABLES
Access read-write
Status mandatory
Description Liste von Variablen, die den Informationsaustausch mit dem Darstellungsbjekt beschreiben

METHODS **ATTRIBUTE-TYPE**
Syntax SEQUENCE OF INTERACTIVE-METHODS
Access read-write
Status mandatory
Description Prozedurdefinitionen, die die Methoden des Interaktionsobjektes beschreiben.

TOKENS **ATTRIBUTE-TYPE**
Syntax SEQUENCE OF IO-ELEMENTS
Access read-write
Status mandatory
Description Definition für jedes IO-Element, daß im Syntaxdiagramm benutzt wird. Eingabetoken beginnen mit „i", Ausgabetoken mit „o".

STATE-TRANSITION-DIAGRAM **DIAGRAM-TYPE**
Syntax DIAGRAM
Access read-write
Status mandatory
Description Die Reaktionen des Interaktionsobjektes auf Benutzerinteraktionen werden durch ein Zustandsdiagramm beschrieben. Das Diagramm legt fest, in welcher Folge Eingaben über die Eingabeelemente sowie andere oben definierte Aktionen eintreten können und welche Zustandsänderungen sie hervorrufen. Im Diagramm kann eine Zustandsänderung ausgelöst werden durch: Ein-/Ausgabelemente (z.B. Werteeingabe), Aktionen (z.B. Zeichenroutine s.o.), Bedingungen, Aufruf von Subdiagrammen. Zustände die suspendiert werden können, sind mit einem „+" markiert.

SUBS **ATTRIBUTE-TYPE**
Syntax SEQUENCE OF SUB-DIAGRAMS

Access read-write
Status optional
Description Zusätzliche Subdiagramme die als eine Art Unterprogramme des oben definierten Diagramms aufgerufen werden können.

STATES **ATTRIBUTE-TYPE**
Syntax SEQUENCE OF OBJECT-STATES
Access read-write
Status optional
Description Liste von Zuständen, die verwendet werden können um Standard-Verhaltensweisen zu definieren wie z.B. die Sensitivität zur Durchführung von Abbruch-Aktionen oder Hilfetexte. Diese können auf das obige Diagramm als eine Art Abkürzungen verwendet werden, so daß nicht jeder Zustand wiederholt werden muß.

Beispiele für einfache Interaktionsobjekte sind im Anhang zu finden. Die letzte bisher unerfüllte Anforderung betrifft die Abbildung der Dynamik der zu visualisierenden Information. Bisher konnten nur rein statische Informationen bzw. Snap-Shot-Aufnahmen von dynamischer Information dargestellt werden. Die nun folgende Erweiterung des TRIP-Modells ermöglicht die Beschreibung der Dynamik von Managementinformation und letztendlich auch deren Darstellung (siehe auch [TMMY 94]).

Aus der Sichtweise von E-TRIP kann die zu visualisierende Dynamik der Information als eine Folge von Änderungen abstrakter Daten und Operationen betrachten. Übertragen auf das E-TRIP Modell läßt sich diese Änderung abstrakter Daten als eine Sequenz sich ändernder Bilder betrachten, d.h. als eine Animation.

Das bi-direktionale Modell E-TRIP wurde daher so erweitert, daß es in der Lage ist, durch eine Zusammensetzung einer Serie von Daten und einer Reihe von Operationen in der horizontalen Ebene die Änderungen auf der Zeitachse abzubilden (siehe Abbildung 4.14).

Mit Hilfe dieser Operationen ist es möglich, die Form der Änderung eines Bildes als Konsequenz aus der Änderung der zu visualiserenden Daten zu spezifizieren. Die Methoden der Erzeugung von Folgebildern kann als eine Art und Weise des Verschiebens, Skalierens und Rotierens der Objekte in einem Bild zu einer neuen Position/Größe/Form in einem anderen Bild betrachtet werden[12]. Diese Operationen werden als Zustandsänderungs-Operationen oder Transitions-Operationen bezeichnet. Die Menge der Abbildungsregeln (Abbildungen zwischen den abstrakten Operationen, Abbildungen zwischen den transitionalen operationen) wird als transitionale Abbildungsregeln bezeichnet. Da es in der Regel nicht möglich ist, geeignete abstrakte Operationen in einer Ressource (Agent, Anwendung) zu erkennen, hat der Programmierer selbst definierte abstrakte Operationen im Managed Object einzufügen (oder via Trigger-Mechanismus[13] anzuhängen). Abstrakte Operationen korrespondieren mit relevanten

[12]Dies entspricht Operationen, die eine Menge von VSR-Daten in eine andere Menge von VSR-Daten überführen.

[13]In Managementanwendungen oder Managementplattformen hat man die Möglichkeit, eine Schwellwertüberwachung z.B. eines MIB-Attributes mit einer Plattform-Basisanwendung zu überwachen und dieses Ereignis als

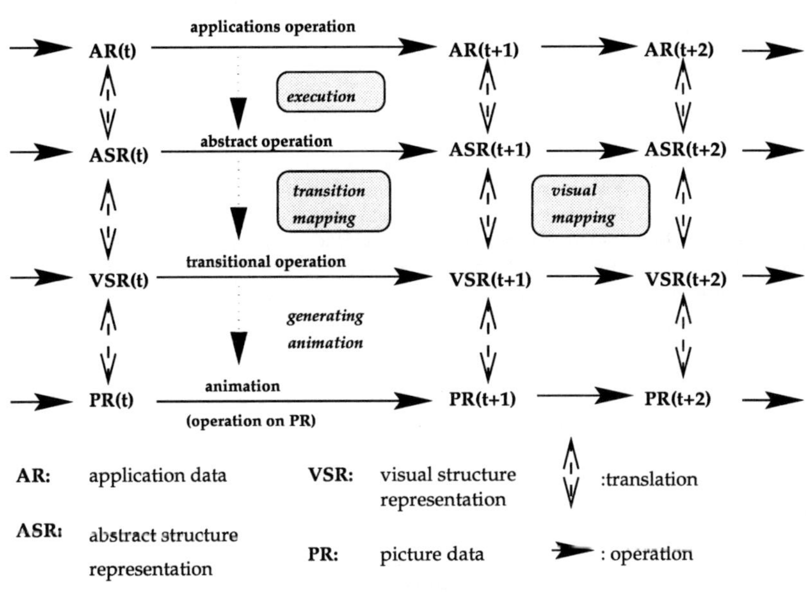

Abbildung 4.14: Erweiterung des TRIP-Modells um dynamische Aspekte

Ereignissen (z.B. Schwellwertüberschreitung, Auslösen eines Restarts einer Komponente). Wie wird nun eine Animation Schritt für Schritt definiert?

Die folgenden Elemente hat ein Programmierer zu entwerfen:

- **Visual Mapping Rules**
  Diese werden für die Übersetzung der ASR in die VSR verwendet. Sie spezifizieren, wie Anwendungsdaten zu visualisieren sind, wie das Layout der graphischen Objekte in der Zielanimation aussieht. Wurde bereits die Darstellung zu animierender Objekte spezifiziert, ist dieser Schritt bereits erledigt, d.h. diese Regeln existieren bereits.
- **Transition Mapping Rules**
  Diese Regeln werden für die Abbildung der abstrakten Operationen (vom Programmierer bereits festgelegt) wie auch der transitionalen Operationen benötigt. Zur Erinnerung: abstrakte Operationen beschreiben die Abbildung der ASR-Daten eines Zeitpunktes (t) in ASR-Daten des folgenden Zeitpunktes (t+1), transitionale Operationen beschreiben die Abbildung der VSR-Daten eines Zeitpunktes (t) in VSR-Daten des folgenden Zeitpunktes (t+1). Die Menge der abstrakten Operationen und die Menge der transitionalen Operationen wird als die Menge der Transition Mapping Rules (TMR) bezeichnet. Diese spezifizieren,

Trigger für die Animation weiter zu verwenden.

wie sich graphische Objekte in einer Animation zu verhalten haben.

- **Annotations**
  Annotations erzeugen abstrakte Operationen wenn die oben erwähnten relevanten Ereignisse in einer Ressource eintreffen. Sie können als eine Spezifikation der Übersetzung der Anwendungs-Operationen in abstrakte Operationen betrachtet werden.

Anmerkung: An dieser Stelle sei noch einmal auf die Komplexität dieses Problems hingewiesen. Selbst wenn die Visualisierung abstrakter Objekte mittels des Modells beschrieben wurde (AR→ASR→VSR→PR), so gibt es doch eine unbestimmte Anzahl von Möglichkeiten, sog. Zwischen- oder Interimsdarstellungen zwischen zwei Bildern (definiert durch die entsprechende AR- oder ASR-Definition zum Zeitpunkt t und t+1) zu erzeugen. Die Transition Mapping Rules liefern nun genau diese Vorschrift, um die Darstellungen zu erzeugen die nötig sind, um von einem Bild zum nächsten Bild überzugehen.

- **Keine explizite Spezifikation**
  Spezifiziert der Programmierer keine Transition Mapping Rules, werden transitionale Operationen für das graphische Objekt automatisch bestimmt. Wurde z.B. für die Bewegung eines Objektes keine Bewegung explizit angegeben, wird die transitionale Operation das Objekt gerade und gleichmäßig bewegen (Voreinstellung). Der Programmierer ist in der Lage, zuerst keine transitionalen Operationen angeben zu müssen, sondern dies als Verfeinerung als die in erster Instanz gewonne Bewegung zu tun.
- **Verwendung vordefinierter transitionaler Operationen**
  Die folgenden Operationen werden bereitgestellt:

  - *move*: Legt fest, wie ein graphische Objekt zu verschieben ist. Folgende Operationen sind möglich:

    - *straight*: Ein gerader Weg wird erzeugt. Ein graphisches Objekt mit dieser Operation wird auf geradem Weg von der Start- zur Zielposition verschoben. Diese Operation ist die Voreinstellung, wenn keine TMR angegeben wurde.
    - *clockwise, counterclockwise*: Ein Weg im Uhrzeigersinn/entgegen dem Uhrzeigersinn wird erzeugt.
    - *lazy, immediate*: Die lazy Operation verhindert eine Bewegung des Objektes, bis das Ende der Transition erreicht ist. Die immediate Operation bewegt das Objekt zum Beginn der Transition sofort zur Endposition und Größe.
    - *up, down, left, right*: Diese Operationen spezifizieren tangentiale Vektoren an Start und Ende einer Bewegung eines graphischen Objektes.
  - *rotate*: Legt die Art der Rotation eines Objektes während der Bewegung fest. Die Richtung und Anzahl der Rotationen kann geändert bzw. beeinflußt werden.
  - *scale*: Spezifiziert, wie ein Objekt skaliert werden soll. Andere Operationen wie immediate, lazy können miteinander kombiniert werden.
  - *color*: Legt die Farbänderung eines Objektes fest.
  - *blink*: Ein Objekt blinkt während der Bewegung, oder es blinkt vor und nach der Bewegung.

- *shake*: Das Objekt vibriert vor dem Start der Bewegung, so daß der Start der Bewegung selbst leichter verfolgt werden kann.
- *slow-in-and-slow-out*: Diese Operation verzögert die Bewegung beim Start und dem Ende der Bewegung.
- *squash-and-stretch*: Diese Operation komprimiert oder dehnt das Objekt während der Bewegung.

- *Definition transitionaler Operationen*
  Der Programmierer kann transitionale Operationen selbst definieren, indem er eigene Funktionen selbst entwickelt, die die Bewegung des graphischen Objektes festlegen.

Wesentlicher Inhalt der Aktionen sind folgende Aspekte:

- Funktionen: Funktionalität einer Anwendung (→ FUNCTION VIEWS)
- Informationen: Managementinformation aus der MIB einer Ressource (→ INFORMATION VIEWS)
- Objekt-Relationen: Kontext oder Umgebung in welcher die Information/Funktionalität dargestellt werden soll (z.B. topologischer View, geographischer View, physischer View). Hier werden die Beziehungen der Objekte untereinander und zu ihrer Umgebung für diese Aktion spezifiziert (→ OBJECT RELATION)
- Subsets an Information/Funktionalität, die je nach Resultat einer bereits ausgeführten Aktion aktiviert werden können (→ PACKAGES)
- Einschränkungen: Reduzierung der TARGET DOMAIN auf relevante Objekte (→ CONSTRAINTS)

Speziell im Fehlermanagement besteht die Anforderung, die Menge der visualisierten Objekte durch die Angabe von Bedingungen einzuschränken. Ein typisches Beispiel wäre z.B. die Anforderung, nur die Router des Backbones anzuzeigen, deren CPU-Last über 70 % liegt. Mit der Angabe einer SELECT-FROM-WHERE Klausel (erweitertes SQL) ist die dynamische Spezifikation der Einschränkung möglich (→ CONSTRAINTS).

Aktionen werden noch weiter verfeinert, um auch hier im Sinne der Wiederverwendbarkeit einen höheren Anteil an generischer Information und Funktionalität zu erhalten. Der Austausch von MIBs und Werkzeugen wird erleichtert, indem nur die referenzierten INFORMATION oder FUNCTION VIEWS modifiziert werden und nicht jeder ACTION VIEW, der diese benutzt.

Aufgrund der möglichen Beziehung zwischen Aktionsinhalten und Resultaten von Aktionen können in einer Aktion in Ergänzung zu einem generischen Anteil an Information und Funktionalität auch sogenannte *Conditional Packages* , d.h. spezifische Subsets an Information und Funktionalität bschrieben werden.

Formalisierung:

Zur Syntax der Anfragesprache zur Angabe von Einschränkungen siehe Seite 85.

Typisches Beispiel:

SELECT c1
FROMS Netz_DB

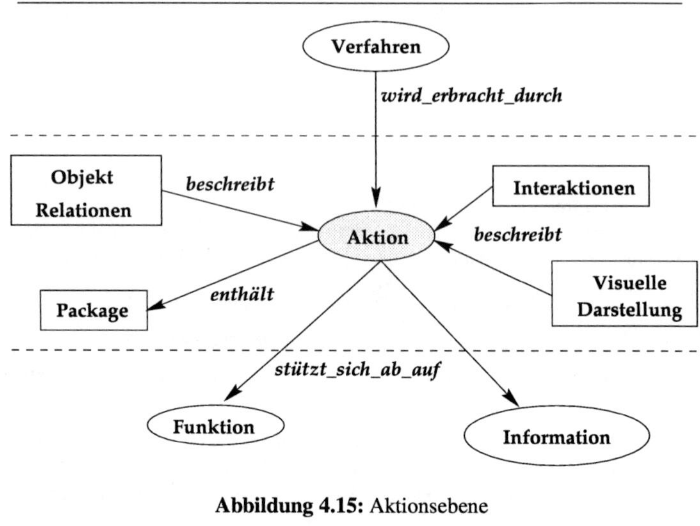

Abbildung 4.15: Aktionsebene

WHERE c1.typ = 'Router'
AND c1.cpu_load() > '70%'

Interpretation der SFW-Klausel: Gesucht sind alle Router, deren CPU-Last über 70% liegt.

Für eine ausführliche Betrachtung und Analyse von SQL sei auf [Heue 92] oder [TaKe 93] verwiesen.

Im folgenden wird das Objekt des ACTION VIEWs mit seinen Bestandteilen , wie in Abbildung 4.15 dargestellt, beschrieben.

ACTION VIEW **OBJECT-TYPE**

ID **ATTRIBUTE-TYPE**
Syntax VIEW-ID
Access read-only
Status mandatory
Description Identfier, eindeutige Kennzeichnung der Aktion

SHORT NAME **ATTRIBUTE-TYPE**
Syntax STRING[12]
Access read-write
Status mandatory
Description Kurzbezeichnung der Aktion

OWNER **ATTRIBUTE-TYPE**
Syntax STRING[12]
Access read-write
Status mandatory
Description Autor des Templates

LAST MODIFICATION **ATTRIBUTE-TYPE**
Syntax DATE
Access read-write
Status mandatory
Description Datum der letzten Änderung

DESCRIPTION **ATTRIBUTE-TYPE**
Syntax STRING[255]
Access read-write
Status mandatory
Description Beschreibung des Inhalts der Aktion

OBJECT RELATION **ATTRIBUTE-TYPE**
Syntax INTEGER {
Topologischer View (1)
Lokations View (2)
Organisatorischer View (3)
Geräte/System View (3)
}
Access read-write
Status mandatory
Description In welchem Kontext wird die Aktion dargestellt
(topologisch, geografisch, physisch)

INTERACTON VIEW **ATTRIBUTE-TYPE**
Syntax VIEW-ID
Access read-write
Status mandatory
Description ID eines Views, der die Interaktionen mit
dem User-Interface beschreibt; verweist
auf einen entsprechenden INTERACTION VIEW

VISUAL REPRESENTATION VIEW **ATTRIBUTE-TYPE**
Syntax VIEW-ID
Access read-write
Status mandatory
Description ID eines Views, der die Visualisierung von Information und
Funktionalität am User-Interface beschreibt; verweist

auf einen entsprechenden VISUAL REPRESENTATION VIEW

CONSTRAINTS **ATTRIBUTE-TYPE**
Syntax SFW-CLAUSE
Access read-write
Status optional
Description Einschränkung der TARGET DOMAIN (siehe TASK VIEW)

FUNCTION VIEWS **ATTRIBUTE-TYPE**
Syntax SEQUENCE OF VIEW-ID
Access read-write
Status mandatory
Description Kette von ID's, die die funktionalen Bestandteile der Aktion beschreiben; verweist auf entsprechende FUNCTION VIEWS

INFORMATION VIEWS **ATTRIBUTE-TYPE**
Syntax SEQUENCE OF VIEW-ID
Access read-write
Status mandatory
Description Kette von ID's, die die in der Aktion verwendete Managementinformation beschreibt, verweist auf entsprechende INFORMATION VIEWS

PACKAGE **OBJECT-TYPE**

FUNCTION VIEWS **ATTRIBUTE-TYPE**
Syntax SEQUENCE OF VIEW-ID
Access read-write
Status mandatory
Description Kette von ID's, die die funktionalen Bestandteile der Aktion innerhalb eines Packages beschreiben; verweist auf entsprechende FUNCTION VIEWS

INFORMATION VIEWS **ATTRIBUTE-TYPE**
Syntax SEQUENCE OF VIEW-ID
Access read-write
Status mandatory
Description Kette von ID's, die die in der Aktion innerhalb eines Packages verwendete Managementinformation beschreibt, verweist auf entsprechende INFORMATION VIEWS

4.3.4 Funktions- und Informationsebene

In dieser Ebene wird die konkrete Erbringung einer Funktion und die Gewinnung von Information festgelegt. Es ist möglich, daß zur Realisierung einer Aktion mehrere *FUNCTION VIEWs* oder *INFORMATION VIEWs* referenziert und damit beansprucht werden. Diese Ebene stellt die Schnittstelle zwischen der werkzeug- und herstellerunabhängigen Aktionsebene und den konkreten Ressourcen (für die Funkionen repräsentiert durch die Werkzeugebene) dar (siehe auch Abbildung 4.16). Demzufolge ist hier auch eine Parametrisierung der Anwendungen erforderlich, um die gewünschte Funktion erbracht zu bekommen. Eine Beschreibung des FUNCTION-VIEW Objektes findet sich auf Seite 101, eine Beschreibung des INFORMATION-VIEW-Objektes auf Seite 103.

Diese Form der Modellierung (Trennung von Funktion/Information und Quelle) erlaubt es, relativ leicht die Quellen dafür auszutauschen, ohne größere Eingriffe in die Views, die diese benutzen. Desweiteren läßt sich so auch schnell der von einem Werkzeug wirklich genutzte Funktionsumfang ermitteln, um entweder festzustellen ob das Werkzeug richtig genutzt wird, oder welche Funktionalität ein Nachfolger dieses Werkzeuges haben müßte.

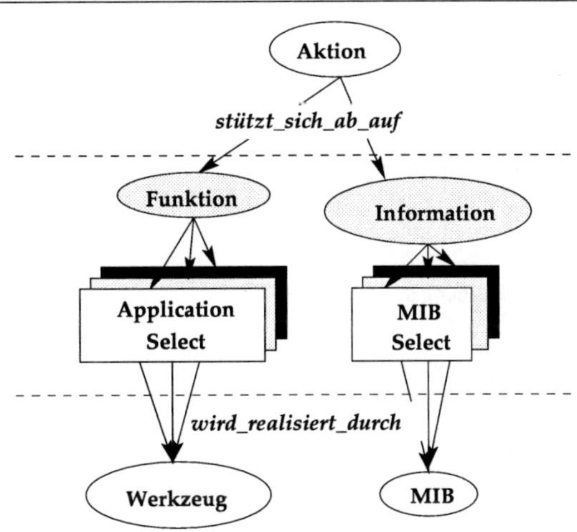

Abbildung 4.16: Funktions-/Informationsebene

Formalisierung:

FUNCTION VIEW **OBJECT-TYPE**

ID **ATTRIBUTE-TYPE**
Syntax VIEW-ID

Access read-only
Status mandatory
Description Identfier, eindeutige
Kennzeichnung der Function

SHORT NAME **ATTRIBUTE-TYPE**
Syntax STRING[12]
Access read-write
Status mandatory
Description Kurzname der Function

OWNER **ATTRIBUTE-TYPE**
Syntax STRING[12]
Access read-write
Status mandatory
Description Autor des Templates

LAST MODIFICATION **ATTRIBUTE-TYPE**
Syntax DATE
Access read-write
Status mandatory
Description Datum der letzten Änderung

DESCRIPTION **ATTRIBUTE-TYPE**
Syntax STRING[255]
Access read-write
Status mandatory
Description Beschreibung des Inhalts der Function

APPLICATION-SELECT **OBJECT-TYPE**

NAME **ATTRIBUTE-TYPE**
Syntax STRING[12]
Access read-write
Status mandatory
Description Name der Anwendung

ID **ATTRIBUTE-TYPE**
Syntax VIEW-ID
Access read-write
Status mandatory
Description Identfier, eindeutige Kennzeichnung
der Anwendung (TOOL VIEW ID)

```
TYPE ATTRIBUTE-TYPE
Syntax INTEGER {
      extern (1)
      intern (2)
      script (3)
  }
  Access read-write
  Status mandatory
  Description Typ der Anwendung

PARAMETER ATTRIBUTE-TYPE
  Syntax STRING[12]
  Access read-write
  Status mandatory
  Description Parameter zum Aufruf der Anwendung
```

```
INFORMATION VIEW OBJECT-TYPE

  ID ATTRIBUTE-TYPE
    Syntax VIEW-ID
    Access read-only
    Status mandatory
    Description Identfier, eindeutige
        Kennzeichnung der Information

  SHORT NAME ATTRIBUTE-TYPE
    Syntax STRING[12]
    Access read-write
    Status mandatory
    Description Kurzname der Information

  OWNER ATTRIBUTE-TYPE
    Syntax STRING[12]
    Access read-write
    Status mandatory
    Description Autor des Templates

  LAST MODIFICATION ATTRIBUTE-TYPE
    Syntax DATE
    Access read-write
    Status mandatory
```

Description Datum der letzten Änderung

DESCRIPTION **ATTRIBUTE-TYPE**
Syntax STRING[255]
Access read-write
Status mandatory
Description Beschreibung des Inhalts der Information

MIB-SELECT **OBJECT-TYPE**

NAME **ATTRIBUTE-TYPE**
Syntax STRING[12]
Access read-write
Status mandatory
Description Name der MIB

ID **ATTRIBUTE-TYPE**
Syntax VIEW-ID
Access read-write
Status mandatory
Description Identfier, eindeutige Kennzeichnung der MIB

ATTRIBUTE-ID **ATTRIBUTE-TYPE**
Syntax SEQUENCE OF ATTRIBUTE-ID
Access read-write
Status mandatory
Description Identfier, zur Auswahl der Attribute aus der MIB

TYPE **ATTRIBUTE-TYPE**
Syntax INTEGER {
OSI-MIB (1)
INTERNET-MIB (2)
}
Access read-write
Status mandatory
Description Typ der MIB

4.3.5 Werkzeugebene

Diese Ebene beschreibt die Werkzeuge und Anwendungen, die die Funktionalität für die darüberliegende Ebene bereitstellen. Hier werden auch Zuständigkeiten für die jeweilige Anwendung, Standort, evtl. Lizenzdaten und Hardware-Plattformen festgehalten. Um eine für das Modell sinnvolle Strukturierung der Funktionalität zu erreichen, wird hier auch die von einem Werkzeuge erbrachte Funktionalität angegeben. Eine Beschreibung des TOOL VIEW-Objektes folgt auf Seite 105.

Information, die oft in Manualen oder in anderen Dokumenten beschrieben wird, ist hier direkt beim Werkzeug beschrieben (Hersteller, Lizenz, ...). Dies hat den Vorteil, daß man die so verfügbare Information maschinell weiter verwenden kann. Denkbar ist z.B. ein Triggermechanismus, der das Ablaufen einer Lizenz überwacht und den entsprechenden Verantwortlichen in diesem Falle informiert.

An dieser Stelle sei bemerkt, daß die Dokumentation der Einzelfunktionalität auf der Funktionsebene erfolgen sollte, da in einem Verfahren Einzelfunktionalität verwendet wird und diese u.U. einer Erläuterung bedarf.

Der TOOL VIEW ist ein View, der zur Administration und Verwaltung der Werkzeuge eingesetzt wird. In diesem Sinne ist eine teilautomatisierte oder automatisierte Verarbeitung eher nicht sehr wahrscheinlich. Es ist daher möglich, den „standardisierten Anteil“ um werkzeugspezifische Elemente zu erweitern. Eine abschließende Beurteilung ist aber erst nach der Wahl einer Implementierungsumgebung möglich.

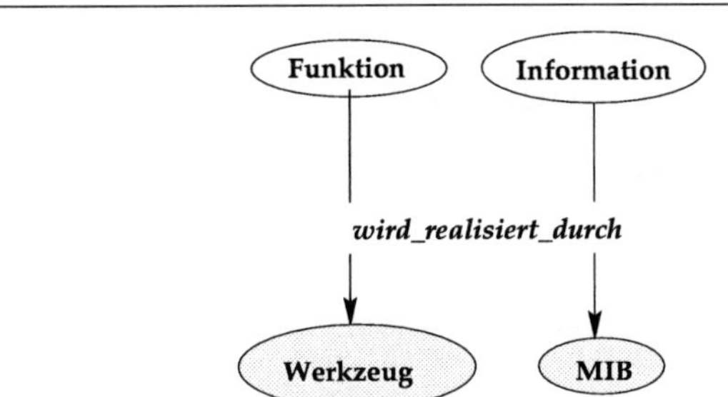

Abbildung 4.17: Werkzeugebene

Formalisierung:

TOOL VIEW **OBJECT-TYPE**

ID **ATTRIBUTE-TYPE**
Syntax VIEW-ID
Access read-only
Status mandatory

Description Identfier, eindeutige
Kennzeichnung des Tools

SHORT NAME **ATTRIBUTE-TYPE**
Syntax STRING[12]
Access read-write
Status mandatory
Description Kurzbezeichnung des Tools

OWNER **ATTRIBUTE-TYPE**
Syntax STRING[12]
Access read-write
Status mandatory
Description Autor des Templates

LAST MODIFICATION **ATTRIBUTE-TYPE**
Syntax DATE
Access read-write
Status mandatory
Description Datum der letzten Änderung

DESCRIPTION **ATTRIBUTE-TYPE**
Syntax STRING[255]
Access read-write
Status mandatory
Description Beschreibung des Inhalts des Tools

NAME **ATTRIBUTE-TYPE**
Syntax STRING[12]
Access read-write
Status mandatory
Description Name der Anwendung

VENDOR **ATTRIBUTE-TYPE**
Syntax STRING[12]
Access read-write
Status mandatory
Description Hersteller des Werkzeuges

LICENSE **ATTRIBUTE-TYPE**
Syntax STRING[12]
Access read-write
Status mandatory
Description Daten über die Lizenz

PLATFORM **ATTRIBUTE-TYPE**
Syntax STRING[25]
Access read-write
Status mandatory
Description Daten über die Hardware-Plattform

REQUIREMENTS **ATTRIBUTE-TYPE**
Syntax STRING[25]
Access read-write
Status mandatory
Description Anforderungen an die Hardware

RESPONSIBLE **ATTRIBUTE-TYPE**
Syntax STRING[12]
Access read-write
Status mandatory
Description Ansprechpartner für das Werkzeug

LOCATION **ATTRIBUTE-TYPE**
Syntax STRING[12]
Access read-write
Status mandatory
Description Standort des Werkzeugs

FUNCTION VIEWS **ATTRIBUTE-TYPE**
Syntax VIEW-ID
Access read-write
Status mandatory
Description unterstützte FUNCTION VIEWS

MIB VIEW **OBJECT-TYPE**

ID **ATTRIBUTE-TYPE**
Syntax VIEW-ID
Access read-only
Status mandatory
Description Identfier, eindeutige
Kennzeichnung der MIB

SHORT NAME **ATTRIBUTE-TYPE**
Syntax STRING[12]
Access read-write
Status mandatory
Description Kurzname der MIB

OWNER **ATTRIBUTE-TYPE**
Syntax STRING[12]
Access read-write
Status mandatory
Description Autor des Templates

LAST MODIFICATION **ATTRIBUTE-TYPE**
Syntax DATE
Access read-write
Status mandatory
Description Datum der letzten Änderung

DESCRIPTION **ATTRIBUTE-TYPE**
Syntax STRING[255]
Access read-write
Status mandatory
Description Beschreibung des Inhalts der MIB

VENDOR **ATTRIBUTE-TYPE**
Syntax STRING[12]
Access read-write
Status mandatory
Description Hersteller des Agenten (für die MIB)

INSTANCES **ATTRIBUTE-TYPE**
Syntax LIST OF IP-ADDRESS
Access read-write
Status mandatory
Description Instanzen der MIB, d.h. welche Agenten realisieren diese MIB

RESPONSIBLE **ATTRIBUTE-TYPE**
Syntax STRING[12]
Access read-write
Status mandatory
Description Ansprechpartner für den Agenten

LOCATION **ATTRIBUTE-TYPE**
Syntax STRING[12]
Access read-write
Status mandatory
Description Standort des Agenten

INFORMATION VIEWS **ATTRIBUTE-TYPE**

Syntax VIEW-ID
Access read-write
Status mandatory
Description unterstützte INFORMATION VIEWS

Folgende Abbildung zeigt die einzelnen Ebenen des Task-View-Modells noch einmal im Zusammenhang:

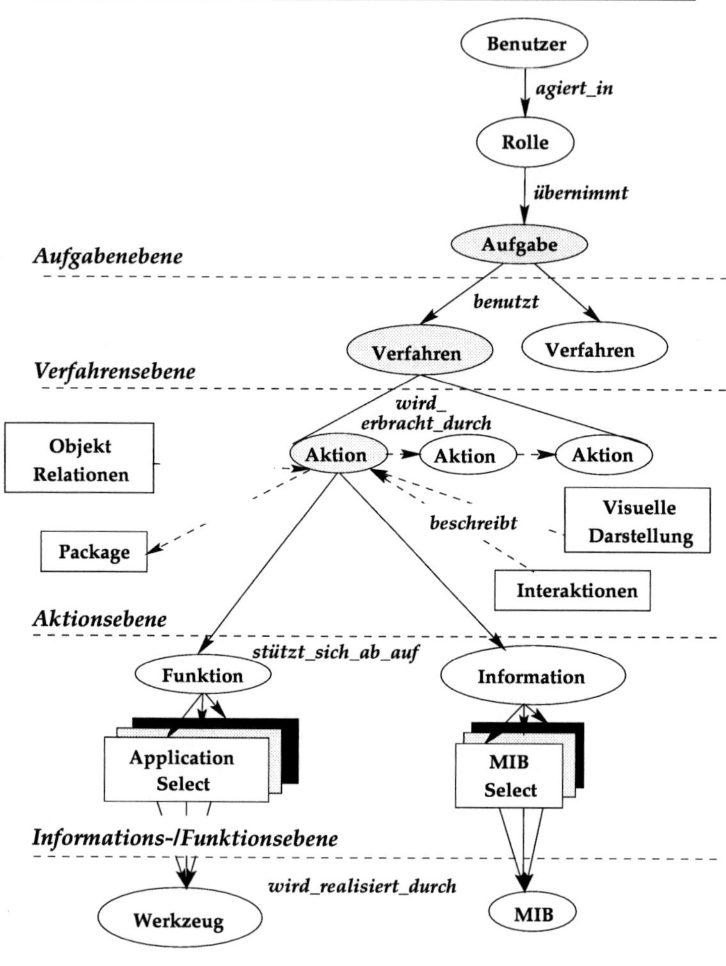

Abbildung 4.18: Überblick über die Ebenen des Modells

4.4 Anwendung der Task-Views in Managementplattformen

Der Task-View stellt bisher lediglich eine Spezifikation dar, die die Verknüpfung der Plattform-Module bzw. deren Inhalt in Abhängigkeit von den jeweiligen Benutzern beschreibt. Wie gelangt man nun von dieser Spezifikation zu einer konkreten Task-View-Ausprägung in der Plattform? In Abbildung 4.19 werden die einzelnen Schritte dieses Bearbeitungsprozesses der Task-Views beschrieben.

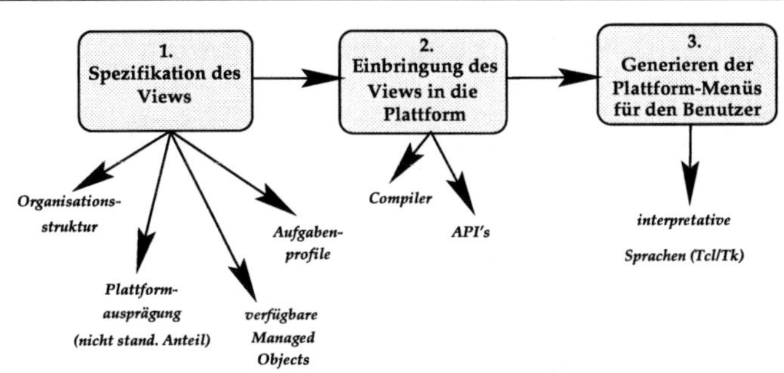

Abbildung 4.19: Prozeß der Bearbeitung von Task-Views

Ein wichtiger Punkt sei an dieser Stelle noch einmal erwähnt: Der Grad der Unterstützung bei der Einbettung der Task-Views in die Managementplattform durch ihre Architektur und die Leistungsfähigkeit ihrer Schnittstellen entscheidet zum einen über die Form der Integration (externe Anwendung, tiefe Integration in Plattform) und zum anderen über die Qualität, d.h. den Grad der Realisierung der Modelleigenschaften. Ist die Managementplattform zu restriktiv bei der Nutzung der Plattform-API, oder bietet sie keinen Zugriff auf die Plattform-Datenbank, ist eine sinnvolle Einbettung nicht realisierbar. Entspricht die gewählte Managementplattform den Anforderungen, ist die Integration der Task-Views mittels einer externen Anwendung über die Plattform-API (siehe TERRA-II) oder direkt in die Plattform möglich. Letztere Variante bedingt allerdings sicher die Mitarbeit des Herstellers.

Nachdem der Task-View spezifiziert wurde, muß dieser in die Plattform eingebracht werden. Ein entsprechender Compiler wandelt die Template-Beschreibung in ein plattforminterne Beschreibung um und überprüft dabei, ob der Template-Inhalt und die in der Benutzerverwaltung der Plattform eingetragene Information über den Benutzer konfliktfrei aufgelöst werden kann. Hier werden auch erste Konsistenzüberprüfungen vorgenommen, die auf den Zugriffsrechten des Benutzers basieren. Eine Vorbedingung für diesen Schritt ist auch die Festlegung, wer mit welchen Views zu arbeiten hat. In der Regel sind für einen Anwender der Managementplattform nur die Views ausgehend von den Task-Views einschließlich der ACTION VIEWS von Interesse, es sei denn, der Anwender ist z.B. für die Administration eines Werkzeuges verantwortlich, das in einem TOOL VIEW modelliert wurde. Ansonsten sind die unterhalb der Aktionseben liegenden Views nur für View-Entwickler von Bedeutung, wenn sie z.B. neue MIBs oder Werkzeuge in das Task-View-Modell einbringen.

Im nächsten Schritt werden die für den Task-View (die Task-Views) notwendigen Menüs und deren Inhalte generiert (d.h. auch der entsprechende Zugriff über den Kommunikationsbaustein), d.h. mit anderen Worten, die Menü- oder View-Hierarchie, die durch die Templates spezifiziert wurde, wird auf eine plattforminterne View-Hierarchie abgebildet. Inwieweit dies manuell oder automatisiert abläuft, hängt natürlich von der jeweiligen Plattform-Architektur und dem Unterstützungsgrad der Plattform-APIs ab.

4.5 Durch die Modellierung erzielter Gewinn

Durch die Anwendung des Task-View-Modells auf konkrete Umgebungen ergeben sich Vorteile, die technische wie auch organisatorische Aspekte beinhalten. Im folgenden werden nun diese Vorteile allgemein das Modell betreffend und speziell auf einzelne Ebenen bezogen angeführt. Die verwendete Notation ist wie folgt zu lesen: Ausdruck links des Pfeils: informelle Beschreibung des Nutzens/Vorteils, rechte Seite des Pfeils: welche Aspekte des Modells realisieren diesen Nutzen. Bei der Darstellung werden die einzelnen Phasen des Lebenszyklus nicht explizit unterschieden.

Nutzen allgemein:

- Unterstützung von Benutzern mit unterschiedlichen Qualifikationen und Fähigkeiten → Task-Views sind für die Benutzer in ihren verschiedenen Rollen benutzerspezifisch
- Klare Festlegungen für Ansprechpartner, Zuständigkeiten für Managementaufgaben → s.o.
- Bereitstellung einer „virtuellen", d.h. prinzipiell zwar allgemeinen, aber durch das Task-View-Modell für den Benutzer individuellen Sichtweise auf die Managementplattform → s.o.
- Weitergabe von „Expertenwissen" durch das instantiierte Modell → Vorgehensweisen der Experten werden in Verfahren festgehalten
- Dokumentation von Abläufen, die zur Erfüllung von Aufgaben notwendig sind → die Vorgehensweise zur Lösung eines Problems wird explizit beschrieben
- Gezielter Einsatz von Werkzeugen zur Unterstützung von Managementaufgaben → durch die Verbindung der Aufgaben mit den Funktionen der Werkzeuge gegeben
- Leichtere Migration von Ressourcen (Werkzeuge, Netzkomponenten, Endsysteme) → leichte Analyse des Funktionsumfanges eines Werkzeuges (z.B. für Werkzeug-Migration)
- Aufdecken von Defiziten bei der Unterstützung von konkreten Aufgaben durch Werkzeuge → mittels geeigneter Views ist die Menge der werkzeugunterstützten Aktionen einer Aufgabe jederzeit bestimmbar (und damit natürlich die Menge der nicht werkzeugunterstützten Aktionen)
- Hinweise für die Personalplanung, was den Einsatz des Personals und den gezielten Aufbau und die Pflege von Know-how angeht → zielgerichtete Analyse durch Views auf Rollen und Qualifikationen z.B. einer bestimmten Aufgabe möglich

Nutzen in der Aufgabenebene:

- Darstellung und effiziente Unterstützung des Informationsflusses → mittels Views, die die Übergänge von Organisationseinheiten bzw. Mitarbeitern innerhalb einer Aufgabe darstellen
- Strukturierung und Optimierung von Abläufen → aufgrund der im obigen Punkt gewonnenen Informationen
- Festlegen von Zuständigkeiten und Kompetenzen für Aufgaben → Aufgaben sind an Rollen geknüpft

Nutzen in der Verfahrensebene:

- Darstellung von Lösungsalternativen durch verschiedene Verfahren → mehrere Verfahren können eine Aufgabe realisieren
- Strukturierung von Abläufen → Verfeinerung in Aktionen innerhalb des Verfahrens
- Überwachung der Einhaltung der Aufgabenerfüllung durch Meßpunkte mit definierten Zuständen → Verfahren bzw. Aktionen sind durch definierte Anfangs- und Endzustände gekennzeichnet
- Ansatzpunkte zur Automatisierung von Abläufen durch gezielten Werkzeug-Einsatz → mittels der Information, welche Aktionen nur ungenügend unterstützt werden, sind Ansatzpunkte zur Automatisierung identifizierbar
- „Explizit machen" von Vorgehensweisen zur Weitergabe der Erfahrungen an neues Personal → werden durch Verfahren dokumentiert

Nutzen in der Aktionsebene:

- Bereitstellung und adäquate Darstellung der zur Lösung eines Aufgabenschrittes notwendigen Informationen → werden einzeln in den Aktionen referenziert
- Selektive Bereitstellung von Werkzeugfunktionalität im entsprechenden Kontext → Funktionalität wird in Abhängigkeit vom Verfahren, der jeweilig auszuführenden Aktion und dem Zustand, in dem sich das Verfahren befindet, angeboten
- Flexbilität in der Zuordnung von Funktionalität und Information → Aktionen bieten freie Selektion von Information/Funktionalität

Nutzen in der Funktions-/Informationsebene:

- Anbindung von Werkzeugfunktionalität in einer Form, die eine leichte Austauschbarkeit der Werkzeuge ermöglicht → in Aktionen werden nicht die Werkzeuge direkt, sondern die von ihnen erbrachte Funktionalität und Information referenziert
- Werkzeug- bzw. MIB-unabhängige Beschreibung der Funktionalität/Information → wird durch Views, die auf einer Ebene oberhalb der MIB bzw. des Werkzeuges/Anwendung liegen, erreicht
- Erreichen einer geeigneten Granularität bei Funktionalität und Information → Granularität wird durch Anforderungen des View-Modells definiert

Ziele in der Werkzeugebene:

- Hinweise auf Ablauf von Lizenzen, Ansprechpartner usw. in Verbindung mit Personen die das Werkzeuge nutzen → Werkzeuge werden durch ein eigenen View abgebildet

- Leichter Austausch von Werkzeugen ohne komplettes Redesign des Modells bzw. Umstrukturierung der Abteilung → wird durch Views möglich, die von den Werkzeugen abstrahieren
- Analysen auf dem Werkzeug-Bestand sind einfach möglich → Views enthalten alle Informationen für eine dynamische View-Bildung

4.6 Beispiel

Anhand einer für Netzbetreiber alltäglichen Aufgabe, der Installation und Anpassung einer Workstation, sollen der Entwurf und die Beschreibung eines Task-Views illustriert werden.

Um einen besseren Überblick über die Aufgaben zu bekommen, und um die zuständigen Bearbeiter besser zuordnen zu können, ist es zunächst notwendig, die Aufgaben zu zergliedern (siehe Abb. 4.20).

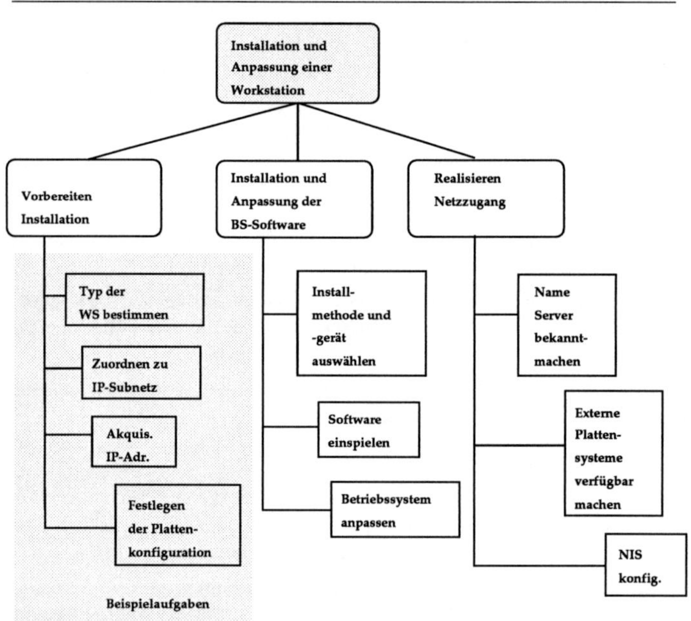

Abbildung 4.20: Aufgabenbaum für die Installation und Anpassung einer Workstation

Einen Teilschritt in dieser Aufgabenhierarchie, das Vorbereiten des Netzzugangs, wollen wir herauslösen und weiter betrachten. Ein Schwerpunkt dieser Teilaufgabe liegt in der Akquisition der nötigen Information zur Anpassung der Betriebssystem-Software. Da der Task-View in erster Linie unterstützende Funktionen zu erfüllen hat, sollen hier Hilfestellungen enthalten sein, z.B. welches Werkzeug die Information zur Verfügung stellt, wer die Workstation in den *Name Server* einträgt usw. Die Aufgabe „Vorbereiten der Installation“ besteht aus folgenden Teilaufgaben:

- **Typ der Workstation bestimmen**

  Je nach Einsatzbereich und Hard-/Softwareausstattung ergeben sich verschiedene Möglichkeiten (diskless client, standalone system, server, dataless client) die Workstation zu konfigurieren. Der Workstation-Typ hat Einfluß auf verschiedene weitere Arbeitsschritte wie z.B. das Konfigurieren des Plattensystems.

- **Zuordnen zu IP-Subnetz**

  Aufgrund des geographischen Standortes der Workstation und der physischen Zuordnung der Workstation zu einer Netzkomponente (Hub, Repeater, ...) läßt sich das IP-Subnetz, an welches die Workstation angeschlossen wird, bestimmen. Dies ist z.B. wichtig für die Konfiguration der Netzschnittstelle der Workstation (IP-Subnet Mask, Default Gateway).

- **Vergabe der IP-Adresse**

  Für den Betrieb der Workstation in einem IP-Netz ist das Festlegen einer IP-Adresse für diese Workstation Voraussetzung. Oft gibt es dafür eine für die Institution zuständige Vergabestelle. Notwendige Informationen für die Vergabe sind:

  - Ethernet-Adresse
  - IP-Subnetz
  - Typ der Workstation/Betriebssystem
  - Name (logische Bezeichnung für *Name Server*)

  Die konkrete Strategie für die Vergabe der IP-Adressen ist oft stark unternehmensabhängig.

- **Festlegen der Disk-Aufteilung der Workstation**

  Abhängig vom Typ der Workstation (s.o.) und der Plattenkapazität wird die Partitionstabelle eingerichtet. Bei einigen Systemen (verschiedene Workstation-Hersteller) gibt es Restriktionen in der Aufteilung der Plattensysteme, die hier berücksichtigt werden müssen.

Dieses Beispiel soll im weiteren zur Illustration der zur Beschreibung der Task-Views verwendeten Templates dienen.

Beispiel:
TASK VIEW

ID: `task_01`
SHORT NAME: `Prepare Installation`
OWNER: `Mr. Kaiser`
LAST MODIFICATION: `Thu, 1 Sep 1994`
DESCRIPTION: `To install the operating software and realize the network access it is necessary to get some information (e.g. IP-Adr., IP-Subnet) and define the usage of the workstation (configuration of the storage system and the workstation type)`
ROLE: `workstation administrator`
TARGET DOMAIN: `131.159.12. AND 131.159.15.`
PROCEDURE VIEW: `proc_01`

Beispiel:
PROCEDURE VIEW

ID: `proc_01`
SHORT NAME: `Prepare Workstation Installation`
OWNER: `Mr. Kaiser`
LAST MODIFICATION: `Thu, 1 Sep 1994`
DESCRIPTION: `The procedure supports the acquisition of necessary information to setup a workstation. Furthermore it supports the configuration of the storage system and helps to define the workstation type`
SUPPORTED TASK VIEWS: `task_01`
ACTION VIEWS: `act_7`, `act_33`, `act_2`
PROCEDURE CONTROL: `Description of the procedure control`
COMMENT: `nothing`

Beispiel:
ACTION VIEW

ID: act_7
SHORT NAME: Determine workstation type
OWNER: Mr. Kaiser
LAST MODIFICATION: Thu, 1 Sep 1994
DESCRIPTION: First of all it is necessary to determine the type of the workstation. There are some predefined types: diskless client, standalone system and server. The choice of the workstation type influences the following steps
OBJECT RELATION: Device Level
INTERACTON VIEW: io_335
VISUAL REPRESENTATION VIEW: vis_rep_247
FUNCTION VIEWS: func_237
INFORMATION VIEWS: info_42, info_13

Beispiel:
FUNCTION VIEW

ID: func_237
SHORT NAME: Get equipment information
OWNER: Mr. Kaiser
LAST MODIFICATION: Thu, 1 Sep 1994
DESCRIPTION: The function returns information about accessible equipment of the workstation which should be installed (inventory database)
APPLICATION:
- **NAME:** get_info
- **ID:** tool_37
- **TYPE:** script

Beispiel:
INFORMATION VIEW

ID: info_42
SHORT NAME: Identify workstation type
OWNER: Mr. Kaiser
LAST MODIFICATION: Thu, 1 Sep 1994
DESCRIPTION: This view represents a help to make the decision easier for the user. It explains the relevant consequences for each workstation type
APPLICATION:
NAME: get_help
ID: no MIB used
ATTRIBUTE-ID: no attributes used
TYPE: no MIB used
PARAMETER ,, -infofile /system/helpsystem/Workstation_type.hlp''

Beispiel:
TOOL VIEW

ID: tool_37
SHORT NAME: database CINEMA
OWNER: Mr. Kaiser
LAST MODIFICATION: Thu, 1 Sep 1994
DESCRIPTION: The tool supports access to the equipment database CINMEA
NAME: cinema
VENDOR: self developed
LICENSE: no
PLATFORM: Unix, VMS
REQUIREMENTS: nothing
RESPONSIBLE: Mr. Maier, Tel. 2366-557
LOCATION: company wide accessible
FUNCTION VIEWS: func_237, func_231, func_715

Kapitel 5

Eine Methodik zum Einbringen der Task-Views in Unternehmensumgebungen

Basis für eine Integration der Task-Views in eine Managementplattform und damit auch für die Anwendung des Modells ist eine „Instantiierung", d.h. Füllung des Modells mit konkreter Information aus der Umgebung. Aus diesem Grund liegt ein Schwerpunkt dieser Arbeit auch auf der Füllung des Modells. Da, wie auch aus dem Bereich der KI bekannt, das Erfassen und Beschreiben von Expertenwissen keine triviale Aufgabe ist und daher i.d.R. von speziellen *Knowledge Engineers* übernommen wird, wurde im Rahmen dieser Arbeit eine Unterstützungsmethodik entwickelt, die diesen Prozeß vereinfacht.

In einem ersten Abschnitt erfolgt eine Einordnung dieser Phase in den Lebenszyklus des Task-View-Modells. Im folgenden wird auf die allgemeine Problematik bei einer Unterstützung dieser Phase eingegangen sowie die Methodik schrittweise entwickelt. In einem weiteren Abschnitt werden die Anforderungen die aus dem Task-View-Modell sowie aus der Methodik abgeleitet werden können betrachtet, um eine optimale Werkzeugunterstützung zu erreichen. Den Abschluß bildet die Vorstellung eines Werkzeuges zur Unterstützung der Methodik.

5.1 Lebenszyklus eines Task-Views

Während seiner Entwicklung von der Spezifikation des Modells bis zur Anwendung in einem Unternehmen durchläuft das Task-View-Modell mehrere Phasen. Die erste Phase hat den theoretischeren Teil der Modellspezifikation zum Inhalt. In der zweiten Phase wird das Modell, das bis zu diesem Zeitpunkt nur ein Rahmenwerk darstellt, an eine konkrete Unternehmens- oder Einsatzumgebung angepaßt, d.h. das Modell wird mit Semantik gefüllt (oder instantiiert). Im Anschluß daran kann man das Modell nun zu Analysen heranziehen, die als Folge Aktionen in der Realität (Werkzeugbeschaffungen, Personalverteilungen, ...) hervorrufen. Ein Überblick über den Lebenszyklus gibt Abbildung 5.1.

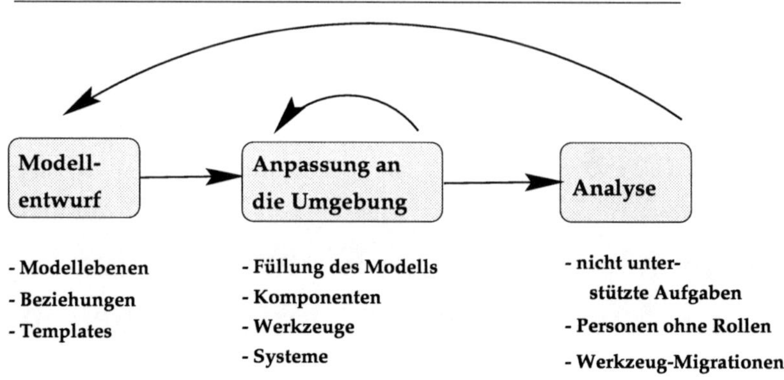

Abbildung 5.1: Lebenszyklus eines Task-View-Modells

5.1.1 Modellentwurf

Diese erste Phase macht den Hauptteil der vorliegenden Arbeit aus. Hier wird unter Analyse der gegebenen Einsatzumgebung einer Managementplattform (Abläufe in Unternehmen, Technische Basis) und der Zielvorgabe, betreibergerechte Sichtweisen zu entwickeln, eine Modellspezifikation erstellt, die ausgehend von den Benutzeraufgaben und der technischen Basis die schrittweise Annäherung der beiden Ausgangsebenen an die Task-Views ermöglicht. Resultat dieser Phase ist das Task-View-Modell, welches in der zweiten Phase mit Informationen aus der Einsatzumgebung gefüllt wird. Es ist anzunehmen, daß das Modell nur im Einzelfall einer Veränderung bedarf, d.h. in der Regel mit dem einmal entwickelten Modell weiter gearbeitet werden kann.

5.1.2 Anpassung des Modells an die konkrete Umgebung

Die zweite Phase des Modellzyklus ist sehr stark von konkreten technischen und organisatorischen Gegebenheiten geprägt. Da diese Phase für jede Umgebung einzeln immer wieder durchlaufen werden muß, ist es notwendig, für diesen Prozeß allgemeine Regeln oder Vorgaben anzugeben, die diesen Prozeß unterstützen. Hier wird unter Zuhilfenahme des im ersten Schritt entwickelten Modells schrittweise der Ist-Zustand erfaßt, sprich die Modellebenen mit konkreter Semantik gefüllt. Das Erfassen des Ist-Zustandes ist wiederum Basis für weitere Schrite, wie z.B. die Analyse der Ist-Situation auf mangelnde Werkzeug-Unterstützung oder Personaldefizite.

Nachdem in Kapitel 4.3 das Task-View-Modell bereits entwickelt, d.h. die 1. Phase bereits abgeschlossen wurde, liegt der Schwerpunkt nun auf der Anpassung des Modells an die Einsatzumgebung.

5.1.3 Analyse der Situation

Dies ist eine Phase, in welcher der Betreiber konkret Nutzen aus der Modellanwendung ziehen kann. In dieser Phase werden Aspekte wie z.B.:

- ungenügend unterstützte Aufgaben
- Personen ohne zugewiesene Rollen (und damit Aufgaben)
- nicht ausgelastete Werkzeuge
- Werkzeug-Engpässe

erkannt und können daraufhin behoben werden. Ein weiterer sehr wichtiger Punkt ist die Verwendung des Modells zu Führungszwecken bei der Übernahme komplexer Aufgaben durch weniger qualifiziertes Personal (*Intelligent Assistant*).

Wie schon in Abschnitt 5.1 zum Lebenszyklus des Task-View-Modells ausgeführt, ist die 2. Phase, die Phase der Anpassung des Modells an die Einsatzumgebung, die wohl komplexeste und wichtigste Phase überhaupt. Aufgrund des fundamentalen Charakters für weitere Schritte, soll die Unterstützung dieser Phase Gegenstand dieses Abschnittes sein. Im folgenden wird versucht, den Prozeß der Abbildung der Realität auf das Modell durch Regeln oder Vorgehensweisen für einzelne Modellteile zu unterstützen. Es wird dabei längs der Modellstruktur vorgegangen.

5.2 Vorgehensweise zur Anpassung der Task-Views an die konkrete Umgebung

Der Plattform-Benutzer hat innerhalb eines Unternehmens in seiner Funktion als Administrator oder Operateur wohldefinierte Aufgaben zu erfüllen. Man kann sagen:„Er agiert in einer bestimmten **Rolle**“, d.h. z.B. in der Rolle des Verantwortlichen für das Cisco-Router-Backbone oder als Verantwortlicher für alle WAN-Multiplexer. Um die ihm gestellten Aufgaben zu erfüllen, bedient er sich der **Werkzeuge**. Dies können z.B. Element-Management-Systeme, allgemeine Management-Werkzeuge wie z.B. das Unix-Kommando „ping“ oder individuelle Shell-Scripten sein und anderes mehr. Fast immer benutzt er nicht die gesamte Funktionalität eines Werkzeuges, sondern nur einzelne Funktionen des Werkzeuges, er löst eine **Aktion** im Werkzeug aus. Die konkrete Reihenfolge der ausgelösten Aktionen zur Erbringung einer Aufgabe ist dabei von technischen sowie organisatorischen Aspekten geprägt. Bedingt durch den hohen Überdeckungsgrad bei der Werkzeugfunktionalität und der Vielfalt der Werkzeuge, ist der effiziente Einsatz der Werkzeuge auch ein komplexeres Problem. Betrachtet man das Task-View-Modell, ist einzig der Ausgangspunkt der Bottom-Up-Sicht klar und bestimmt: die technische Basis. Für die „Gegeben“-Seite, d.h. die Ebene der Managementaufgaben, gibt es oft in den Unternehmen keine klaren, expliziten Festlegungen. Diese sind aber Bedingung für das Erfassen des Ist-Zustandes sowie für weitere Entwicklungen in der Aufgabenverteilung des Personals. Bezeichnend für den Ist-Zustand ist auch die Tatsache, daß Mitarbeiter in DV-Abteilungen oft werkzeugspezifisch eingesetzt werden, d.h. meist für alle Funktionsbereiche eines Komponententyps (meist auch eines Herstellers) verantwortlich sind. Ein weiterer problematischer Aspekt ist bei der Problemlösung die Möglichkeit, auf verschiedenen Wegen, sprich mittels verschiedener Vorgehensweisen, das Ziel zu erreichen. Ein erfahrener Administrator wird in der Regel sicher die schnellere, kryptischer anmutende Konsol-Schnittstelle einer Komponente benutzen, um z.B. deren Funktionsfähigkeit zu testen, während ein noch unerfahrener Kollege die graphische Schnittstelle des Element-Management-Werkzeuges vorzieht.

Die im Task-View-Modell spezifizierten Templates mit ihren Beziehungen untereinander sind bis zu diesem Punkt nur ein ungefülltes Rahmenwerk. Das Ziel der Anpassung an die Einsatzumgebung ist das Füllen der Templates mit Umgebungsinformation wie im jeweiligen Template festgelegt.

Abbildung 5.2 zeigt den allgemeinen Zusammenhang zwischen den einzelnen Schritten der Abbildungs-Methodik und existierende Querbeziehungen. Die Methodik beschreibt bei gegebenem Task-View-Modell die systematische Füllung des Modells, was nichts anderes bedeutet, als daß in der vorgegebenen Umgebung der Einsatz von Managementwerkzeugen (über eine Managementplattform) dokumentiert wird.

Im folgenden wird jeder einzelne Schritt erläutert und anhand der Aspekte:

- Inhalt des Schrittes
- Welche Informationen der Umgebung fließen ein ?
- Wie sehen allgemeine Regeln, Richtlinien aus ?
- Welche Beziehungen oder Abhängigkeiten bestehen zu anderen Schritten ?
- Ergebnis

beschrieben.

Um die Anwendung der Methodik anschaulicher zu gestalten, wurde am Beispiel des LAN-Managements mit dem Schwerpunkt Sternkoppler-Management jeder Schritt erläutert.

1. Schritt: Analysieren der technischen Basis

Inhalt:

In diesem Schritt wird die sogenannte technische Basis der Einsatzumgebung analysiert. Dies betrifft Ressourcen, die Gegenstand des Managements selbst sind, wie auch Ressourcen, die das Management unterstützen. Dies ist der erste Schritt der Methodik, da die technische Basis einen recht genau analysier- und bewertbaren Ausgangspunkt darstellt. Die Analyse der technischen Basis ist für die gesamte Einsatzumgebung einmal zu realisieren (Ausnahme sind Änderungen an der Basis) und nicht nur für einen bestimmten Teil.

Informationen aus der Umgebung:

- alle zu betreibenden Netzkomponenten, Endsysteme und Anwendungen (und damit auch die MIBs)
- bisher verwendete Managementanwendungen
- die anzupassende Managementplattform

Allgemeine Richtlinien: keine

Beziehungen zu anderen Schritten: Die technische Basis ist für alle anderen Schritte von Bedeutung:

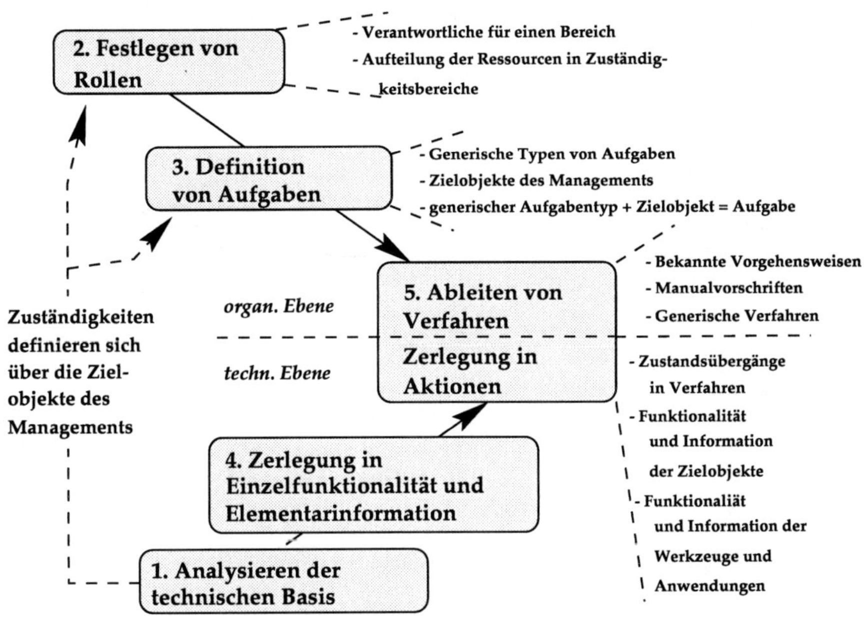

Abbildung 5.2: Vorgehensweise zur Anpassung der Task-Views an die konkrete Umgebung

- Festlegen von Rollen: nur existierende Ressourcen, die auch Gegenstand des Managements sind (oder sein sollen), können Inhalt einer Rolle sein.
- Definition von Aufgaben: Aufgaben können nur anhand von existierenden und zu betreibenden Ressourcen gestellt werden.
- Ableiten von Verfahren: Verfahren können sich nur auf existierende Ressourcen beziehen.
- Zerlegen in Aktionen: siehe Aufgaben; trotzdem können auch Aktionen entstehen, die bisher nicht durch Werkzeuge oder Anwendungen unterstützt werden.
- Zerlegen in Einzelaktionen: siehe Aufgaben; nur existierende Anwendungen und Werkzeuge können in elementare Funktionen zerlegt werden.

Ergebnis:

Eine vollständige Modellierung der verfügbaren Anwendungen, Werkzeuge, MIBs und Elementarfunktionen in einer Managementplattform. Dabei wird zwischen den Zielobjekten des Managements sowie den Werkzeugen und Hilfsmitteln zur Unterstützung des Managements unterschieden.

Beispiel:

Zielobjekte des Managements:

TASK VIEW

.
.

ID: `task_01`
DESCRIPTION: `TARGET DOMAIN enthält die Zielobjekte des Managements`
TARGET DOMAIN: `[131.159.12.14 - 131.159.12.34]`

.
.

Werkzeuge und Hilfsmittel[1]:

TOOL VIEW

ID: `tool_37`
SHORT NAME: `Managementplattform HP Open View`

.
.

TOOL VIEW

ID: `tool_38`
SHORT NAME: `Optivity von SynOptics zum Management der Sternkoppler (Element Management System)`

.
.

TOOL VIEW

ID: `tool_39`
SHORT NAME: `INGRES Datenbank`

.
.

TOOL VIEW

ID: `tool_40`
SHORT NAME: `HP Open View SNMP Entwicklungstoolkit`

.
.

TOOL VIEW

[1] Die folgende Liste ist eine Aufzählung der im Umfeld der Managementplattform eingesetzten Werkzeuge und Hilfsmittel.

ID: tool_41
SHORT NAME: HP Open View Distributed Management Developer Kit

.
.

TOOL VIEW

ID: tool_42
SHORT NAME: Action Request System (ARS) von Remedy

.
.

TOOL VIEW

ID: tool_43
SHORT NAME: HP Open View Operations Center (Systemmanagement der Unix Rechner)

.
.

TOOL VIEW

ID: tool_44
SHORT NAME: Integra SME von der CSD GmbH für Management der DOS-Rechner

.
.

TOOL VIEW

ID: tool_45
SHORT NAME: HP OPen View Software Distributor

.
.

TOOL VIEW

ID: tool_46
SHORT NAME: HP Network Lincense System

.
.

TOOL VIEW

ID: tool_47
SHORT NAME: Open SNA von Peregrine zur Anbindung der Managementplattform an IBM-Rechenzentren

-
-

TOOL VIEW

ID: `tool_48`
SHORT NAME: `Probe Manager zum Management der LAN-Probes`

-
-

2. Schritt: Festlegen von Rollen

Inhalt:

Nachdem die technische Basis analysiert wurde, liegen nun die eigentlichen Zielobjekte des Managements sowie die Werkzeuge und Hilfsmittel zur Unterstützung des Managements vor. Dieser Schritt war Vorbedingung, um überhaupt erst Rollen festlegen zu können. Bei der Anwendung des Task-View-Modells ist es wichtig zu unterscheiden, ob man zuerst nach klassischem Muster[2] die Rollenverteilung vornimmt, oder ob man sich z.B. mehr an den Funktionsbereichen oder an den Szenarien (siehe Abbildung 2.2 auf Seite 14) orientiert. Wichtig ist dabei, daß man zuerst die Rollen über den im 1. Schritt gewonnen Zielobjekten des Management festlegt. Diese können in weiteren Verfeinerungen um andere Objekte (soweit notwendig) ergänzt werden.

Information aus der Umgebung

- alle Mitarbeiter der zu modellierenden Organisationseinheit
- alle zu betreibenden Ressourcen (Zielobjekte)
- die Qualifikation bzw. Erfahrung jeden Mitarbeiters
- evtl. Prioritäten der zu betreibenden Ressourcen

Allgemeine Richtlinien

- Bisherige Verantwortungsbereiche der Mitarbeiter sollen berücksichtigt werden , es sei denn, man nutzt die Modellierung zur Umstrukturierung bzw. Aufgabenneuverteilung.
- Ressourcen mit hoher Priorität durch erfahrene Mitarbeiter verwalten lassen.
- Eventuell die Weitergabe von Expertenwissen an neue Mitarbeiter mit einplanen.

Ergebnis

Eine der Qualifikation der Mitarbeiter und den Anforderungen des Unternehmens an die Zuverlässigkeit und Qualität der Dienstleistungen gerecht werdende Zuordnung von Mitarbeitern zu Rollen.

Beispiel:

Wie bereits bei der Beschreibung des Schrittes 2 (Festlegen von Rollen) erwähnt, steht man bei diesem Schritt vor der Entscheidung, ob man sich am Status Quo, d.h. an der klassischen

[2] Die Verteilung der Zuständigkeiten orientierte sich in der Vergangenheit fast ausschließlich an den Werkzeugen, d.h. es gab meistens einen Verantwortlichen für einen bestimmten Komponententyp eines Herstellers.

Aufgabenverteilung in DV-Abteilungen oder mehr an neueren Entwicklungen orientiert[3]. Für dieses Beispiel haben wir den klassischen Fall, d.h. einen Experten für einen Komponententyp angenommen.

Rolle: Management der (SynOptics-) Sternkoppler

TASK VIEW

.
.
ROLE: `Management der SynOptics Sternkoppler`
.
.

3. Schritt: Definition von Aufgaben

Inhalt:

In einer weiteren Verfeinerung sollte es möglich sein, den bereits definierten Rollen die entsprechenden Aufgaben zuzuweisen. Da in den Rollen (siehe 2. Schritt) bereits die allgemeine Zuständigkeit für die zu betreibenden Ressourcen festgelegt wurde, ist die Konkretisierung der für einen in einer Rolle agierenden Mitarbeiter notwendig. Je nach den für eine Organisationseinheit spezifizierten allgemeinen Aufgaben ist aus den allgemeinen Typen (siehe unten) eine Anzahl für die Rolle auszuwählen. So konkretisiert sich z.B. der Verantwortliche für Workstations zu einem der die Aufgabe „Installation und Anpassung“ und „Administration“ zu erfüllen hat. Die vordefinierten Typen von Aufgaben dienen der Erhöhung der Wiederverwendbarkeit der Aufgaben.

Information aus der Umgebung

- Typen von Aufgaben:
  - Installation
  - Betrieb/Administration
  - Wartung/Reparatur
  - Bereitstellung
  - Außerbetriebnahme
- Rollen aus Schritt 2 inklusive zu betreibender Ressourcen

Allgemeine Richtlinien

Zwecks der besseren Wiederverwendbarkeit sollte man sich an die oben genannten Typen von Aufgaben halten bzw. falls notwendig neue Typen in diese Liste aufnehmen.

Generischer Aufgabentyp + Zielobjekt = Aufgabe

Ergebnis

[3]Dies würde bedeuten, weniger Spezialisten für einzelne Komponenten, sondern vielmehr Experten z.B. für das Leistungs- oder Fehlermanagement einzusetzen und auszubilden

Resultat sollte eine aus den globalen Zielen der Organisationseinheit abgeleitete Aufteilung der Aufgaben auf einzelne Mitarbeiter sein.

Beispiel:

Gemäß der für die Aufgabenebene zulässigen Aufgabentypen werden für die in Schritt 2 festgelegte Rolle folgende Aufgaben definiert:

TASK VIEW
  ID: `task_03`
  SHORT NAME: `Installation Sternkoppler`
  .
  .

TASK VIEW
  ID: `task_04`
  SHORT NAME: `Betrieb Sternkoppler`
  .
  .

Die weiteren möglichen Aufgabentypen wie z.B. Reparatur oder Außerbetriebnahme werden nicht weiter betrachtet.

4. Schritt: Zerlegung in Einzelfunktionalität und Elementarinformation

Inhalt:

In diesem Schritt wird die von den Werkzeugen, Anwendungen und Plattformbibliotheken bereitgestellte Funktionalität sowie die Managementinformation der MIBs analysiert und für die Aktionen zur Verfügung gestellt.

Information aus der Umgebung

- Zielobjekte des Managements mit Managementagenten (liefern die MIBs)
- alle in die Plattform integrierten Anwendungen inkl. deren Schnittstellen zur Nutzung der Anwendungsfunktionalität
- generische Plattform-Funktionen
- Darstellungsmöglichkeiten der Plattform (inkl. technischer Views)

Allgemeine Richtlinien

An dieser Stelle gibt es bereits Bezüge zur Verfahrensgewinnung und den dort gewonnenen Aktionen. Natürlich müssen die funktionalen Anforderungen der Verfahrensebene bei der Zerlegung der Werkzeuge und MIB's Einfluß nehmen.

Ergebnis

Eine in elementare, d.h. auf Aktionen abbildbare Funktionen und Attributgruppierungen (der MIBs) aufgesplittete technische Basis.

Beispiel:

Funktionalität und Information des Element-Management Werkzeuges sowie vorhandener allg. verügbarer Werkzeuge (z.B. Unix-Kommandos).

5. Schritt:Ableiten von Verfahren/Zerlegen in Aktionen

Inhalt:

In diesem Schritt werden die zur Erfüllung einer Aufgabe nötigen Verfahren festgelegt. Häufig existieren mehrere, eventuell verschiedene Vorgehensweisen zur Lösung eines Problems, was mit der Möglichkeit, mehrere Verfahren zur Lösung einer Aufgabe zu beschreiben, abgedeckt wird. Bevor ein Verfahren in Aktionen zerlegt werden kann, müssen folgende Fragen geklärt sein:

- Zustand vor und nach der Durchführung des Verfahrens
- Von der Organisationseinheit vorgegebene Aktionen innerhalb eines Verfahrens (z.B. werden beim Fehlerbehebungsverfahren defekte Geräte ausgetauscht, muß immer die Abteilung für die Inventarisierung von Geräten benachrichtigt werden.)
- Welche bereits verwendeten Verfahren gibt es und auf welchen Werkzeugen basieren diese?

Nachdem diese Punkte geklärt sind, können die Bausteine des Verfahrens, die Aktionen spezifiziert werden. Zum Schluß wird der Ablauf des Verfahrens festgelegt. Der 5. Schritt „Ableiten von Verfahren" gliedert sich in folgende Teilschritte:

- 1. Teilschritt: Festlegen von Anfangs- und Endzustand eines Verfahrens
- 2. Teilschritt: Randbedingungen des Verfahrens
  (welche Bedingungen müssen zur Durchführung des Verfahrens erfüllt sein?)
- 3. Teilschritt: Zerlegen der Verfahren in Aktionen
- 4. Teilschritt: Randbedingungen der Aktionen (siehe Verfahren 2. Teilschritt)
- 5. Teilschritt: Spezifikation der zur Ausführung einer Aktion notwendigen Information/Funktionalität
- 6. Teilschritt: Spezifikation des Ablaufs (Beziehungen zwischen Aktionen)
  - Beschreiben des Anfangs- und Endzustandes jeder einzelnen Aktion
  - Feststellen von kausalen Abhängigkeiten, d.h. die Ausführung einer bedingt die vorherige Ausführung einer anderen Aktion
  - Beschreiben von ablaufbeeinflußenden Aktionen, d.h. Aktionen, deren Ergebnis den Ablauf eines Verfahrens verändert

Information aus der Umgebung

- Bekannte, bisher angewendete Verfahren
- Manualvorschriften
- Generische Verfahren
- von der Organisationseinheit vorgegebene Abläufe
- bereits bestehende Aktionen („Aktionsbibliothek")

- verfügbare Information und Funktionalität aus Schritt 4
- angestrebtes Resultat des Verfahrens (Endzustand)

Allgemeine Richtlinien

Bisher gefundene Vorgaben, Restriktionen:

- von der Organisationseinheit festgelegte Aktionen
- eingesetzte Werkzeuge
- Verfahren mit unterschiedlichen Schwierigkeitsgraden

Die Granularität der Aktionen sollte auf die Granularität der in Schritt 4 gewonnenen elementaren Funktionalität abgestimmt sein.

Ergebnis

Ein Top-down abgeleitetes Vorgehen zur Lösung von Managementaufgaben.

Beispiel:

Gegenstand der weiteren Schritte soll die Aufgabe „Installation eines Sternkopplers“ sein. Dazu wird ein gleichnamiges Verfahren definiert, das aus folgenden Teilverfahren besteht:

- Sternkoppler prüfen
- Sternkoppler anschließen
- Start-Up-Konfiguration des Sternkopplers festlegen
- Sternkoppler in Managementsystem aufnehmen
- Spezielle Sternkoppler-Eigenschaften über Managementsystem konfigurieren/aktivieren

Teilschritt 1 und 2

Zustandsdefinition des Teilverfahrens und Randbedingungen

<u>1. Teilverfahren</u>

Sternkoppler prüfen

Ausganszustand: ungeprüfter Sternkoppler

Endzustand: geprüfter Sternkoppler → Funktionsfähigkeit festgestellt

Randbedingungen:

- physisches Vorhandensein des Sternkopplers
- Testmittel/-methoden

<u>2. Teilverfahren</u>

Sternkoppler anschließen

Ausganszustand: geprüfter Sternkoppler

Endzustand: in ein Netz integrierter, funktionsfähiger Sternkoppler

Randbedingungen:

- Vorhandensein der entsprechenden Verbindungskabel
- Standort/Position des Sternkopplers festgelegt

- gesicherte Versorgung (z.B. Stromversorgung)

3. Teilverfahren

Startup-Konfiguration des Sternkopplers erstellen

Ausganszustand: funktionsfähiger Sternkoppler ins Netz integriert

Endzustand: betriebsbereiter Sternkoppler

Randbedingungen:

- Hilfsmittel zur Schaffung eines Zugangs zum Sternkoppler (Terminal, DOS-PC)
- entsprechendes Kabel zur Verbindung Terminal → Sternkoppler
- Werkzeug-Software für Zugang (meist Schnittstellenprotokoll)
- alle notwendigen Informationen für Startup-Konfiguration
  - IP-Adresse des Sternkopplers
  - Community-String
  - IP-Adresse der Managementplattform

4. Teilverfahren

Sternkoppler in Managementsystem aufnehmen

Ausganszustand: betriebsbereiter Sternkoppler

Endzustand: betriebsbereiter Sternkoppler über Managementplattform administrierbar

Randbedingungen:

- funktionsfähige Managementplattform
- IP-Adresse der Sternkopplers
- Community-String des Sternkopplers
- Kenntnis über die physische Anbindung und den Standort des Sternkopplers (zur Kontrolle)

5. Teilverfahren

Spezielle Sternkoppler-Eigenschaften über Managementplattform konfigurieren/aktivieren

Ausganszustand: betriebsbereiter Sternkoppler

Endzustand: komplett konfigurierter Sternkoppler

Randbedingungen:

- Kenntnisse über die nötigen Parameterwerte zur Konfiguration spezieller Sternkoppler-Mechanismen
- Kenntnis über Name/ID der MIB-Attribute oder Menüpfade im Element-Management System (für diese speziellen Mechanismen)

Teilschritt 3

Zerlegen der Verfahren in Aktionen

Das Teilverfahren Nummer 3 (Startup-Konfiguration des Sternkopplers erstellen) soll weiter beschrieben werden.

Aktionen:

1. Konfigurations-Werkzeug am Sternkoppler anschließen
2. Werkzeug-Software bzw. Schnittstelle zum Sternkoppler konfigurieren
3. Konfigurations-Software im Sternkoppler aktivieren
4. Parameter in Sternkoppler einstellen
5. Konfiguration sichern
6. Konfigurations-Software im Sternkoppler beenden
7. Werkzeug abklemmen

Teilschritt 4 und 5

Randbedingungen der Aktionen sowie benötigte Information/Funktionalität

Zu jeder Aktion wird der Anfangs- und Endzustand beschrieben, sowie die jeweils benötigte Information/Funktionalität.

1. Aktion

Konfigurations-Werkzeug am Sternkoppler anschließen

Ausganszustand: funktionsfähiger Sternkoppler

Endzustand: Sternkoppler an das Konfigurations-Werkzeug angeschlossen

Information/Funktionalität:

1. Wahl des Zugangswerkzeuges
2. Vorhandensein der elektrischen Verbindung zwischen Sternkoppler und Werkzeug

2. Aktion

Werkzeuge-Software bzw. Schnittstelle zum Sternkoppler konfigurieren

Ausganszustand: Sternkoppler an Konfigurations-Werkzeug angeschlossen

Endzustand: passend konfigurierte Werkzeuge-Sternkoppler Schnittstelle

Information/Funktionalität:

- Kenntnis der elektrischen Parameter des Sternkopplers (9600 Baud, keine Parität, 8 Datenbits, 1 Stopbit)

3. Aktion

Konfigurations-Software im Sternkoppler aktivieren

Ausganszustand: Sternkoppler an Konfigurations-Werkzeug angeschlossen und Schnittstelle konfiguriert

Endzustand: Sternkoppler mit aktivierter Konfigurations-Software

Information/Funktionalität:

- Kenntnis über die Form der Aktivierung der Sternkoppler-Software
- Kenntnis evtl. Zugangspasswörter

4. Aktion

Parameter in Sternkoppler einstellen

Ausganszustand: betriebsbereites Konfigurations-Werkzeug

Endzustand: Sternkoppler mit Startup-Konfiguration

Information/Funktionalität:

- MAC-Adresse (Aufkleber auf Netzmanagement-Modul des Sternkopplers oder Konfigurations-Menü)
- IP-Adresse des Sternkopplers
- Name des Sternkopplers
- IP-Adresse des Routers
- IP-Adresse des Boot-Servers
- IP-Adresse der Managementplattform
- Community-String
- Standort des Sternkopplers
- Ansprechpartner für den Sternkoppler
- Name der .cfg-Datei (Sternkoppler-Name + Suffix „.cfg“)
- Name der .img-Datei (siehe Hilfematrix)

sollte aus dem Konfigurations-Menü ausgelesen und notiert werden:

- Modell Typ (Modellbezeichnung des Netzmanagement-Modules)
- Firmware-Version (des Agents)
- Local Agent Version (erscheint beim Booten oder im Menü)
- Advanced agent key (software license code wird im Menü angezeigt)
-

5. Aktion

Konfiguration sichern

Ausganszustand: Sternkoppler fertig konfiguriert

Endzustand: Konfiguration des Sternkopplers gesichert

Information/Funktionalität:

- Kenntnis über die Menüfunktion „Konfiguration sichern“

6. Aktion

Konfigurations-Software im Sternkoppler beenden

Ausganszustand: Sternkoppler mit gesicherter Konfiguration

Endzustand: betriebsbereiter Sternkoppler mit Startup-Konfiguration

Information/Funktionalität:

- Kenntnis über das Beenden der Konfigurations-Software im Sternkoppler

7. Aktion

Werkzeug abklemmen

Ausganszustand: Sternkoppler Startup-Konfiguration beendet

Endzustand: Konfigurations-Werkzeug abgetrennt, Sternkoppler einsatzbereit

Information/Funktionalität:

- keine

5.3 Anforderungen an eine Werkzeugunterstützung der Methodik

Bei einer Anforderungsanalyse lassen sich zwei Quellen für Anforderungen identifizieren:

- Task-View-Modell
- Anpassungsmethodik

Die aus dem Task-View-Modell erwachsenen Anforderungen sind dabei eher statischer Natur und ändern sich nur, wenn man aus zwingenden Gründen das Modell ändern sollte. Folgende Anforderungen werden vom Task-View-Modell gestellt:

- Identifizieren der Modellebenen (Aufgabe, Verfahren, Aktion, ...)
- Identifizieren der Beziehungen innerhalb einer Ebene und ebenenübergreifend
- Identifizieren der Objekte einer Ebene (Instanzen des Modells)

Neben diesen Anforderungen liefert die Methodik dynamische Anforderungen, bei denen die Füllung des Modells im Vordergrund steht. Diese Anforderungen wurden bereits in den einzelnen Schritten der Methodik beschrieben und lassen sich auf folgende Anforderungen schwerpunktmäßig fixieren:

- Bereitstellen von Hintergrundinformation aus der Einsatzumgebung
- Einbringen von allgemeinen Richtlinien und Regeln in Form von Einschränkungen und Vorgaben bei dem Vorgang des Anpassens
- Identifizieren und Manipulieren der in einem Schritt jeweils relevanten Relationen
- Identifizieren und Manipulieren von Objekten aus für den Schritt relevanten Ebenen

Diese noch recht allgemeinen Anforderungen werden bei der Beschreibung der Anforderungen an das Unterstützungswerkzeug genauer ausgeführt.

5.4 Task-View-Operationen

Entsprechend der im Abschnitt 5.1 festgestellten Phasen eines Task-Views können beim Entwurf der Operationen, die zum Umgang mit den Task-Views nötig sind, diese in dieselben Kategorien eingeteilt werden. So gibt es Operationen, die die Füllung des Modells, und Operationen, die die Anwendung des Modells unterstützen. Lediglich die Phase des Modellentwurfs bedarf keiner Operationen.

5.4.1 Anpassung des Modells an die konkrete Umgebung

Für diese Phase, in der der Entwickler der Task-Views mit dem Modell arbeitet, sind Operationen wie create/delete/modify zum Entwurf der Task-Views nötig. Desweiteren braucht der Entwickler Operationen, die ihm bei der Konsistenzüberpfrüfung des Datenbestandes helfen (siehe [Fiel 94]) oder ihm Information über die existierenden Datenbestände liefern. Ebenso sind Operationen zum „Umhängen" von Teilbäumen erforderlich. Folgende Übersicht stellt eine kurze Zusammenfassung dar:

- create (label, typ [,parent_label])
- delete (label)
- connect_view_to (label, parent_label)
- disconnect_view_from (label, parent_label)
- display_view (view_specification)
- check_consistency (start_label, ...)

5.4.2 Analyse der Situation

In dieser Phase geht es hauptsächlich darum, existierende Views zu benutzen, also Views anzulegen, zu speichern, Verfahren ablaufen zu lassen, Verfahren zu beenden und ähnliche Operationen. Eine besondere Rolle spielen dabei die Operationen, die zur Anbindung der Task-Views an eine Managementplattform notwendig sind. Hier ein Überblick:

- display_view (view_specification)
- search_object (search_specification)
- store_view (view_label)
- restore_view (view_label)
- start_procedure (proc_nr)
- stop_procedure (proc_nr)
- terminate_procedure(proc_nr)
- store_workspace
- restore_workspace

5.5 Unterstützung des Task-View-Modells durch ein Werkzeug

Schwerpunkt der Anwendung des Task-View-Modells ist, wie schon in Abschnitt 5.1 auf Seite 119 dargestellt, die Erfassung der Einsatzumgebung einer Managementplattform; auch als Customizing einer Managementplattform bezeichnet. Bei der Beschreibung der Methodik wurde deutlich, daß das Anpassen der Task-Views an die Umgebung ein diffiziler Prozeß ist, der stark auf die Information aus anderen Ebenen angewiesen ist (Beziehungen der Ebenen untereinander) und meist iterativ durchgeführt wird. Aufgrund dieser Tatsachen liegt der Fokus der Werkzeug-Unterstützung auch bei der Phase der **Erfassung** und damit bei der Gewinnung der Task-Views für eine Umgebung. Natürlich ist es auch sinnvoll, sich bei weiterführenden Arbeiten auch mit der **Analyse** und den aus der Analyse entstehenden **Konsequenzen** zu beschäftigen bzw. diese mit in das Werkzeuge einzubeziehen (z.B. bei Werkzeug-Migrationen).

Sicher denkbar wäre auch eine Modellierung weiterer Views, die ihrerseits wieder Sichtweisen des Erfassers, Anwenders, Managers von Task-Views beschreiben (siehe auch ADDD-Modell in Abschnitt 3.4.2).

Es ist sicher auch möglich, die Erfassung der Plattform-Umgebung (inkl. Werkzeuge, Information, Mitarbeiter, Rollen, ...) ohne eine Werkzeug-Unterstützung in einer rein informellen, textbasierten Form z.B. in der eines Kataloges zu realisieren. Man wird bei dieser Form der „Aufschreibung" sicher auch Kompromisse hinsichtlich der im Erfassungsprozeß verfügbaren Funktionalität oder der Konsistenthaltung der Daten eingehen müssen. Die Phase der Analyse und Bewertung der modellierten Umgebung allerdings wird ohne eine Werkzeug-Unterstützung nicht auskommen, da allein schon die Operationen zur Suche nach Objekten/Beziehungen oder die View-Bildung viel zu komplex sind, um in dieser Form realisiert werden zu können.

Die folgenden Abschnitte befassen sich mit der Motivation des Werkzeuges im allgemeinen, sowie mit der Abbildung des Task-View-Modells auf die Werkzeug-Umgebung und mit der Architektur des Werkzeugs. An einigen typischen Szenarien werden die Funktionsweise und die Informationsflüsse im Werkzeuge demonstriert.

5.5.1 Motivation für den Werkzeug-Einsatz

Man konnte schon in Kapitel 4.3 erkennen, daß man es bei dem instantiierten Modell mit einem komplexen, mehrdimensionalen Geflecht zu tun hat, mit verschiedensten Beziehungen innerhalb einer Ebene und ebenenübergreifend. Wird in einer Umgebung das Modell erfaßt und werden gleichzeitig Analysen auf der Datenbasis vorgenommen, ergeben sich neue Probleme. Die entwickelten Regeln oder Vorgaben innerhalb der Methodik müssen bei der Phase der Erfassung, d.h. bei der Modellinstantiierung als Einschränkungen oder Restriktionen wirksam werden.

Unabhängig von der jeweiligen Modellebene lassen sich für das Modell typische Probleme innerhalb der Erfassungsphase erkennen:

- Es entstehen komplexe, mehrdimensionale Geflechte von Knoten (Objekte der Ebenen) und Kanten (Beziehungen zwischen den Ebenen).

- Bedingt durch die Größe und Komplexität des instantiierten Modells und den unterschiedlichen Anwendungsprofilen ist eine Ausschnittbildung nach verschiedenen Aspekten zwingend erforderlich.
- Die Erfassung der Umgebung ist durch eine vorgegebene Syntax in den einzelnen Ebenen zu unterstützen bzw. zu führen.
- Es sollte eine Möglichkeit bestehen, Strukturänderungen im Geflecht (unterstützt) vornehmen zu können.

All diese Punkte lassen die Forderung nach einer Werkzeugunterstützung in der Erfassungsphase sinnvoll und notwendig erscheinen.

5.5.2 Anforderungen an das Werkzeug

Die in Kapitel 5 dargestellte Methodik soll der Ausgangspunkt für Betrachtungen unter dem Aspekt der Anforderungen an die Erfassungsphase sein. Im folgenden wird ein Überblick über die einzelnen möglichen Arbeitsschritte während der Erfassungsphase gegeben. Innerhalb der Ebenen werden die Anforderungen bzw. die relevanten Aspekte nach folgenden Kriterien strukturiert:

- manipulierende Operationen
  - Beschreibung der Operation
  - die für diese Operation notwendige Hintergrundinformation
- informative Operationen

Aufgabenebene

Inhalt:

Spezifikation der auszuführenden Managementaufgaben.

Operationen manipulierend:

- Einfügen neuer Aufgaben
  Hintergrundinformation:
  - welche Aufgaben gibt es bisher
    * innerhalb der Organisationseinheit
    * generell
    * zu einer Domäne
    * zu einer Rolle
  - welche und wieviele Aufgaben hat eine bestimmte Rolle bisher ?
  - Vorschläge für sinnvolle Domänen (evtl. Anzeige von Maps)
  - Rollenvorschläge (aufgrund bisheriger Aufgabenverteilung)
  - Aktionsauswahl bzw. paralleles Anzeigen der referenzierten Aktionen

  - Suchen von speziellen Rollen/Aktionen

→ **Auslösende Faktoren:** z.B. neue Ressourcen im Verwaltungsbereich (Domänenerweiterung)

- Löschen von Aufgaben
  Hintergrundinformation:
  - Anzeigen der Aufgaben:
    * generell aller Aufgaben
    * aller Aufgaben einer Organisationseinheit
  - Liste der nach Löschen einer Aufgabe freiwerdenden:
    * Aktionen
    * Funktionen
    * Anwendungen
  - vom Löschen einer Aufgabe betroffenen Rolle bzw. Target Domain
  - Anzeigen der Domänen ohne Aufgabe
- Modifizieren von Aufgaben

  - Erweitere Aufgabe
    Hintergrundinformation:
    * Domänenvorschläge (Maps)

    → **Auslösende Faktoren:** Ändern der Domänen (größer oder kleiner), Neuaufteilung der Bereiche (z.B. Spezialisierung)
  - Erweitere Aufgabe
    Hintergrundinformation:
    * Sequenz der Aktionen der Aufgabe
    * Auswahl an bereits existierenden Aktionen

    → **Auslösende Faktoren:** komplexere, bessere Werkzeuge; neue Komponenten-MIBs
  - Ändern einer Rolle
    Hintergrundinformation:
    * existierende Rollen
    * alle Aufgaben zu einer bestimmten Rolle

Operationen informativ:

- alle Aufgaben einer Organisationseinheit
- alle Aufgaben zu einer Rolle
- alle Aufgaben zu einer Domäne
- alle Personen zu einer Rolle

Verfahrensebene

Inhalt:

Spezifikation der zur Erfüllung einer Aufgabe eingesetzten Verfahren.

Operationen manipulierend:

- Erzeugen eines neuen Verfahrens
  Hintergrundinformation:
  - welche Verfahren gibt es bereits ?
  - auf welche Werkzeuge stützen sich bisherige Verfahren ab ?
  - Auswahl an bereits bestehenden Aktionen (Aktionsbibliothek)
  - Auswahl an bereits bestehender Information und Funktionalität

  → Auslösende Faktoren: z.B. verfahrensvereinfachende Werkzeuge (mächtigere Funktionalität)
- Modifizieren eines Verfahrens
  Hintergrundinformation:
  - Modifizieren der Steuerung eines Verfahrens
    Hintergrundinformation:
    * bisheriger Ablauf des Verfahrens
    * referenzierte Aktionen
  - Modifizieren der Verfahrensbausteine (Aktionen)
    Hintergrundinformation:
    * bisher referenzierte Aktionen
    * Auswahl an verfügbaren Aktionen
  - Kombination von beiden Aspekten
- Löschen eines Verfahrens
  Hintergrundinformation:
  - alle das Verfahren benutzende Aufgaben
  - alternative Verfahren mit evtl. anderen Werkzeugen
  - freiwerdende Aktionen (von keinem weiteren Verfahren referenziert)

Operationen informativ:

- alternative Verfahren zu einer Aufgabe
- alle Aufgaben die ein Verfahren benutzen
- alle Aktionen eines Verfahrens

Aktionsebene

Inhalt:

Spezifikation der innerhalb eines Verfahrens benutzten Aktionen (Teilschritte).

Operationen manipulierend:

- Entwurf einer Aktion
  Hintergrundinformation:
  - welche Aktionen gibt es bereits?
    * in der Organisationseinheit
    * innerhalb der Aufgabe
  - welche Aktionen agieren auf einer bestimmten Domäne?
  - welche Funktions/Informations-Views sind verfügbar?
  - welche Plattform-Views sind verfügbar?
- Einhängen einer entworfenen Aktion in einen Ablauf
  Hintergrundinformation:
  - alle Aktionen dieses Ablaufs
  - verfügbare Information aus dem zugehörigen Task-View?
  - bisher benutzte Werkzeuge/Anwendungen?
- Löschen einer Aktion
  Hintergrundinformnation:
  - welche Abläufe/Task-Views sind betroffen?
  - welche Werkzeuge/Anwendungen sind betroffen (nicht mehr benutzt)?
- Ändern der Function-Views in einem Action-View
  Hintergrundinformation:
  - welche Function-Views sind beteiligt?
  - welche Werkzeuge sind beteiligt?
- Ändern der Information-Views in einem Action-View
  Hintergrundinformation:
  siehe Ändern der Function-Views in einem Action-View

Operationen informativ:

- alle Aktionen einer Aufgabe einer Organisationseinheit
- alle Werkzeuge zu einer Aktion
- alle Funktionen zu einer Aktion
- alle Information-Views zu einer Aktion
- alle verfügbaren Information-Views

Funktions-/Informationsebene

Funktions-View

Inhalt:

Spezifikation der Unterstützung der Aktionen durch Ressourcen (Funktionen der Anwendungen oder plattforminterne Funktionen).

Operationen manipulierend:

- Entwurf von Function-Views
  Hintergrundinformation:
  - alle Darstellungsmöglichkeiten der Plattform-API
  - alle Funktionen, die von der Plattform angeboten werden
  - alle Funktionen eines Werkzeuges einer Anwendung
  - Informationen zur Anwendung (siehe Tool-View)
- Löschen von Function-Views
  Hintergrundinformation:
  - betroffene Aktionen
  - freigewordene Werkzeuge
- Modifizieren von Function-Views
  Hintergrundinformation:
  - alle Darstellungselemente des GUI
  - alle Funktionen, die verfügbar sind
  - alle Funktionen eines Werkzeuges
  - Informationen über Anwendungen

Operationen informativ:

- alle Darstellungselemente einer Plattform
- alle angebotenen Funktionen
- alle Funktionen einer Anwendung
- alle Funktionen einer Aktion

Informations-View

Inhalt:

Spezifikation der Unterstützung der Aktionen durch Ressourcen (Managementinformation der MIBs).

Operationen manipulierend:

- Entwurf eines Information-Views
  Hintergrundinformation:
  - welche MIBs sind in der Plattform verfügbar?

  - welche MIBs sind innerhalb der Domäne relevant?
  - welche Attribute hat eine bestimmte MIB?
- Löschen eines Information-Views
  HIntergrundinformation
  - welche Aktionen sind betroffen?
- Modifizieren eines Information-Views
  Hintergrundinformation:
  - welche Attribute hat eine bestimmte MIB?
  - welche MIBs sind in der Plattform verfügbar?

Werkzeugebene

Inhalt:

Spezifikation der technischen Basis einer Plattform, d.h. aller verwendeten Werkzeuge, Anwendungen und MIBs.

Operationen manipulierend:

- Erzeugen Tool-View
  Hintergrundinformation:
  - Manuale der Anwendung
- Löschen Tool-View
  Hintergrundinformation:
  - alle betroffenen Function-Views
- Modifizieren Tool-View
  Hintergrundinformation:
  - neue Daten zu den Werkzeugen (neues Release o.ä.)

5.5.3 Abbildung des Task-View-Modells auf die Werkzeug-Umgebung

Nachdem die Anforderungen an das Werkzeug beschrieben wurden, ist es notwendig, eine geeignete Implementierungsumgebung auszuwählen. Da die Erstellung eines Produktes, welches nach den Anforderungen entwickelt wurde, aufgrund der Spezifik universitärer Umgebungen nicht als Zielvorstellung dienen kann, wurde nach anderen Wegen gesucht. Es sollte so oft wie möglich auf bestehende Implementierungen zurückgegriffen werden, um den Eigenaufwand für die Implementierung selbst so gering wie möglich zu halten. Besonderer Wert wurde dabei auf die Verwendung standardisierter Anteile (Protokolle, Datenbanken, Clients) gelegt.

Anmerkung: Das nachfolgend vorgestellte Werkzeug TERRA entstand unter maßgeblicher Mitarbeit des Autors im Rahmen von Forschungsarbeiten des MNM-Teams. Die für das Task-View-Modell spezifischen Teile des Werkzeuges sind Resultate der Arbeiten des Autors.

In Betracht gezogen wurden bei den Überlegungen zwei Lösungsansätze:

- Realisierung als Datenbank-Anwendung mit zusätzlichen graphisch orientierten Darstellungen (Strukturdarstellung)
- Realisierung mit hypertext-basierten Werkzeugen[4]

Beide Ansätze sind nicht prinzipiell gegensätzlich geartet, ein wesentlicher Unterschied besteht im Implementierungsaufwand. Grundlegende Konzepte sind bei beiden Ansätzen gleich (Datenbestand in Datenbank gespeichert, Client-Server-Strukturen) wenngleich bei der einen Lösung (Hypertext) auf eine Anzahl vorgefertigter Werkzeuge und Anwendungen zurückgegriffen werden konnte, beim anderen Ansatz der Entwurf und die Implementierung eines eigenständigen Werkzeuges als Aufgabe stehen würde.

Für die Realisierung mit Hilfe von Datenbank-Technologien spricht z.B. die bereits realisierte Konsistenzerhaltung, robuste Datenbankoperationen, Transaktionenkonzepte sowie Suchoperationen. Dagegen spräche unter anderem die Tatsache, daß zum Zeitpunkt der Entscheidung ein erster Entwurf der Beschreibungstemplates für das Task-View-Modell bestünde, was später Änderungen sicher nicht erleichtern würde. Desweiteren müssen die Datenbank-Anwendungen komplett implementiert werden, wobei das Problem der graphischen Darstellung der Beziehungsinformation ebenfalls noch zu lösen wäre. Für eine industrielle Lösung des Werkzeuges mit einem gesicherten und erprobten Stand der Modellbeschreibung wäre eine Realisierung mit Datenbank-Konzepten sicher sinnvoll.

Die zweite Lösungsvariante mittels hypertext-basierter Werkzeuge hätte Vorteile wie z.B. leicht modifizierbare Templates, „Aufwärtskompatibilität" der Architektur, einen großen Teil standardisierter Implementierungen und eine weite Verbreitung der verwendeten Technologie. Ein weiterer Vorteil des hypertext-basierten Ansatzes wäre die Verwendung einer natürlichsprachigen Schnittstelle zur Such-Datenbank. Da TERRA auch von Nicht-Experten (zumindest als Informationssystem) betrieben werden soll, könnte eine natürlichsprachige Schnittstelle zur Formulierung der View-Anfragen auf das instantiierte Modell die Akzeptanz sicher erhöhen. Mehr dazu bei der Diskussion der WAIS-Datenbank. Nachteile des hypertext-basierten Ansatzes sind z.B. das Fehlen eines Transaktionenkonzeptes, die Konsistenzerhaltung des Datenbestandes ist selbst zu implementieren, wenig Flexibilität beim Umgang mit dem Indexserver (WAIS-Datenbank). Dafür spricht aber auch eine recht schnelle Realisierbarkeit mit einer recht hohen Funktionalität, sowie eine Unterstützung des Client-Server Konzeptes. Ein weiterer Vorteil ist die recht große allgemeine Verfügbarkeit sowie die transparente WAN-Anwendung der WWW-Werkzeuge.

Aus diesem Grund entschied man sich nach einer zwar erfolgreichen, aber doch restriktiven Implementierung mit einem PC-Tool „Visual Basic" ([Tesk 94]) für einen hypertex-basierten Ansatz (siehe auch [VoMa 94]).

Aufgrund des gewählten Ansatzes sowie der Anforderungen aus Abschnitt 5.5.2 ergeben sich folgende Abbildungen:

[4] Wird im weiteren Verlauf von hypertext-basierten Werkzeugen bzw. Ansätzen gesprochen, so bezieht sich die Argumentation auf die Hypertext-Markup-Language HTML ([BLCM 94]), das Transportprotokoll HTTP ([BeLe 93]) und die im Internet gebräuchlichen Werkzeuge wie z.B. Xmosaic, Netscape, Wais.

Informationsmodell

Die große Verbreitung des weltweiten Informationssystemes World Wide Web (**WWW**) mit seiner Vielzahl von Anwendungen und Anwendern favorisierte dieses System bei der Auswahl der Hypertext-Systeme. Wir entschieden uns damit auch für die Hypertext-Sprache Hyper Text Markup Language (siehe auch [BLCM 94]) in Verbindung mit dem Hypertext Transfer Protocol (siehe auch [BeLe 93]). Folgende Abbildungen ergeben sich aus dieser Wahl:

Objekte des Task-View-Modells → HTML-Dokumente

Ebenen des Task-View-Modells → Typen von HTML-Dokumenten

Beziehungen im Task-View-Modell → „Links" zwischen den Dokumenten

Diese Abbildungen werden in Bild 5.3 dargestellt.

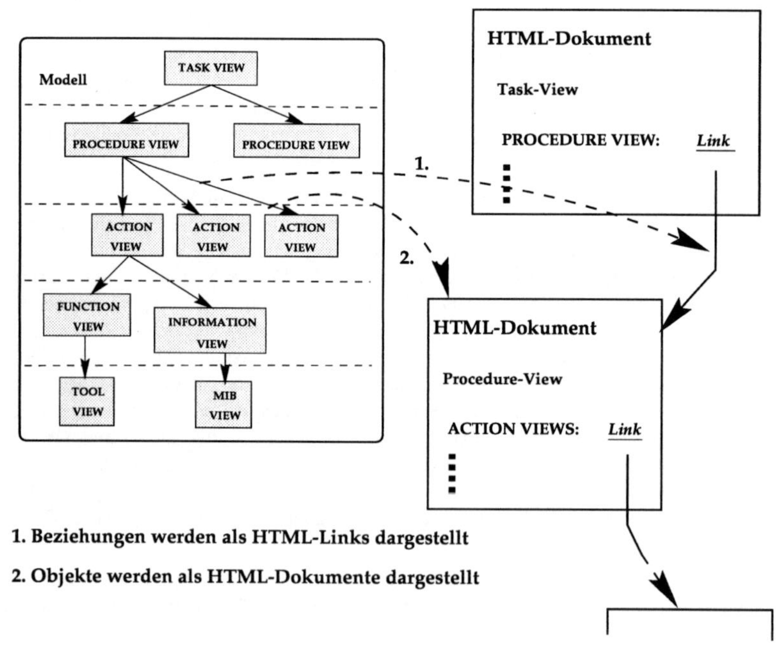

Abbildung 5.3: Abbildung des Task-View-Modells auf die Hypertext-Sprache HTML

Kommunikationsmodell

Dem vorgeschlagenen Werkzeug wurde aufgrund der Anforderungen (mehrere Benutzer mit verschiedenen Nutzungsprofilen) eine Client-Server-Architektur unterlegt. Der Server wird durch den HTML-Datenbestand und eine weitere Datenbank (Wais-DB), die nur Beziehungsinformation enthält, gebildet. Die Client-Seite besteht aus Anwendungen, die zur Erfassung neuer Objekte, der Manipulation des instantiierten Task-View-Modells oder der Informationsbeschaffung (über das Modell) dienen. Durch die Teilung in Client und Server ist natürlich eine Kommunikation zwischen beiden notwendig geworden. Diese wird im vorliegenden Fall durch das mit der mit dem Informationssytem WWW verbundenen HyperText Transfer Protocol ([BeLe 93]) realisiert. Suchanfragen der Werkzeug-Anwendung sind ebenfalls in dieses Protokoll eingebettet.

Funktionsmodell

Die Anforderungen an das Funktionsmodell des Werkzeuges ergeben sich eher aus der Anwendung des Modells (siehe Abbildung 5.4) als aus dem Modell selbst.

Daher sind auch unterschiedliche Funktionsprofile in den einzelnen Phasen der Modellanwendung identifizierbar. Ganz allgemein lassen sich folgende Basisfunktionen des Werkzeuges definieren:

- graphische Darstellung des instantiierten Modells (Struktur)
- textuelle Darstellung der Objektbeschreibungen
- flexible Ausschnittbildung nach verschiedenen Aspekten (z.B. Objekttypen, Instanzen, Beziehungen, ...) bzw. deren Kombination
- graphisch unterstützte Manipulation des instantiierten Modells (z.B. Hinzufügen, Löschen, Umhängen von Objekten und Teilbäumen)
- graphische Darstellung von Verfahren (Abfolge von Aktionen)

Organisationsmodell

Da dem Werkzeug eine Client-Server Architektur zugrunde liegt, ist die Konsistenzerhaltung der HTML-Datenbestände ein besonderes Problem. In diesem Fall agieren mehrere Clients verschiedener Typen (Text-Browser, Graph-Visualisierungs-Tool, ...) auf ein und demselben Datenbestand. Weiterhin muß ein entsprechendes Sicherheitskonzept den individuellen Zugriff (z.B. Entwickler schreibend und lesend, Manager nur lesend) auf die Datenbestände vorsehen.

5.5.4 Architektur des Werkzeuges

Nachdem ein erster Prototyp des Werkzeuges ([Tesk 94]) erfolgreich implementiert und erste Erfahrungen im Aufwand der Implementierung und der nötigen Flexibilität gewonnen wurden, begann ein zweites Praktikum ([VoMa 94]) mit der Implementierung des Werkzeuges in einer hypertext-basierten Umgebung. In der ersten Version existierte noch keine verteilte Client-Server-Architektur, und zur Darstellung des Graphen wurde eine Visualisierungsanwendung (Tcl-Widget) für Bäume verwendet, die natürlich nicht alle Kanten darstellen konnte. Nach-

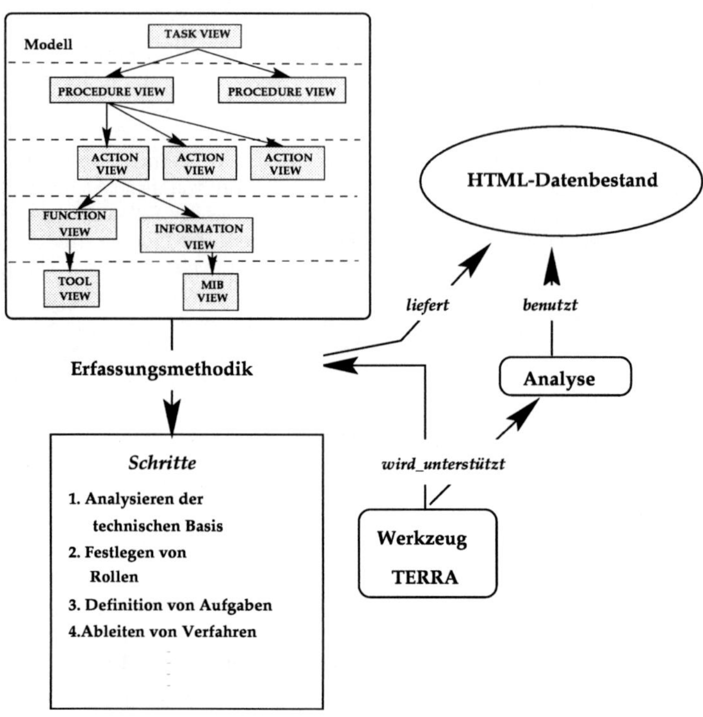

Abbildung 5.4: Die Anwendung des Task-View-Modells

dem ebenfalls diverse HTML-Browser (zum Anzeigen der Objektbeschreibung) und einige Graph-Visualisierungstools analysiert worden waren, stand die in Abbildung 5.5 dargestellte Architektur als Vorgabe für die Version 1.0 des Werkzeuges fest.

Im folgenden werden die einzelnen Bausteine des Werkzeuges erläutert sowie die Informationsflüsse zwischen den Bausteinen anhand einiger typischer Einsatzszenarien erläutert.

Zu den einzelnen Punkten siehe jeweils die Abbildung 5.5.

Punkt 1 - Der erweiterte Browser tkWWW

Dieser Browser ist ein auf der Sprache Tcl/Tk ([Oust 93]) basierender Hypertext-Browser mit Möglichkeiten zum Anzeigen und Editieren von HTML-Dokumenten. tkWWW verfügt über zwei grundlegende Schnittstellen:

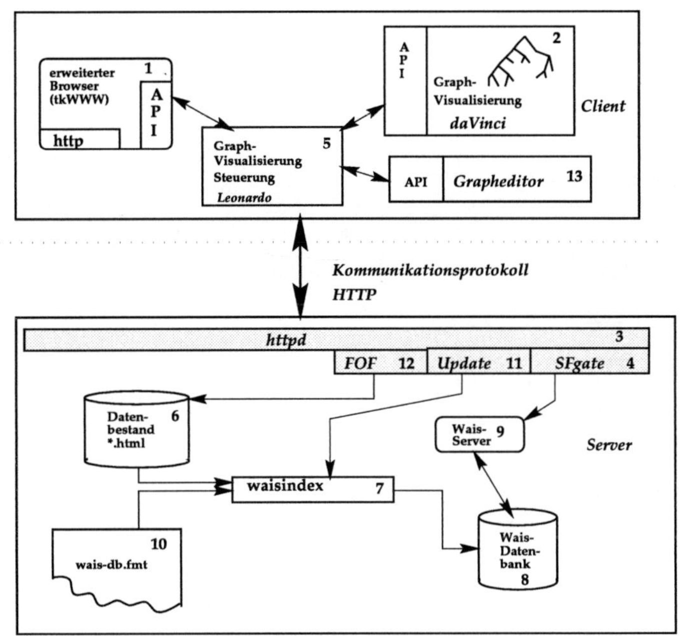

Abbildung 5.5: Architektur von TERRA

- standardisiertes Protokoll HTTP ([BeLe 93])
- asynchrone Kommunikation über den "receive/send"-Befehl von Tcl/Tk

Die wesentliche Aufgabe des Browsers tkWWW besteht in der Anzeige (read-only) von HTML-Dokumenten. Ein wesentlicher Vorteil ist dabei die einfache Steuerung der Inter-Prozess-Kommunikation über die Befehle receive/send der Sprache Tcl/Tk. Für das Erstellen und Modifizieren der HTML-Dokumente wird allerdings ein anderer Browser verwendet. Der Browser tkWWW ist leider nicht in der Lage, sog. Fill-Out-Forms[5] zu verarbeiten. Browser, die in der Lage sind, Fill-Out-Forms zu verarbeiten (z.B. Xmosaic), sind oft in der Programmiersprache „C" geschrieben, die das prototypische Entwickeln bzw. Modifizieren von Anwendungen weniger gut unterstützt. Ein wesentlicher Vorteil des tkWWW ist die Implementierung in der interpretativen Sprache Tcl/Tk ([Oust 93]), die ein Rapid-Prototyping gut unterstützt. Abbildung 5.6 zeigt den HTML-Browser mit einem geladenen Dokument.

[5]Fill-Out-Forms sind HTML-Dokumente, die eine Schablone visualisieren, in welcher der Benutzer vordefinierte Felder mit Werten belegen kann. Kenntnisse der Sprache HTML sind bei Ausfüllen der Fill-Out-Forms nicht erforderlich.

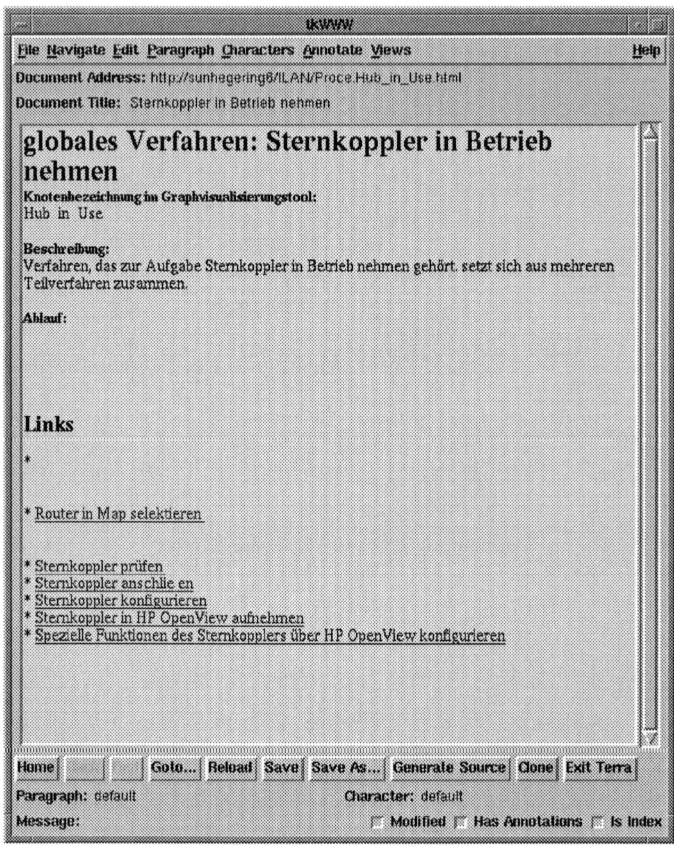

Abbildung 5.6: Ansicht des HTML-Browsers TkWWW

Punkt 2 - Das Graph-Visualisierungstool „daVinci“

Dieses an der Universität Bremen entwickelte Werkzeug ist speziell für das Darstellen und Manipulieren von Graphen implementiert worden. Es besitzt zur externen Steuerung eine API, die über Unix-Pipes mit einer vom Anwender zu schreibenden Graph-Administrations-Anwendung (siehe Punkt 5) kommuniziert. So ist es z.B. möglich:

- Graphen (in einer eigenen Syntax beschrieben) zu laden
- Anklicken der Maus auf Knoten oder Kanten als Events der Anwendung mitzuteilen
- Knoten oder Kanten verschiedenartig darzustellen usw.

Prinzipiell gibt es zwei Richtungen der Kommunikation zwischen „daVinci“ und der Steueranwendung:

- das Laden von Graphen durch „daVinci“, gesteuert von der Administrationsanwendung (Punkt 5)
- das Mitteilen von Maus-Aktionen (Menüauswahl oder Objektselektion)von "daVinci“ an die Administrations-Anwendung

Das Graph-Visualisierungstool „daVinci“ ist das eigentliche Zugangswerkzeug zum HTML-Datenbestand. Der TERRA-Anwender arbeitet vorrangig mit der graphischen Oberfläche von daVinci.

Punkt 3 - Der Server Daemon für HTTP

Der „httpd“ ist ein Kommunikationsbaustein für das Protokoll HTTP ([BeLe 93]), der auf der Server-Seite die Anfragen der Clients entgegennimmt und zur Weiterbearbeitung verteilt. Die Weiterverarbeitung wird über Scripten, die an das Interface des HTTPD angebunden sind (und leicht erweitert werden können), realisiert.

Punkt 4 - Das HTTP-Wais Gateway SFgate

SFgate ([PfHu 94]) ist ein typisches Server-Script (siehe Punkt 3), das ankommende HTTP-Requests in entsprechende Anfragen an die Wais-Datenbank konvertiert und umgekehrt. SFgate wandelt dazu die via HTTP transportierten Anfragen in ein anderes Format um ([NISO 91][6]). In der anderen Richtung werden Antworten des Wais-Servers (der die Information bereitstellt) in HTML-Files eingebettet und stellen sich im Browser als eine Art „Index-Dokument“ dar.

Punkt 5 - Das Steuermodul „Leonardo“

Der Steuermodul „Leonardo“ stellt das Herzstück des Werkzeuges TERRA dar. Es übernimmt die komplette Steuerung des Werkzeuges und die Aufbereitung der Daten für daVinci. Im einzelnen erfüllt Leonardo folgende Aufgaben:

- Abwicklung der Kommunikation mit daVinci und dem Grapheditor

[6] Z39.50 ist ein ANSI Draft-Standard und beschreibt einen Information Retrieval Dienst sowie das Protokoll.

- Steuerung des HTML-Browsers (Anzeigen und Generieren von HTML-Dokumenten)
- Realisieren von Views
- Steuerung von daVinci und dem Grapheditor gemäß der definierten Szenarien

Die Architektur von Leonardo ist in Abbildung 5.7 dargestellt.

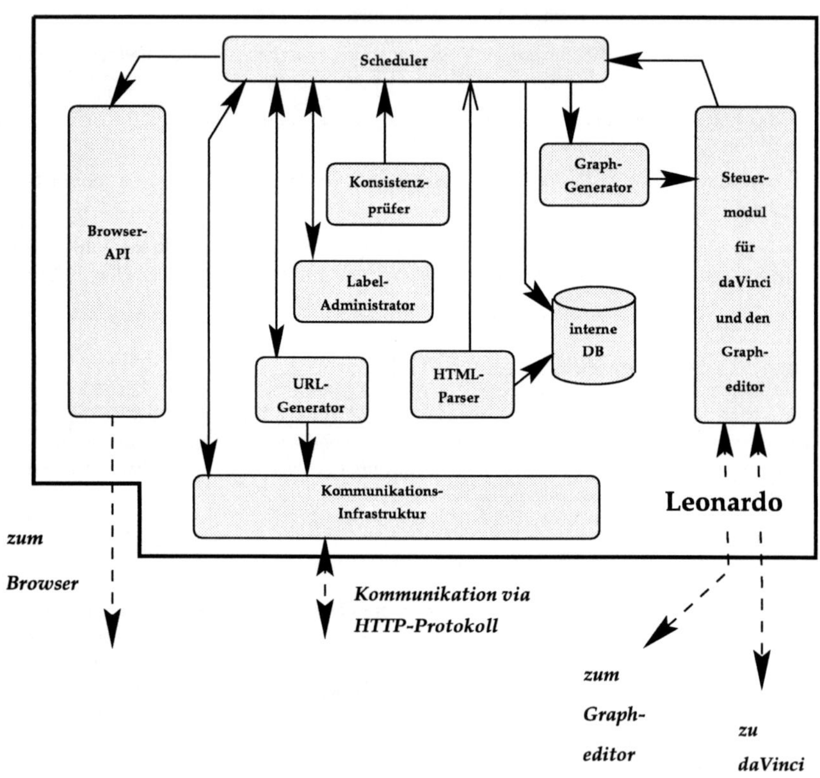

Abbildung 5.7: Architektur des Moduls Leonardo

Die Module leisten im einzelnen folgendes:

Scheduler

Dieser Modul steuert Leonardo. In ihm ist der Ablauf der Anwendungsszenarien enthalten. Zu diesem Zweck kommuniziert er mit allen anderen Bausteinen von Leonardo.

Steuermodul für daVinci und den Grapheditor

Dieser Modul ist als eine Art Vermittler zwischen daVinci und dem Grapheditor geschaltet (daVinci besitzt nur eine Pipe für externe Anwendungen); er gibt die zwischen daVinci und dem Grapheditor zirkulierende Nachrichten weiter und benachrichtigt falls nötig den Scheduler von Ereignissen, die für Leonardo relevant sind.

Browser-API

Über diese API werden die HTMl-Browser gesteuert. Entweder der tkWWW für die Darstellung der Objekt-Inhalte, oder Xmosaic für die Fill-Out-Forms. In einer weiteren Variante wird anstelle von Xmosaic ein spezielles Tcl/Tk-Widget zur Füllung der Templates verwendet.

Kommunikations-Infrastruktur

In diesem Baustein ist die Protokollmaschine für das Protokoll HTTP ([BeLe 93]) realisiert. Alle Module, die über dieses Protokoll kommunizieren müssen, verwenden diesen Baustein.

Graph-Generator

Damit eine HTML-Struktur in daVinci angezeigt werden kann, muß sie in die daVinci-Syntax transformiert werden. Dazu ist ein Generator nötig, der die Antworten der Wais-Datenbank in entsprechende *Aspect-Terms*[7] umwandelt.

HTML-Parser

Der HTML-Parser bereitet die ankommenden Wais-Antworten auf und speichert gewisse Information in der internen Datenbank.

Interne Datenbank

Diese Datenbank hält Information über den HTML-Datenbestand. Bei jedem Neustart des Werkzeuges wird diese Datenbank neu angelegt.

URL-Generator

Werden über daVinci Beziehungen manipuliert, ist es notwendig die URLs sprich Links in den HTML-Dokumenten geeignet zu modifizieren. Diese Aufgabe übernimmt der URL-Generator.

---

[7] Graphen werden mit daVinci in der an der Universität Bremen entwickelten funktionalen Programmiersprache Aspect ausgetauscht.

Label-Administrator

Alle Graph-Knoten werden in daVinci intern mit Hilfe sog. Label verwaltet. Werden jetzt neue Dokumente angelegt, ist es erforderlich, nach einer eindeutigen Strategie neue Label zu vergeben, bzw. beim Löschen von Knoten die freigewordenen Label wieder zu verwenden.

Konsistenzprüfer

Der Konsistenzprüfer ist im Wesentlichen für die Überwachung der Dokument-Modifikationen (z.B. Eintragen der URLs bei Graph-Manipulationen) gemäß der Modellstruktur erforderlich.

Punkt 6 - Der HTML-Datenbestand

Dies ist die Datenbasis des Werkzeugs TERRA. Alle zu einem Datenbestand gehörenden HTML-Dokumente finden sich unter einem Directory vereint, d.h. werden in Unix-Dateien abgelegt. Dabei gibt es keine physische Klammer im Sinne einer Datenbank, da der Datenbestand eine Ansammlung von Dateien darstellt, deren Beziehung zueinander nur durch Dokument-Typen und die URLs in den Dokumenten bestimmt wird.

Punkt 7 - Das Programm "waisindex"

Das Programm waisindex erzeugt den Index aus dem HTML-Datenbestand (siehe Punkt 6) über eine Spezifikation (siehe Punkt 10), die den Inhalt des Indizes festlegt. Bei der Indizierung eines Datenbestandes wird dazu eine entsprechende Wais-Formatdatei (siehe Punkt 10) angelegt, die die für die Wais-Datenbank relevante Struktur einer HTML-Datei in Form sog. *Fields* beschreibt. Näheres zum Ablauf siehe Punkt 9 und 10.

Punkt 8 - Die Wais-Datenbank

Die Wais-Datenbank ist eine Datenbank, die speziell für Volltext-Recherchen von der Firma Thinking-Machines entwickelt wurde (siehe auch [SEKC 94], [Rabi 94] und [Stan 91]). Es wird dabei über eine Anzahl von Dokumenten (Mail, Ascii, News, Postscript, ...) ein Programm gestartet (siehe Punkt 7), das einen Index über diesen Datenbestand anlegt. Eine Besonderheit des WAIS-Konzeptes ist die Verwendung des Vektorraummodells, daß die Formulierung natürlichsprachiger Anfragen erlaubt. Die verbreiteten kommerziellen Retrieval Systeme basieren meist auf dem sog. „boolschen"-Ansatz: Der Benutzer muß dazu Kenntnis von der formalen Anfragesprache haben. Dies bringt zwei typische Probleme mit sich: 1. Er muß sich in eine komplexe Anfragesprache einarbeiten, die sich oft noch von Datenbank zu Datenbank unterscheidet. 2. Die Größe der Antwortmenge läßt sich schlecht vorhersagen. Oft sind iterative Modifikationen der Anfrage nötig, bis die Antwort einen handhabbaren Umfang hat. Im Vektorraummodell werden nun die Dokumente und Anfragen als Punkte in einem Vektorraum aufgefaßt, der durch die Terme der Datenbasis aufgespannt wird. Beim Retrieval wird dann nach solchen Dokumenten gesucht, deren Vektoren ähnlich (im Sinne einer vorgegebenen Metrik) zum Fragevektor sind. Anschließend können die Dokumente sortiert und nach abnehmender Ähnlichkeit mit der Anfrage ausgegeben werden (Ranking).

Im TERRA-Projekt wird eine modifizierte Form der Wais-Datenbank und des Index-Programms verwendet ([PfHu 94a]), die eine selektive Indizierung von über eine spezielle Syntax zu beschreibende Formatdatei (siehe Punkt 10) gestattet. Dies ermöglicht später eine Suche nach Feldinhalten in der Datenbank (z.B. alle Dienste in der Organisationseinheit FI21).

Punkt 9 - Der Waisserver

Der Waisserver stellt über das Wais-Protokoll „ANSI z3950“ ([NISO 91]) den Zugriff auf die Wais-Datenbank her.

Punkt 10 - Die Formatdatei

Diese Datei beschreibt in einer eigenen Notation den Inhalt der Wais-Datenbank. In ihr werden die einzelnen zu indizierenden Felder und ihr Erscheinen in der Wais-Datenabank (Antwort auf die Anfrage) beschrieben. Diese Datei ist den jeweiligen Anforderungen an die HTML-Templates anzupassen.

Punkt 11 - Das HTTPD-Server-Script Update

In der Regel hält Leonardo alle nötigen Information über einen gerade aktiven, d.h. geladenen Datenbestand. Werden allerdings Views auf diesen Datenbestand benötigt, muß die Wais-Datenbank verwendet werden, die separat aktualisiert werden muß. So ist es mittels Leonardo möglich, auf der Server-Seite eine „Aktualisierungslauf“ des waisindex zu starten. Dieses Script nimmt den HTTP-Request entgegen und startet den waisindex.

Punkt 12 - Das HTTPD-Server-Script FOF

Um den Benutzer vom Umgang mit der Hypertext-Sprache HTML weitestgehend zu entlasten, wurde bei der Erstellung der Dokumente der Mechanismus der Fill-Out-Forms (FOF) verwendet. Der Benutzer füllt dabei unter Verwendung eines FOF-fähigen Browsers das Schema aus, betätigt den „Submit“-Button und sendet damit das FOF an ein Server-Script, hier als FOF-Script bezeichnet. Dieses Script zerlegt den transportierten „Query-String“, generiert das entsprechende HTML-Dokument und fügt es in den Datenbestand ein. Abbildung 5.8 stellt die Benutzerschnittstelle zur Eingabe der Knoteninformation dar.

Punkt 13 - Der Grapheditor

Das Graph-Visualisierungstool daVinci wurde an der Universität Bremen weiterentwickelt, so daß es jetzt möglich ist, den Graphen weiter zu bearbeiten. Dazu wird eine externe Anwendung[8]

[8]So werden im daVinci-Terminus Anwendungen bezeichnet, die sich über die daVinci-API mit diesem verbinden.

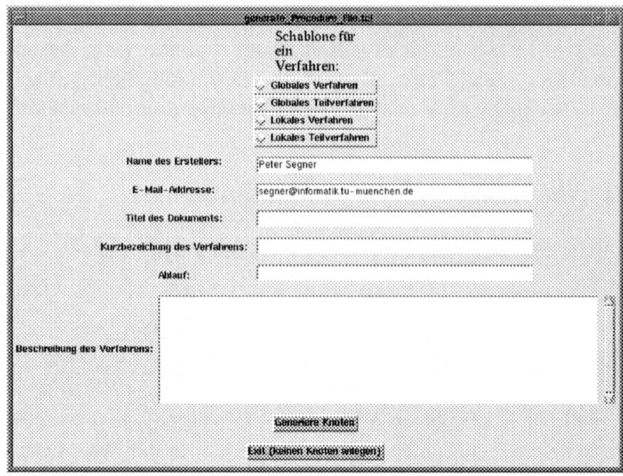

Abbildung 5.8: Benutzerschnittstelle zur Eingabe der Knoteninformation

über die Pipe-Schnittstelle an daVinci angeschlossen. Nach außen repräsentiert sich das Graph-Tool allerdings als ein Fenster, da der Grapheditor seine Funktionalität über erweiterte daVinci-Menüs zur Verfügung stellt.

Abbildung 5.9 zeigt einen Bildschirmdump eines in daVinci dargestellten Datenbestandes der BMW-AG.

Typische Anwendungsszenarien

1. Benutzer fügt neuen Task-View in den Datenbestand ein.

Ausgangszustand: daVinci zeigt den bisherigen Datenbestand graphisch an, der Inhalt der Wais-Datenbank ist konsistent mit dem HTML-Datenbestand. Die Struktur des HTML-Datenbestandes liegt in Form der Graphbeschreibung im Steuermodul Leonardo vor.

Der Benutzer selektiert den Punkt „Top" des Graphen und wählt im Menü des Graph-Visualisierungstools daVinci den Menüpunkt „Task-View einfügen" aus. Der Steuermodul da-Vinci bekommt über die daVinci-API den ausgewählten Knoten (Top) und den aktivierten Menüeintrag „Task-View einfügen" mitgeteilt. Da der Objekttyp und die Instanz des Vater-Knotens bereits feststeht, hat das Steuermodul zwei Aufgaben zu erfüllen:

- Starten eines Browser-Clients mit sog. Fill-Out-Forms[9] zum Ausfüllen der Templates, und
- Aktualisieren des Graphen, d.h. Einbringen des neuen Objektes unter dem Top-Knoten.

Der Benutzer bekommt jetzt über ein Fill-Out-Form die Möglichkeit, die im Template verlangte

[9]Fill-Out-Forms sind als eine Art Schablonen zu verstehen, die (sobald sie ausgefüllt sind) vom Browser an ein entsprechendes Script auf der Serverseite gesendet werden. Dieses Script verarbeitet die in dem Fill-Out-Form enthaltene Information weiter.

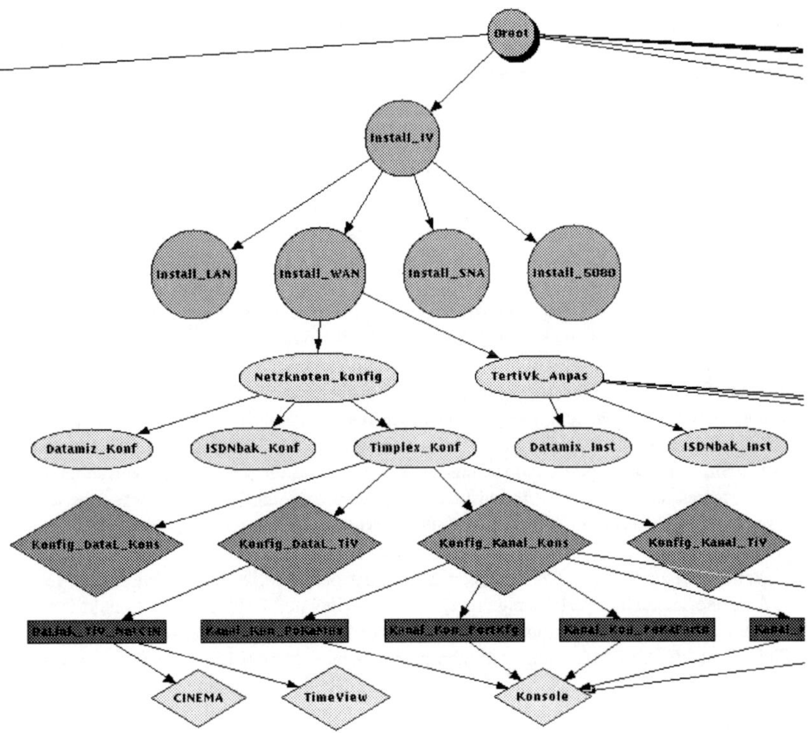

Abbildung 5.9: Teilbaum zum Dienst „Installation WAN-Anschluß“

Information einzutragen (ohne dabei die Sprache HTML kennen zu müssen). Hat er dies getan und über den Button „Eintragen in Datenbank" im Fill-Out-Form das Einfügen ausgelöst, verschwindet der Browser mit dem ausgefüllten Fill-Out-Form wieder. Über die sog. ACTION METHOD = POST wird das Fill-Out-Form (FOF) an ein Script gesendet, welches auf der Serverseite das FOF in die einzelnen Variablen zerlegt und ein entsprechendes HTML-Dokument generiert. Ist dies beendet, initiiert das Script eine Aktualisierung der ja jetzt nicht mehr aktuellen Wais-Datenbank[10]. Ebenfalls über das Script auf der Serverseite wird das Anfordern der aktuellen Strukturinformation von der Wais-Datenbank durch das Steuermodul Leonardo initiiert. Dieser sendet die entsprechend formatierte Anfrage an die Wais-Datenbank (via HTTP), empfängt die Antwort[11] und parst die Struktur, um die entsprechende Graphbeschreibung zu erzeugen. Ist dies getan, wird der aktuelle Graph in daVinci angezeigt.

2. Benutzer hängt ein bestehendes Verfahren in eine bereits spezifizierte Aufgabe ein.

Ausgangssituation: Der aktuelle Zustand der HTML-Datenbank wird von daVinci angezeigt, alle Datenbanken sind konsistent, die aktuelle Graphbeschreibung liegt im Steuermodul Leonardo vor.

Der Benutzer hat bereits eine Aufgabe spezifiziert und möchte sich alle verfügbaren Verfahren anzeigen lassen, um evtl. eines davon zu verwenden. Der Benutzer wählt im daVinci-Menü den Punkt „Subview erzeugen" aus. Der Steuermodul Leonardo empfängt die Aktivierung des Menüeintrages und startet einen HTML-Browser mit einem Fill-Out-Form zur weiteren Spezifikation des Views. Im FOF wählt der Benutzer den Punkt „Verfahren" aus und betätigt den Button „View erzeugen". Das ausgefüllte FOF wird an ein entsprechendes Script auf der Serverseite gesendet (SFGate), das die Anfrage entsprechend aufbereitet an die Wais-Datenbank weitergibt. Daraufhin wird aus der beantworteten Wais-Anfrage ein HTML-Dokument erzeugt, das alle verfügbaren Verfahren enthält. Dieses Dokument wird an das Steuermodul Leonardo gesendet, das die Struktur parst, die Graphbeschreibung erzeugt und die verfügbaren Verfahren als weiteren Graphen anzeigt. Weiterhin wird das Dokument an einen HTML-Browser gesendet, der dieses Dokument als eine Art textuellen Index darstellt. Mit ihm ist es nun möglich, zusätzliche Informationen über die Verfahren (das Dokument enthält Links auf die Objektbeschreibungen der Verfahren) zu erhalten. Der Benutzer wählt über den Browser ein Verfahren aus, selektiert die Aufgabe, zu der das Verfahren gehören soll in daVinci und wählt den Menüpunkt „Verfahren einhängen" aus. Der Steuermodul verfügt nun über alle benötigte Information. Das eigentliche „Einhängen" der Verfahren in die Aufgabe geschieht nun über das Einfügen der entsprechenden URLs[12] in die Dokumente. Nachdem die Links in die beiden Dokumente eingefügt wurden, hat der Steuermodul Leonardo die Wais-Datenbank zu aktualisieren und die neue Gesamtstruktur anzufordern. Danach stellt das Graph-Visualisierungstool daVinci den aktuellen Graphen dar.

[10]Die Wais-Datenbank enthält die gesamte Strukturinformation des HTML-Datenbestandes und liefert auf Anfragen die Beziehungen, auf die die Anfrage paßt, zurück.

[11]Die Antwort einer Wais-Anfrage ist in ein durch einen beliebigen Browser anzeigbares HTML-Dokument eingebettet (sog. Index-Dokument).

[12]*Uniform Ressource Locators* sind Mechanismen, die eine Spezifikation der in einem HTML-Dokument referenzierten Ressourcen gestatten. (siehe auch [URL] und [URI])

Kapitel 6

Realisierung von Task-Views für eine Managementplattform an einem Beispiel aus dem LAN-Management

Im bisherigen Verlauf der Arbeit wurde gezeigt, welche Ziele mit den Task-Views verfolgt werden, wie diese beschrieben werden können und wie man schließlich Task-Views für eine konkrete Umgebung gewinnt. Es wurde der Einsatz eines Werkzeuges motiviert, das bei der Erfassung und der Spezifikation von Task-Views hilft. Bis zu diesem Punkt sind die Task-Views allerdings nur eine Spezifikation, sie sind sozusagen „passiv“. Um diese „aktiv“ zu machen, d.h. diese Spezifikationen zu implementieren, bedarf es weiterer Arbeit.

Dieses Kapitel soll mögliche Formen der Integration bzw. Realisierung von Task-Views in Managementplattformen diskutieren, sowie eine Realisierungsmöglichkeit am Beispiel der Plattform HP Open View aufzeigen. Nachdem architekturelle und technische Probleme bei der Realisierung gezeigt wurden, soll an einem Beispiel aus dem LAN-Management die Realisierung der Task-Views illustriert werden. Dieser Teil bildet den Abschluß des Kapitels.

Die Motivation einer „tiefen“ Integration von Task-Views in Managementplattformen erfolgte bereits in vorangegangenen Abschnitten, daher sei darauf an dieser Stelle verzichtet.

6.1 Realisierungsalternativen

Zuerst einige allgemeine Betrachtungen zum Werkzeug TERRA und Managementplattformen. Von einer sehr technischen Sicht aus betrachtet, stellt TERRA eine Kombination aus einer zeichenorientierten Datenbank-Anwendung und einer graphischen Anwendung auf eben derselben Datenbank dar. Die graphische Anwendung erlaubt ein Navigieren und Manipulieren der Datenstrukturen, während die zeichenorientierte Datenbank-Anwendung die Manipulation der in den Objekten abgelegten Daten gestattet. Managementplattformen sollen, wie der Name schon sagt, eine Plattform, d.h. eine gemeinsame Basis für Management-Anwendungen bereitstellen. Ein großer Teil der von Management-Anwendungen gemeinsam benutzten Funktionalität/Information sollte in Form einer sog. Infrastruktur von der Plattform realisiert werden. Um der Informationsflut, die in Managementplattformen anfällt, habhaft zu werden, bzw. mit dieser umgehen zu können, sind Management-Anwendungen in der Regel graphisch orientiert[1]. Ebenso wie beim Werkzeug TERRA unterliegt jeder Managementplattform ein Informationsmodell, welches sich natürlich in der Realisierung der Speicherung der Information, sprich der Datenhaltung der Plattform widerspiegelt (unter anderem).

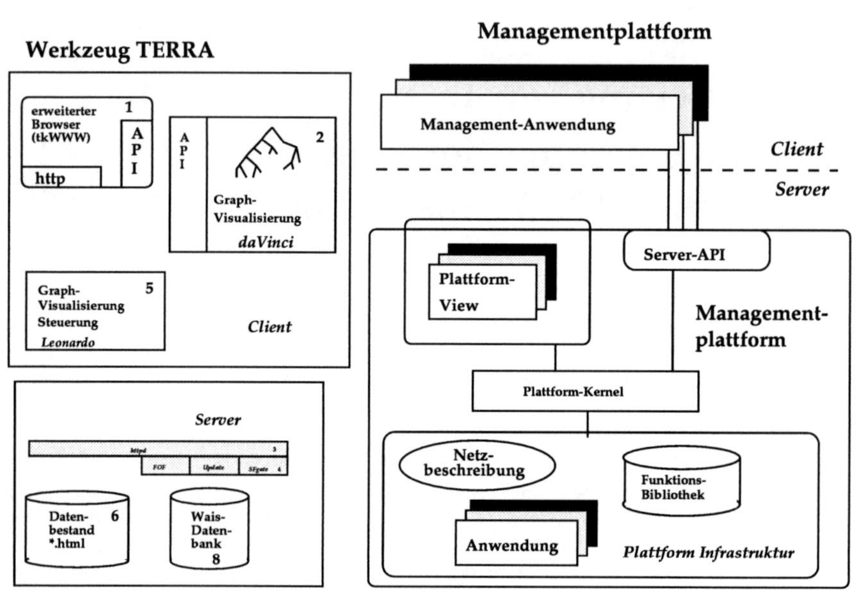

Abbildung 6.1: Gegenüberstellung TERRA Managementplattform

Fazit bisher: Die Managementplattformen wie auch das Werkzeug TERRA erlauben in einer verteilten Client-Server-Architektur den Umgang mit Daten. Beide nutzen graphische Mittel, um diese Daten darzustellen und zu manipulieren. Ebenso liegt beiden ein Informationsmodell zugrunde, das die konkrete Ausprägung des Datenbestandes bestimmt. In beiden ist eine „Infrastruktur" vorhanden, die von Anwendungen gemeinsam benutzte Funktionalität/Information bereitstellt. TERRA ist daher nichts anderes als eine Management-Anwendung (wie z.B. HP Open View Node Manager, Cabletron SPECTRUM SpectroGRAPH), die gleichzeitig nach architekturellen Prinzipien einer Managementplattform konzipiert wurde und daher ebenfalls Funktionalität und Information im Sinne einer Plattform-Infrastruktur beinhaltet. Eine graphische Zuordnung zeigt Abbildung 6.1.

[1] Dieselbe Argumentation läßt sich für die graphische Schnittstelle von TERRA verwenden.

Man kann also behaupten, daß das Werkzeug TERRA architekturell so konzipiert ist, daß eine Integration des Werkzeuges TERRA in eine Managementplattform sicher möglich ist. Zu dieser Problematik aber später mehr. Nach dieser allgemeinen Betrachtung sollen jetzt mögliche Formen der Anbindung bzw. Realisierung von Task-Views in einer beliebigen Managementplattform diskutiert werden.

Eine Kooperation bzw. Anbindung von TERRA an eine Managementplattform ist auf zwei verschiedene Arten möglich:

1. TERRA bleibt als Werkzeug bestehen, Funktions- und Informations-Views werden über die Plattform-API an die Plattform-Infrastruktur angebunden.
2. TERRA wird komplett in die Plattform integriert, so daß die bisherige TERRA-Infrastruktur in die Plattform-Infrastruktur aufgenommen wird.

Die erste Variante hat den Vorteil, daß TERRA als universelles, plattform-unabhängiges Werkzeug bestehen bleibt und die Anbindung an die Plattform einen wesentlich geringeren Aufwand als bei der zweiten Variante ausmachen würde. Ein möglicher Nachteil bestünde evtl. in der etwas schlechteren Performance, die sich aus der bisherigen Realisierung des Datenspeichers in TERRA ergibt. Konsistenzprobleme zwischen dem Datenbestand in der Plattform und dem in TERRA beschränken sich auf wenige Teile in der Funktions- und Informationsebene und sind, da sie bloß bei Änderungen des Funktions-/Informationsumfanges der Plattform auftreten, leicht zu lösen.

Die zweite Variante hätte den Vorteil, tief in die Plattform integriert zu sein (wie die erste Variante auch), wobei hier aber auch der gemeinsam verwendete Teil der in TERRA vorhandenen Infrastruktur in die Plattform-Infrastruktur übergehen würde, oder in Plattform-Anwendung und Plattform-Infrastruktur aufgesplittet werden würde. Weiterhin hätte man die Möglichkeit, das Look-and-Feel des Werkzeuges TERRA an das der Plattform anzugleichen, wie auch den Vorteil, mit einer Oberfläche, in der sich alle Interaktionen abspielen, zu arbeiten (in der ersten Variante gibt es mindestens zwei Oberflächen). Der Nachteil wäre, daß man mit einem plattformabhängigen Werkzeug arbeiten müßte, sowie der recht hohe Aufwand, TERRA komplett in die Plattform zu integrieren.

Ein großer Vorteil des Werkzeuges war es bisher, soweit möglich standardisierte Anteile (Protokolle, Datenspeicher, Clients) zu verwenden und den werkzeugspezifischen Anteil auf ein Minimum zu reduzieren, was natürlich Kompromisse bei der Umsetzung der Anforderungen erfordert. Im Sinne einer Migration steht die erste Variante natürlich vor der zweiten, aufwendigeren Variante. Aus diesem Grund soll der Schwerpunkt bei weiteren Betrachtungen auf der ersten Variante liegen.

Wesentliche Gemeinsamkeiten und Unterschiede faßt folgende Tabelle zusammen.

Aspekte	TERRA	Managementplattform
Kommunikation zwischen Client und Server	standardisiertes Protokoll	i.d.R. proprietäres Protokoll
Datenbank	Informationsmodell nach HTML 2.0 spezifiziert	i.d.R. propritäre Datenbanken mit teilweise standardisierter Schnittstelle (z.B. SQL)
Clients	HTML-Browser und ein Graph-Tool	oft nur Autodiscovery-Anwendungen (z.B. HP Node Manager), sonst unterschiedliche Funktionalität
Architektur	verteilt	verteilt (mit Ausnahmen)
Mehrbenutzerumgebung	nur schwaches Konzept für Mehrbenutzerumgebung	i.d.R. bessere Zugangskonzepte für Mehrbenutzerumgebung

6.2 Anbindung von TERRA an eine Managementplattform

Die Anwendung der Task-Views in einer Managementplattform bzw. im Zusammenhang mit einer Managementplattform stellt eine zielorientierte Strukturierung von Managementinformation und Funktionalität dar. Dabei beziehen sich die Task-Views auf bestehende Funktionalität und Information, die über eine Plattform-Infrastruktur zugänglich ist. TERRA übernimmt in diesem Kontext die Steuerung der Plattform. Folgende Anforderungen ergeben sich dabei an TERRA:

- Initiieren der Darstellung von Managementinformation in einem geeigneten Kontext in der Plattform.
- Die für einen View (Action-View) zugeordnete Funktionalität in der Plattform darstellen lassen (und damit auswählbar machen).
- Die Interaktionen des Benutzers mit TERRA/Plattform entsprechend des Verfahrens-Ablaufs interpretieren zu können und gemäß der Verfahrensbeschreibung entsprechend reagieren.

Für eine konkrete technische Realisierung der Task-Views mit TERRA in einer Plattform bedeutet dies:

- TERRA selbst muß zu einer aktiven Anwendung werden, d.h. die formalen Verfahrensabläufe (beschrieben in den Templates) müssen TERRA steuern.
- Es muß eine Anbindung zur Plattform-Infrastruktur geschaffen werden, die eine Steuerung des Plattform-Verhaltens (die meisten Plattformen basieren auf Client-Server-Strukturen) durch TERRA ermöglichen.

Je nach Leistungsfähigkeit der Plattform hinsichtlich der Qualität der API's ist es u.U. notwendig, daß TERRA selbst die Darstellung der Managementinformation übernimmt (wie z.B. bei HP Open View). Aus diesem Grund wird im nächsten Abschnitt auf die Anbindung von TERRA an HP Open View (siehe auch Vergleich der Plattform-APIs in Kapitel 3) eingegangen. Die oben angeschnittenen Probleme werden weiter verfeinert.

6.2.1 TERRA als aktive Anwendung

Um Mißverständnissen vorzubeugen, sei an dieser Stelle nochmals betont, daß TERRA bereits eine aktive Anwendung darstellt (Erfassung der Task-Views). Im Zusammenhang mit der Überschrift ist hier aber aktiv im Sinne einer aktiven Steuerung der Verfahrensabläufe gemeint, die bisher nicht existiert. An dieser Stelle ein kurzer Ausflug in die TERRA-interne Verarbeitung der Verfahrensbeschreibungen. Eine Verfahrensbeschreibung wird graphisch als „Flußdiagramm" in dem Graph-Manipulationstool daVinci erzeugt und als Graph-Term abgelegt. Aus dieser Information werden mittels eines Generators die zur formalen Beschreibung nötigen Prolog-Klauseln erzeugt. Diese Prolog-Klauseln dienen der TERRA-Steuerung als Input, um Verfahren zu steuern und zu überwachen. Dieser Ablauf ist in Abbildung 6.2 dargestellt.

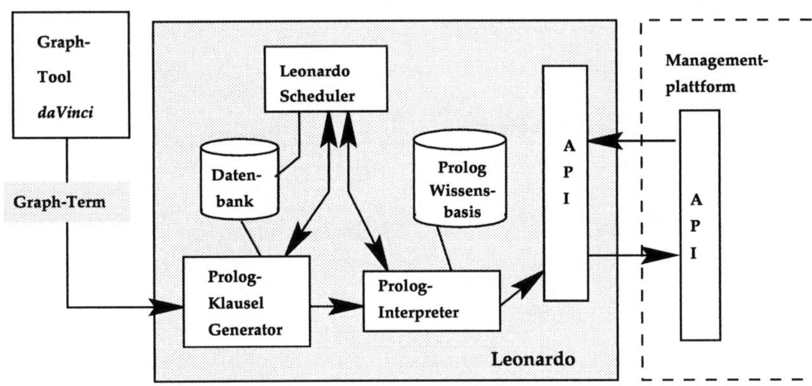

Abbildung 6.2: Verfahrensablauf gesteuert durch Leonardo

Der Graph-Term, welcher den Verfahrensablauf repräsentiert, wird dabei einmal als daVinci-Term in Leonardo abgelegt, um Modifikationen der Ablaufbeschreibung durch daVinci zu gestatten, und einmal in Form generierter Prolog-Klauseln, die die Verarbeitung der Verfahren in TERRA steuern. Die Aktivierung eines solchen Ablaufes erfolgt dann über entsprechende Funktionalität in den Verfahrens-Templates (dargestellt über HTML-Browser), die über ein entsprechendes Script (cgi-bin Schnittstelle des httpd) auf der Serverseite die Verarbeitung auslösen. Damit wäre die Richtung TERRA → Managementplattform betrachtet. Natürlich ist es auch nötig, in der anderen Richtung Managementplattform → TERRA Information auszutauschen.

Dies ist z.B. der Fall, wenn Aktionen beendet sind, d.h. die zur Erbringung der Aktion notwendige Funktionalität in der Plattform benutzt und der Zustand erreicht wurde, der das Ende einer Aktion kennzeichnet.

Eine alternative Lösung der aktiven Verarbeitung von Verfahrensabläufen wird gegenwärtig im Projekt TERRA-II ([HeSe 95]) untersucht. Grundlage für diese Arbeiten bildet das Programmiersystem *Khoros*, das ursprünglich in Bereichen mit sehr datenintensiven Problemen (z.B. Strömungsphysik, Klimaforschung) Anwendung fand. Khoros besteht aus einer Vielzahl von Funktionen (Bibliothek) zur Datensammlung, -verarbeitung und -darstellung, sowie Werkzeugen zur Manipulation der Bibliotheken und dem Umgang mit diesen. Für die Verfahrensbeschreibung wird das visuelle Programmierwerkzeug *Cantata* (Bestandteil von Khoros) verwendet, das ähnlich einer Case-Umgebung die systematische und strukturierte Entwicklung von Software unterstützt. Die in sog. Toolboxen (Funktionsbibliotheken) abgelegte Prozedur (inkl. Dokumentation und Spezifikation der Benutzerschnittstelle) wird in Cantata zu programmablaufartigen Netzen zusammengefaßt, wobei Informations- und Kontrollflüsse graphisch manipuliert werden können. Abbildung 6.3 und Abbildung 6.4 zeigen visuell programmierte Verfahren aus dem Bereich des Systemmanagements, die die Erstkonfiguration eines Printer-Systems zum Gegenstand haben. Eine ausführliche Diskussion dieser Aspekte findet sich in [Heil 95].

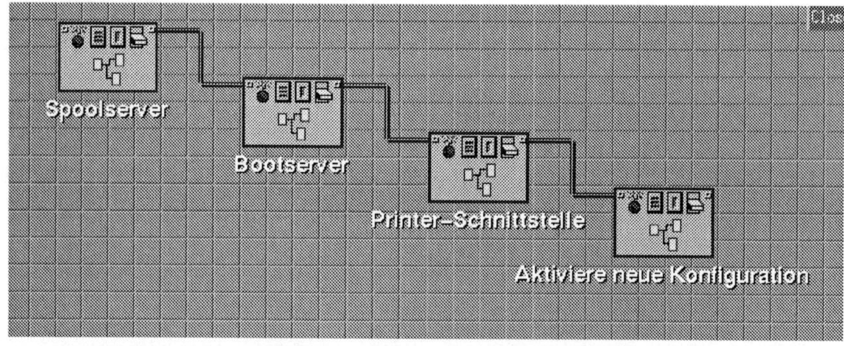

Abbildung 6.3: Visuell programmiertes Verfahren „Printer-Erstkonfiguration“

An einer Konfiguration von Komponenten, Anwendungen etc. in verteilten Systemen sind grundsätzlich (mindestens) zwei Seiten beteiligt; im vorliegenden Beispiel der Printererstkonfiguration sind dies die Serverseite, die das Printspooling durchzuführen hat, und die Printerseite. Um diesen Abhängigkeiten gerecht zu werden, wird innerhalb des zugehörigen Verfahrens jeder an dieser Konfigurationsaufgabe beteiligten Komponente ein eigenes Teilverfahren zugeordnet. In der Abbildung sind diese einzelnen Teilverfahren zu sehen. Das Verfahren setzt sich aus den Teilverfahren *Konfiguration Spoolserver*, *Konfiguration Bootserver*, *Konfiguration Printer-Schnittstelle* und *Aktiviere neue Konfiguration* zusammen. Jedes Verfahren besteht also aus einer Abfolge von Teilverfahren mit Abhängigkeiten, die auf die jeweilige Abfolge von einzelnen Konfigurationsschritten einen entscheidenden Einfluß haben. Derartige Abhängigkeiten können in der grafischen Oberfläche von Khoros visualisiert und in der Ablaufsteuerung berücksichtigt werden (siehe Abbildung 6.4).

Die weitere Verfeinerung des Teilverfahrens *Konfiguration Spoolserver* in den strukturierten Ablauf der einzelnen Aktionen zeigt Abbildung 6.4. Hierbei wird versucht, möglichst generische Aktionen zu entwerfen, die auch in anderen Verfahren verwendet werden können.

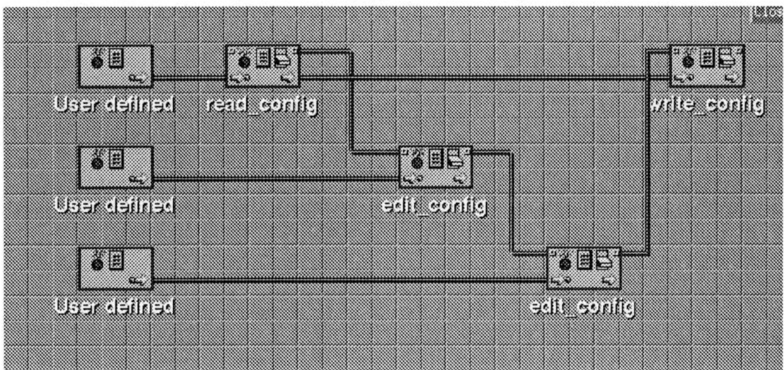

Abbildung 6.4: Visuell programmiertes Teil-Verfahren "Konfiguration Spoolserver"

6.2.2 Anbindung von TERRA an die Plattform-Infrastruktur

Zentraler Punkt bei der Anbindung von TERRA an die Managementplattform ist der Action-View. Er beschreibt den Kontext, in welchem die Information für diese Aktion darzustellen ist und referenziert die nötige Information (Information-Views) und Funktionalität (Function-Views), die in dieser Aktion verwendet werden soll. Bei der Kopplung Action-View → Managementplattform ergeben sich folgende Fragen:

- Welche Information ist in der Plattform für diese Aktion darzustellen? → Information-View (Referenz im Action-View)
- Wie ist die referenzierte Information darzustellen? → Visual-Representation-View
- Welche Funktionalität soll der Benutzer in diesem Schritt angeboten bekommen? → Function-View (Referenz im Action-View)
- Welche Interaktionen sind zulässig und welche Funktionalität wird mit welchen Interaktionen verknüpft → Interaction-View
- In welchem Kontext soll die ausgewählte Information dargestellt werden? → Attribut *Object Relation* im Action-View

Die jeweiligen Attribute der Action-View-Templates bzw. die referenzierten Views, die die gewünschte Information enthalten, sind am Ende jedes Aspektes angeführt. Den eben beschriebenen Zusammenhang stellt Abbildung 6.5 dar.

Nachdem die Problemstellung der Anbindung von TERRA allgemein diskutiert wurde, soll am Beispiel einer konkreten Managementplattform die Problematik konkretisiert werden.

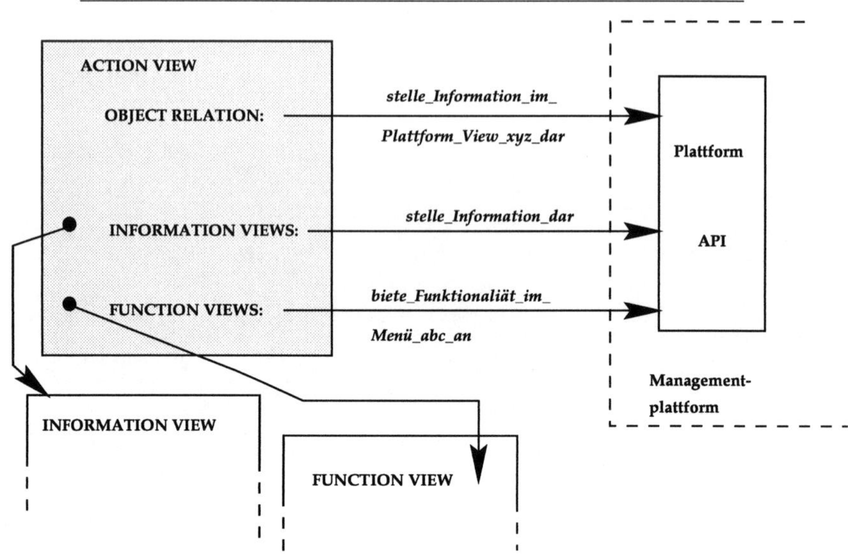

Abbildung 6.5: Zusammenhang zwischen dem Action-View-Template und der Plattform-API

6.3 Anbindung von TERRA an HP Open View

In diesem Abschnitt sollen die im vorherigen Abschnitt aufgezeigten Problemstellungen bzw. die sich daraus an eine Managementplattform ableitenden Anforderungen am Beispiel von HP Open View konkret analysiert werden. Dazu werden im ersten Teil die Anforderungen an die Managementplattform festgelegt. Im zweiten Teil wird die Infrastruktur der Plattform HP Open View näher betrachtet und bestehende Defizite zwischen Anforderungen und Realität herausgestellt. Der dritte Teil enthält mögliche Lösungen für die im zweiten Teil entdeckten Defizite.

6.3.1 Anforderungen an die Plattform-API

Die Ableitung der Anforderungen an die Plattform-API basiert auf den in Abschnitt 6.2 aufgeführten Problemstellungen. Wie schon in Abbildung 6.5 dargestellt, sind folgende Aspekte durch die Plattform-API zu unterstützen:

- Darstellung ausgewählter Information in der Plattform-API (Information-View)
- Visualisierung der ausgewählten Information in dem durch das Attribut *Object Relation* angegebenen Kontext

- Zugänglich machen von den im Function-View spezifizierten Funktionen durch Action-View spezifische Plattform-Menüs bzw. Maus-Aktionen
- Meldung der Plattform-API an TERRA über ausgeführte Aktionen (benutzte Plattform-Funktionalität)

Für die Schnittstelle zwischen TERRA und der Managementplattform-API werden folgende Operationen vorgeschlagen:

open_action *(ACTION VIEW)*

visualize_information *(INFORMATION VIEW)*

create/delete_context *(OBJECT RELATION)*

focus_on_target_domain *(TARGET DOMAIN)*

create_menu_item *(FUNCTION VIEW)*

close_action *(ACTION VIEW)*

- *open_action:* Eröffnen eines Aktions-Templates in TERRA
- *visualize_information:* Darstellen der Information in der Plattform
- *create/delete_context:* Erzeugen/Löschen von Plattform-Views in der Plattform
- *focus_on_target_domain:* Einschränken auf eine bestimmte Domäne
- *create_menu_item:* Erzeugen von Menüeinträgen in der Plattform, d.h. Verfügbarmachen von Funktionalität
- *close_action:* Beenden einer Aktion, zurück zum Verfahren

6.3.2 HP Open View API

Ausgehend von den in Abschnitt 6.3.1 aufgestellten Anforderungen bzw. den von ihnen abgeleiteten Operationen werden nun die Möglichkeiten der HP Open View API auf deren Realisierbarkeit hin untersucht.

Darstellen von Information in HP Open View

HP Open View bietet minimale Fähigkeiten, um Managementinformation über eine API initiiert darzustellen. In HP Open View wird über Open View Anwendungen wie z.B. dem Node-Manager das Visualisieren von Managementinformation durch eine Art MIB-Browser in einer recht einfachen Form unterstützt. Typabhängige Widgets zur Darstellung sind hier unbekannt (vgl. dazu auch SPECTRUM View-API [SPEC VIE] oder [SPEC ASY]). Es gibt einige wenige Operationen, die das Darstellen von Objekten in bereits erzeugten „Submaps“ (HP Open View verwendet nur einen View-Typ) unterstützen:

- *OVwDisplay Submap* → Darstellen einer Submap

- *OVwAlert Message* → Senden von OVw Alarmen an den Benutzer

Man muß allerdings erwähnen, daß eine Vielzahl sog. Callback-Routinen existieren, die eine Anwendung durch die API vom Öffnen oder Schließen einer Map (*OVwMapCloseCB*) informieren. Dies wäre interessant, wenn man durch das Schließen einer für eine bestimmte Aktion geöffneten Submap das Ende einer Aktion erkennt.

Visualisierung ausgewählter Information in einem bestimmten Kontext

Resultierend aus den im vorigen Punkt festgestellten Eigenschaften der API folgt, daß ohne die Möglichkeit, Information prinzipiell darzustellen (in einer gewissen Flexbilität), die Beeinflußung des Darstellungskontexts ebensowenig einen Sinn ergibt. Allein eine Operation zur Änderung des Hintergrundes einer Submap (*OVwSetBAckgroundGraphics*) gestattet eine Art „Kontextwechsel", der sich allerdings nur auf die Darstellung von Symbolen beschränkt.

Zugänglich machen von Plattform-Funktionalität über Plattform-Menüs

Weitaus mehr Möglichkeiten bietet HP Open View in diesem Bereich. Die Plattform-API erlaubt das dynamische Definieren von Menüs (inkl. der Menüeinträge) mittels folgender Funktionen:

- *OVwAdd/RemoveMenuItem* → Erzeugen und Entfernen von Menüeinträgen
- *OVwAdd/RemoveMenuItemFunction* → Erzeugen und Entfernen von Funktionen aus den Menüeinträgen
- *OVwMenuRegistration* → Erzeugen der Menüs

Ein Problem, das sich dabei allerdings sofort stellt, ist: „Wie kann man auf die bisher vorhandene Funktionalität zugreifen?" Eben erwähnte Routinen erlauben nur ein Hinzufügen externer Funktionalität, nicht aber die Benutzung bereits existierender Funktionalität.

6.3.3 Ausgleichen der Defizite

Gemäß der Gliederung des vorherigen Abschnittes wird nun versucht, die bei den einzelnen Punkten auftretenden Defizite zu beseitigen.

Darstellen von Information in HP Open View

Wie bereits erwähnt, bietet HP Open View hier keine Möglichkeit an, wohl aber den Zugriff auf Objekte der Datenbank (*OVwGetFieldValue*). TERRA müßte dahingehend erweitert werden, daß eine Darstellung der aus der HP Open View Datenbank ausgelesenen Information z.B. über Tk-Widgets möglich ist. Probleme, die dabei sicher auftreten werden, sind z.B. Synchronisationsprobleme und evtl. Performanceprobleme.

Visualisierung ausgewählter Information in einem bestimmten Kontext

Bedingt durch die Eigenschaft, daß HP Open View nur einen Plattform-View unterstützt, erübrigt sich diese Problematik. Da aber TERERA die Darstellung von Managementinformation übernehmen muß (siehe vorheriger Punkt), sollte der Wechsel des Darstellungskontexts (soweit möglich) ebenfalls in TERRA erfolgen. Dies würde allerdings dem eigentlichen Ziel, einen Adapter zwischen TERRA und der Plattform zu entwickeln, entgegenlaufen. Man würde fehlende Plattform-Funktionalität bzw. prinzipielle architekturelle Mängel der Plattform in TERRA ausgleichen und damit die erforderliche Schnittstelle zwischen beiden zweckentfremden.

Zugänglich machen von Plattform-Funktionalität über Plattform-Menüs

Hier besteht insofern kein Defizit, als das HP Open View das dynamische Anlegen und Verwalten von Menüs unterstützt. Ein Problem ist dabei allerdings, wie bereits erwähnt, der fehlende Zugriff auf plattform-interne Funktionalität, so daß hier insofern ein Mangel besteht, daß TERRA nur neu hinzugefügte, externe Funktionalität der Plattform benutzen könnte.

6.4 Beispiel: Sternkoppler-Management

Nachdem nun allgemein wie auch konkret Formen der Anbindung von TERRA an die Managementplattform HP Open View betrachtet wurden, soll am Beispiel eines Verfahrens aus dem Sternkoppler-Management die Möglichkeit der Anbindung von TERRA an HP Open View illustriert werden. Eine allgemeine Betrachtung zum Thema Sternkoppler-Management findet man z.B. in [ASW 93]. Im folgenden wird dabei auch die Leistungsfähigkeit der HP Open View Server-API im Kontext der speziellen Anforderungen von TERRA eingegangen. Ganz allgemein wurden solche Ansätze schon in vorangegangenen Abschnitten erwähnt. Als Beispiel wird das bereits aus dem Kapitel 5 bekannte Sternkoppler-Management herangezogen.

Der nächste Abschnitt liefert noch einmal einen allgemeinen Überblick über die im Sternkoppler-Management anfallenden Aufgaben und Verfahren. Der darauffolgende Abschnitt stellt grundlegende technische Probleme der Anbindung sowie Lösungensmöglichkeiten vor.

6.4.1 Aufgaben und Verfahren im Sternkoppler-Management

In Abbildung 6.6 wird ein Überblick über die im Sternkoppler-Management anfallenden Aufgaben gegeben. Die wichtigsten Aufgaben im Sternkoppler-Management sind dabei die Aufgaben „Sternkoppler installieren" und „Sternkoppler betreiben".

Ist es notwendig geworden, einen Sternkoppler in ein bestehendes Netz einzubinden, muß dieser gemäß der Funktionen, die er zu erfüllen hat, an die entsprechende Position ins Netz gebracht, installiert und in Betrieb genommen werden. Ist er einmal in Betrieb gegangen, muß seine korrekte Funktionsweise überwacht und evtl. auf Abweichungen reagiert werden. Weiterhin kann der Sternkoppler als Monitor an neuralgischen Punkten im Netz verwendet werden, um über sich anbahnende Engpässe informiert zu sein.

Verfahren: Sternkoppler installieren

Zur Aufgabe „Sternkoppler installieren" wird ein gleichnamiges Verfahren eingeführt, das in Abbildung 6.7 dargestellt ist.

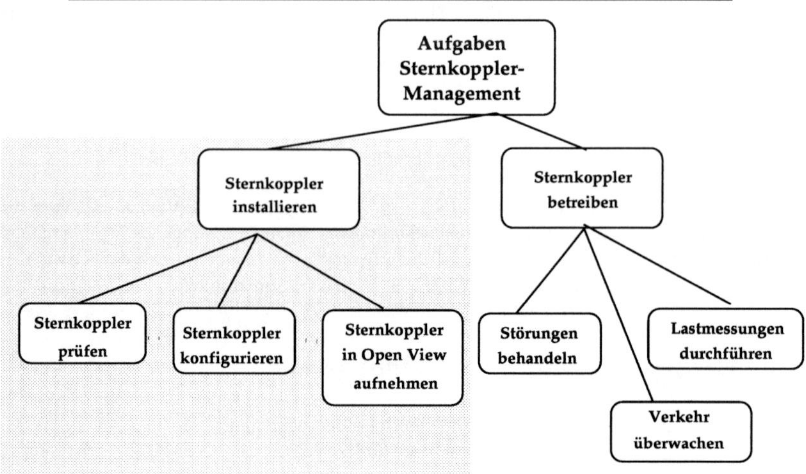

Abbildung 6.6: Aufgaben beim Management von Sternkopplern

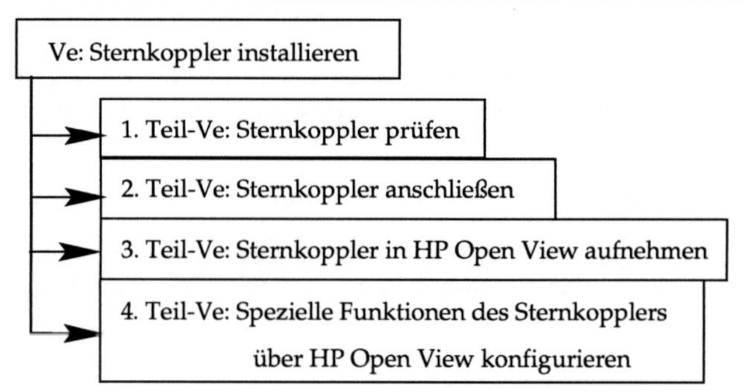

Abbildung 6.7: Verfahren zum Installieren eines Sternkopplers

Teil-Ve: Sternkoppler prüfen

Überprüfen, ob der bereitgestellte Sternkoppler die geforderten Eigenschaften erfüllt (z.B. Typ, Anzahl Boards und Ports, ...). Zusätzlich ist die Version des SNMP Agenten zu überprüfen und evtl. zu aktualisieren.

Teil-Ve: Sternkoppler anschließen

Position des Sternkopplers im LAN ermitteln und anschließen. Zudem sind die jeweils vorgesehenen Endsysteme an die entsprechenden Ports des Sternkopplers anzustecken.

Teil-Ve: Sternkoppler konfigurieren

Diese Aktion ist bereits ein erster Teil der Konfiguration des Sternkopplers. An dieser Stelle sind eventuell Aktionen im Zusammenhang mit der Element-Management-Anwendung, die für diesen Sternkoppler-Typ existiert, vorzunehmen.

Teil-Ve: Sternkoppler in HP OpenView aufnehmen

Es ist in der entsprechenden Map von HP OpenView ein Sternkoppler-Symbol einzutragen. Weiterhin ist die unterstützte MIB einzurichten und zu laden.

Nachfolgend werden die verschiedenen Aktionen strukturiert, jedoch ohne die Werkzeugfunktionen und ohne die benötigte Information dargestellt (siehe Abbildung 6.8).

Teil-Ve: Spezielle Funktionen des Sternkopplers über HP OpenView konfigurieren

Eventuell müssen Konfigurationen zu den Backup-Links oder zur Autopartitioning-Funktion vorgenommen werden. Hierzu sind von HP OpenView aus zwei unterschiedliche Vorgehensweisen denkbar:

1. Einstellung über MIB-Variablen
   Sofern die Hersteller-MIB derartige MIB-Variablen für die entsprechende Funktionalität enthält, kann die Konfiguration über das Ändern bzw. Setzen von MIB-Variablen erfolgen.
   Fu: OV:„Monitor/Mib Values/Browse MIB: SNMP.../“
   In: Spezifische MIB-Variablen
2. telnet zum Sternkoppler
   Sofern der Sternkoppler eine telnet-Sitzung als Konsole unterstützt kann die Konfiguration über eine Remote-Console erfolgen.
   Fu: OV:„Misc/Terminal Connect/xterm/“

6.4.2 Technische Realisierung

Gemäß der in Abschnitt 6.3.2 und Abschnitt 6.3.3 getroffenen Feststellungen wird nun tiefer auf die Realisierung der Anbindung unter Fokussierung auf das Sternkoppler-Management eingegangen. Als Zusammenfassung der beiden erwähnten Abschnitte läßt sich folgendes festhalten:

- **Darstellen von Information in HP Open View:** Wird zum großen Teil durch ein Ergänzungsmodul zu TERRA übernommen. Gegebenenfalls wird das Darstellen von Submaps in HP Open View ergänzend verwendet.
- **Visualisieren von Information in einem Kontext:** Es besteht die Anforderung an die API, Information in definierten Plattform-Views (z.B. Topologie View, Device View,...) darzustellen. Leider bietet HP Open View keine Möglichkeiten derartiger Einflußnahme

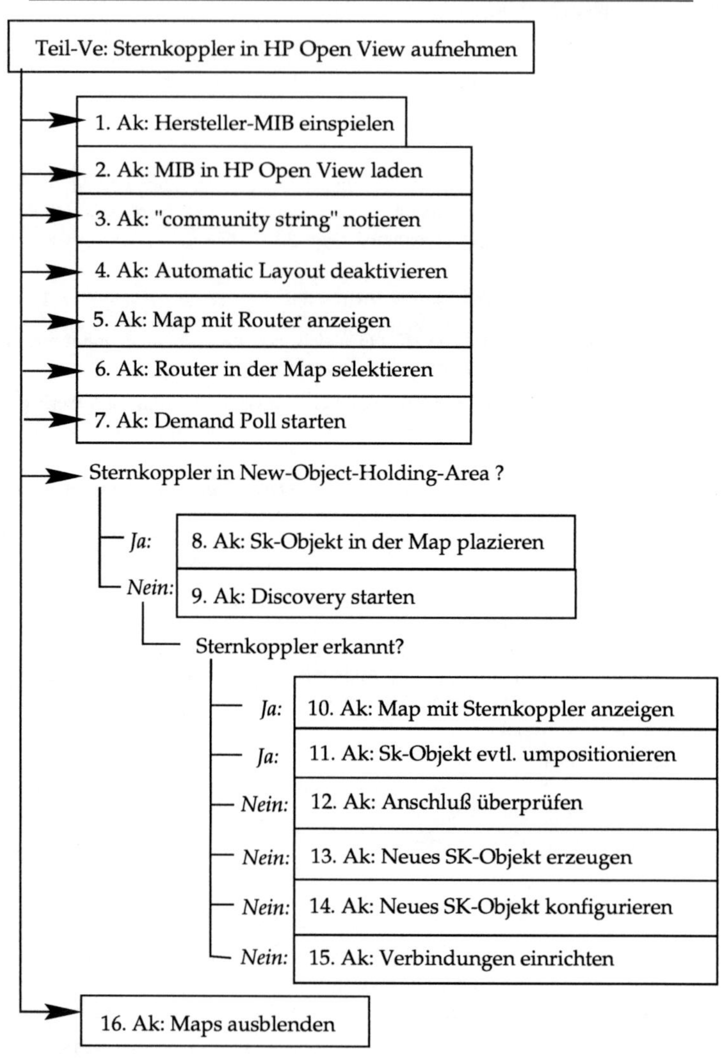

Abbildung 6.8: Teilverfahren: Sternkoppler in HP Open View aufnehmen

auf die Darstellung. Der Aufwand diese Plattform-Eigenschaft selbst zu entwickeln bzw. in

TERRA nachzuempfinden, steht in keinem Verhältnis zum Aufwand.

- **Zugänglich machen von Plattform-Funktionalität über Plattform-Menüs:** Da offensichtlich auf plattform-interne Funktionalität nicht zugegriffen werden kann, ist man auf das Verfügbarmachen externer Funktionalität angewiesen bzw. bedient sich der Element-Management-Werkzeuge.

Kapitel 7

Der Entwurf einer betreibergerechten Schnittstelle zum Management der Netzbeschreibung

Die Entwicklung im Bereich der Kommunikationsnetze hat vor Augen geführt, daß Unternehmen ihre bisher existierenden Teilnetze zu komplexen und heterogenen Netzverbunden zusammenschließen, um den wachsenden Anforderungen eines immer wichtiger werdenden Informationsflusses gerecht zu werden. Die gewachsene Komplexität stellt besonders das Management solcher „Corporate Networks“ vor völlig neue Probleme. Neben der bereits erwähnten Heterogenität spielt auch die immense Anzahl der Netzkomponenten in Corporate Networks eine weitere wesentliche Rolle. Proprietäre Element-Management-Werkzeuge haben den schwerwiegenden Nachteil, daß diese in den meisten Fällen nicht miteinander kooperieren können. Auch integrierte Managementplattformen werden dem Problem nicht gerecht, da hier oft die Unvollständigkeit der Netzbeschreibung auch große Probleme bereitet. Managementplattformen machen den Vorteil, eine Netzbeschreibung für das gesamte zu administrierende Netz zu besitzen und zu verwalten, durch eine unzureichende Unterstützung bei der Erstellung und der Administration dieser Netzbeschreibung wieder zunichte. Es ist eine elementare Anforderung an Managementplattformen, das Management der Netzbeschreibung durch geeignete Mechanismen zu automatisieren und zu unterstützen.

In diesem Teil der Arbeit soll eine betreibergerechte[1] Schnittstelle zum „Autodiscovery[2]“, d.h. der automatischen Administration der Netzbeschreibung, unter Verwendung des Task-View-Modells mit seiner Anpassungsmethodik entwickelt werden.

Eine Arbeit, die sich stark an den Möglichkeiten der technischen Realisierung von Discovery-Verfahren orientiert, stellt [Wien 94] dar. Weitere technische Aspekte sind in [Fisc 94] und [WCS 93] zu finden.

[1] Im Gegensatz zu den existierenden Schnittstellen zur Autodiscovery Funktionalität.

[2] Mit Autodiscovery wird in diesem Zusammenhang das oft von Managementplattformen zur Verfügung gestellte Werkzeug gemeint. Diese beiten meist nicht nur Funktionen zum Erkennen, sondern auch zum Manipulieren an.

7.1 Anforderungen des Anwenders an die Netzbeschreibung

Systemübergreifende Sachverhalte, wie z.B. Verkehrsbelastung in LAN-Segmenten oder die Verkabelungsstruktur am Standort, werden für einen Netzbetreiber immer wichtiger. Deshalb muß das Netzmanagement-System über eine globale Netzbeschreibung verfügen, wozu die gesamte physische Verkabelung mit allen vorhandenen Komponenten im Netz und auch WAN-Anschlußkomponenten, wie Multiplexer oder ISDN-Router gehören. Da das WAN mit seinen verschiedenen Netzen, wie Mietleitungen, PSTN und PSDN, heutzutage noch in der Hand der TELEKOM ist, stehen über die WAN-Komponenten und WAN-Strecken innerhalb des WANs keine Informationen zur Verfügung. Lediglich die benutzereigenen WAN-Anschlußkomponenten geben über die angeschlossenen Leitungen Auskunft, natürlich nur aus ihrer eigenen Sicht der Leitung. Solange die TELEKOM das Management der WANs betreibt, endet an diesen WAN-Anschlußkomponenten das NM-Management der Netzbetreiber.

Wie auch schon in [HEAB 93] festgestellt wurde, enthält eine Netzbeschreibung folgende Typen von Information, die sich bei einigen Managementplattformen in den Plattform-Views widerspiegelt:

- **Geographische Information**
  In dieser View-Hierarchie wird die räumliche Anordnung der Komponenten und anderer Managementobjekte dargestellt. Es wird genaue Lokalisierungsinformation benötigt, die heute von Hand eingetragen werden muß, weil in den Komponenten keine maschinell auswertbare Lokalisierungsinformation gehalten wird. Lediglich in einer Internet-MIB wird eine – jedoch nicht ausreichende – vom Systemverwalter eingetragene Information über den Aufstellungsort der Komponente gehalten. Aus diesem Grund wird diese Art der Information nicht weiter betrachtet.
- **Topologische Information**
  Die Topologie-Hierarchie erlaubt die Betrachtung der Netzbeschreibung aus Protokollsicht. Netzkomponenten stellen in Form von Internet-MIBs ausreichend Information bereit, um die Topologie des Netzes automatisch zu erkennen. Die Topologie-Hierarchie wird der Schwerpunkt der weiteren Betrachtungen sein.
- **Organisatorische Information**
  Diese View-Hierarchie erlaubt die Sicht auf Domänen, die in der Organisation die Zuständigkeiten regeln. Hierfür steht in den Komponenten keinerlei Information zur Verfügung. Als Informationsquellen eignen sich andere Managementwerkzeuge, wie z.B. Dokumentationssysteme. Die dort verwaltete Information muß in das NM-System transferiert werden. Hierzu existieren schon Arbeiten, wie z.B. [Wied 93] und [Eger 94]. Weitere diesbezügliche Betrachtungen folgen deshalb nicht.
- **Komponenteninformation**
  In der Regel werden drei Hierarchiestufen verwendet, um den Aufbau von Netzkomponenten aus Baugruppen und deren Eigenschaften aufzuzeigen: Komponenten-, Board- und Port-Ebene. Diese Art, die physische Sicht auf Netzkomponenten darzustellen, ist in kommerziellen NM-Plattformen bereits im Einsatz und wird daher im folgenden nicht mehr betrachtet.

Kommunikationsnetze jeder Art bestehen aus einzelnen Elementen, die in einer bestimmten Art und Weise (abhängig von Netztechnologie und Unternehmen) miteinander verbunden sind. Die Netzelemente können dabei:

- Netzkomponenten (Koppelelemente)
- Endsysteme
- physische Verbindungen

repräsentieren. Um die für das Netz- und Systemmanagement anfallenden Aufgaben zu bewältigen, ist die Beschreibung der für die Benutzer relevanten Teile eines Kommunikationsnetzes notwendig. Innerhalb eines größeren Unternehmens sind i.d.R. mehrere Personen mit dem Management der Netz- und Systemressourcen betraut. Jede dieser Personen hat daher individuelle Anforderungen an den Teil der Netzbeschreibung, den er sehen will, d.h. jeder Benutzer hat einen eigenen, aufgabenspezifischen *View* auf die Netzbeschreibung (siehe auch 7.1). Dies bedeutet wiederum, daß die Summe aller Benutzeranforderungen genau den notwendigen Inhalt der Netzbeschreibung ausmacht (siehe Abbildung 7.1). Die bisherige Betrachtung der Netzbeschreibung ist allerdings stark von der Internet-Sicht auf das Netz geprägt. Innerhalb des OSI-Informationsmodells würden Netzkomponenten und Endsysteme durch OSI-Systeme ersetzt werden. Das ändert allerdings nichts an der Tatsache der Notwendigkeit der Existenz einer Netzbeschreibung.

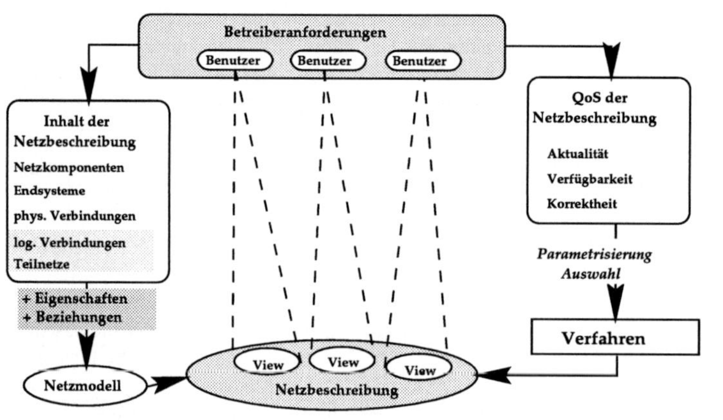

Abbildung 7.1: Anforderungen der Anwender an die Netzbeschreibung

Eine weitere, wesentliche Rolle spielt bei der Betrachtung der Netzbeschreibung das Netzmodell. Es legt fest, was in einer Netzbeschreibung modelliert werden kann (Vergleich Objektklassen → Instanz). Natürlich ist auch das Netzmodell von den Anforderungen der Netzbetreiber geprägt.

Wie schon erwähnt, gibt es in einem Unternehmen Personen (oder Gruppen), die Managementaufgaben zu lösen haben, welche das Vorhandensein einer Netzbeschreibung erforderlich machen. Ausgehend von den beispielhaften Untersuchungen innerhalb der BMW AG und der Rechnerbetriebsgruppe der Technischen Universität München läßt sich feststellen, daß eine Klassifizierung der Benutzer mittels sogenannter Profile möglich ist. Solche Profile charakterisieren auf einem technischen Niveau den Typ des Benutzers, soweit diese Information für das Erstellen der Netzbeschreibung notwendig ist.

Wie in Abbildung 7.1 dargestellt, hat der Anwender der Plattform Anforderungen an den Inhalt der Netzbeschreibung[3] (linke Seite), sowie an die Qualität der Netzbeschreibung (rechte Seite). Beide Klassen von Anforderungen beeinflußen die Auswahl und Parametrisierung der zum Management der Netzbeschreibung verwendeten Verfahren.

Begriffsbildung

Das **Netzmodell** legt fest, was Gegenstand oder Inhalt der Netzbeschreibung sein darf. Übertragen auf eine Plattform bedeutet dies, daß das Darstellungsvermögen des Netzmodells einer Plattform den Inhalt der Netzbeschreibung wesentlich bestimmt. Eine weitere Folge ist, daß die Qualität des Netzmodells erheblichen Einfluß auf den Grad der Unterstützung eines Benuzters durch eine Plattform hat. Folgende Aspekte werden bisher in Plattformen abgedeckt:

- Netzkomponenten
- Endsysteme
- physische Verbindungen
- Teilnetze (vorgegeben durch Kommunikationsschichtung)

Weitere Aspekte wie z.B.:

- logische Teilnetzbildung
- logische Verbindungen

werden nur durch einige wenige Plattformen berücksichtigt. Vollkommen außer acht gelassen werden Aspekte wie:

- Eigenschaften der Endsysteme (Timeserver, Nameserver, ...)
- unterstützte Protokolle (Endsysteme, Netzkomponenten)
- Anwendungen

Überträgt man die bereits erwähnte Analogie Objektklasse → Instanz auf die Netzbeschreibung, ist es legitim, die **Netzbeschreibung** als ausgewählte Menge von Instanzen des Netzmodells zu sehen. Der Auschnitt, der in der Netzbeschreibung zu modellieren ist, wird dabei von den Anwendern der Plattform festgelegt. In der Regel ist der Netzadministrator für den Teil des Netzes verantwortlich, der von den Benutzern beansprucht wird, oder besser: den Teil des Netzes, der die Ressourcen verbindet, welche zur Befriedigung der Anwenderbedürfnisse notwendig sind. Die Netzbeschreibung enthält alle relevanten Netzelemente (Netzkomponenten, Endsysteme, Verbindungen), sowie Basisinformation über die Netzelemente. Unter der Basisinformation[4] ist

[3] Der mögliche Inhalt der Netzbeschreibung wird durch das Netzmodell vorgegeben.

[4] Im Gegensatz dazu steht die individuelle benutzerspezifische Information, die oft eher interpretierenden Charakter hat.

die ein Netzelement charakterisierende Managementinformation zu verstehen, die einer Modifikation durch den Benutzer nicht zugänglich ist und in der Regel aus den Management-Agenten oder aus der Netzbeschreibung gewonnen wird. Sie ist daher auch unabhängig vom jeweiligen View des Benutzers.

Das Erzeugen der Netzbeschreibung hat das Modellieren des realen Netzes unter Berücksichtigung der Benutzeranforderungen zum Ziel. Ein Teil ist dabei automatisierbar (die Information, die über Protokolle aus dem Netz gewonnen werden kann, Datenbanken mit managementrelevanten Daten, ...), ein anderer Teil muß manuell hinzugefügt werden. In Abbildung 7.2 ist der Ablauf der Erstellung der Netzbeschreibung zu sehen.

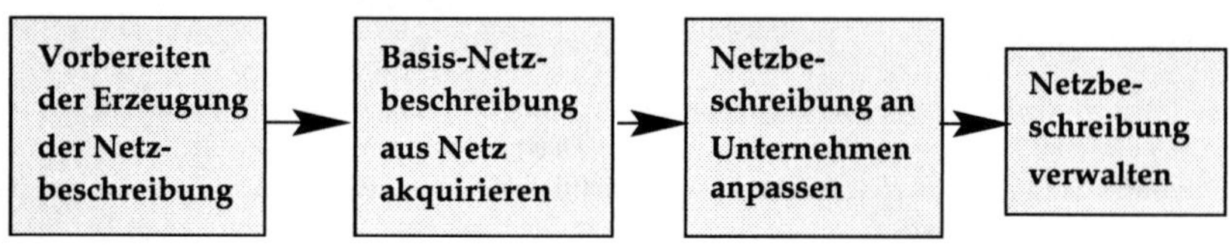

Abbildung 7.2: Ablauf der Erstellung der Netzbeschreibung

Neben der aus dem Netz gewonnen Information (IP-Adresse, Interfaces, Disk Space) gibt es noch Informationen, die entweder nicht aus dem Netz gewonnen werden können, da sie unternehmensspezifisch sind (Inventarnummer, letzte Reparatur), oder in den MIBs der Netzkomponenten noch nicht berücksichtigt wurden. Diese Information muß aus Netzdatenbanken o.ä. ergänzt werden.

Zuletzt noch einige Bemerkungen zu den im weiteren erläuterten Discovery-Verfahren.

Die Struktur der Discovery-Verfahren richtet sich exakt nach der Struktur der TCP/IP-basierten LANs, die in Abbildung 7.3 im Überblick zu sehen ist.

Die Gliederung erfolgt streng nach dem OSI-Referenzmodell. Es existiert für jede OSI-Schicht ein eigenes Discovery-Verfahren. Innerhalb der OSI-Schichten lassen sich weitere Strukturen ausmachen. Die vorhandenen Netztypen in der Vermittlungsschicht bilden drei Ebenen. Die oberste entspricht dem Internet, das sich aus verschiedenen *Autonomen Systemen* zusammensetzt. Für jedes Autonome System gibt es eine eigene Verwaltungsautorität. Die Discovery wird sich daher im Normalfall auf das eigene Autonome System beschränken. Der Anschluß an das Internet erfolgt über sogenannte *Exterior Router*[5], die neben den eigenen IP-Netzen auch die anderen Autonomen Systeme kennen. Für diese Aufgabe benutzen sie das *Exterior Gateway Protocol* (EGP), durch das sie von der Discovery-Funktion erkannt werden können. Innerhalb des Autonomen Systems trennen *Interior Router* die vorhandenen IP-Netze. Ihre Kommunikationsaufgabe erfüllen sie mit einem *Interior Gateway Protocol* (IGP). Jedes Autonome System kann ein eigenes IGP verwenden, wie z.B. RIP oder OSPF. Die letzte noch fehlende Struktur in

[5]Die weitere Verwendung der Begriffe *Exterior Router*, *Interior Router* und *Intranet Router* entspricht der Terminologie von [Hals 92].

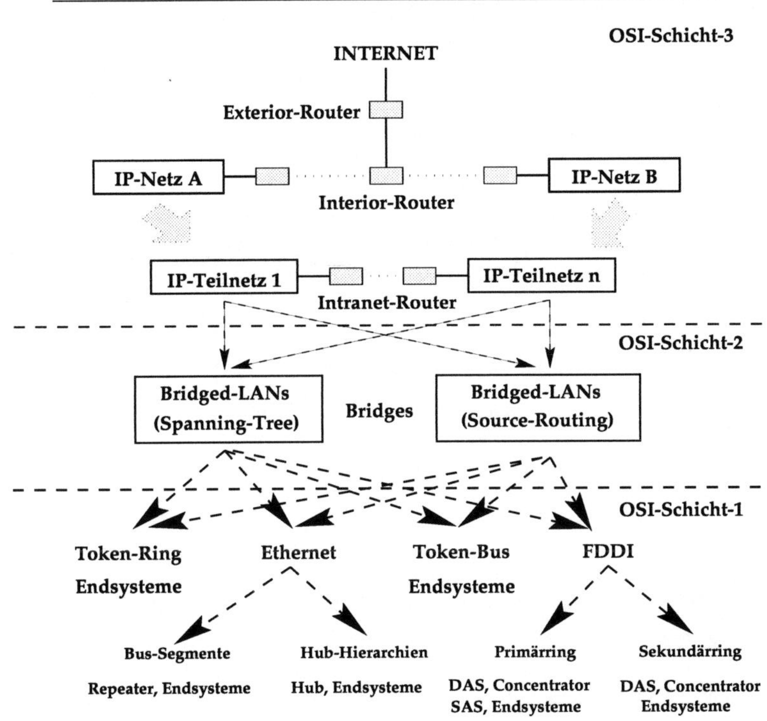

Abbildung 7.3: Logische Struktur der TCP/IP-basierten LANs

der Vermittlungsschicht sind IP-Teilnetze. Sogenannte *Intranet Router* steuern den Netzverkehr zwischen den IP-Teilnetzen. Sie entsprechen in ihrer Funktionalität genau den Interior Routern, da die Routing-Aufgabe in IP-Netzen die gleiche wie in IP-Teilnetzen ist.

Die nächste Strukturierung erfolgt in OSI-Schicht-2 mittels Bridges. Diese Koppelkomponenten verbinden verschiedene LAN-Typen miteinander, wie z.B. Ethernet, Token-Ring, usw. Ihre Aufgabe erfüllen Bridges u.a. mittels eigener Protokolle. Häufig eingesetzte Verfahren sind *Spanning Tree* und *Source Routing*.

Die letzte Strukturierungsebene bilden die verschiedenen Netztechnologien, die aufgrund ihrer Netzzugangsverfahren typische Topologien bedingen. Ethernet – eine der wichtigsten Netztechnologien – arbeitet mit einem gemeinsamen Bus. Repeater koppeln einzelne Segmente. Hubs ermöglichen physisch den Aufbau von Sternstrukturen und Hub-Hierarchien in Gebäuden. Logisch realisieren sie immer noch die Bus-Struktur. Token-Ring, Token-Bus und FDDI bilden

Ringstrukturen. Physisch stellt Token-Bus jedoch einen Bus dar.

Der Aufbau der Discovery-Funktion ist in Abbildung 7.4 zu sehen.

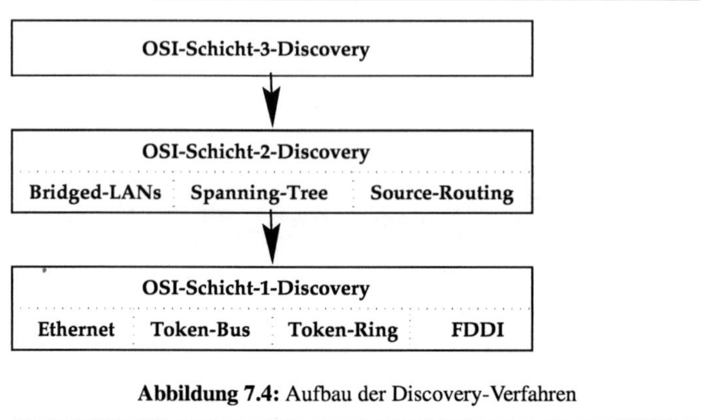

Abbildung 7.4: Aufbau der Discovery-Verfahren

7.2 Aufgaben zur Erzeugung und Verwaltung der Netzbeschreibung

In Abbildung 7.5 ist der oberste Teil des Ableitungsbaumes mit seinen Teilaufgaben zu sehen. Die Aufgabe „Netzbeschreibung bereitstellen" besteht aus folgenden Teilaufgaben:

1. **Vorbereiten der Erzeugung der Netzbeschreibung**: Hierunter fallen alle Aktivitäten, die notwendig sind, um ein Erstellen der Netzbeschreibung werkzeugunterstützt zu ermöglichen. Typische Aufgaben sind:
   - Festlegen der Ausdehnung der Netzbeschreibung
   - Festlegen von verschiedenen Domänen innerhalb der Netzbeschreibung (z.B. Sicherheitsdomäne, wer darf wie auf die Netzbeschreibung (oder auf Teile) zugreifen)
2. **Akquirieren der Basis-Netzbeschreibung**: Dieser Punkt betrifft die Gewinnung von für die Netzbeschreibung relevanter Managementinformation aus dem Netz. Hier finden sich Netztechnologien, Protokollwelten und ähnliches wieder.
3. **Anpassung der Netzbeschreibung an das Unternehmen**: Dieser Teil umfaßt Aufgaben wie z.B. das Entfernen oder Hinzufügen von Netzelementen, sowie das Anpassen der logischen Netzstruktur oder das Hinzufügen von Information, die nicht aus dem Netz zu gewinnen ist.
4. **Verwalten der Netzbeschreibung**: Eine Netzbeschreibung muß nicht nur erzeugt, sie muß auch verwaltet werden. Dies schließt die Möglichkeit ein z.B. Sicherungen anzulegen, diese

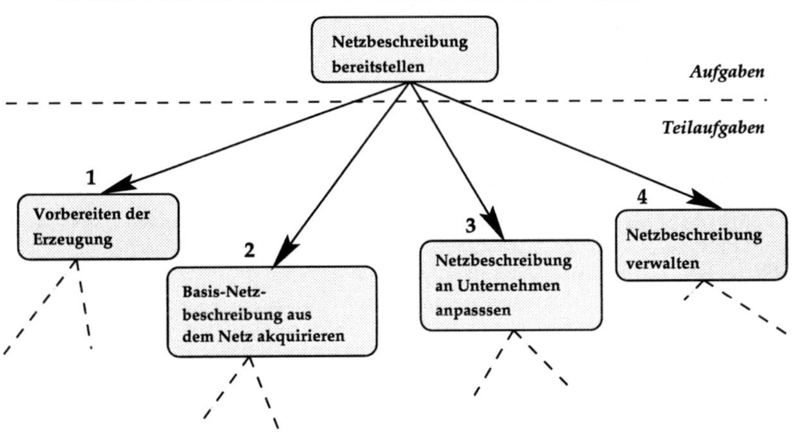

Abbildung 7.5: Teilaufgaben beim Erstellen und Verwalten der Netzbeschreibung

wieder zu laden bzw. zu aktivieren (im Sinne von: Konfiguration der Komponenten an die geladene Netzbeschreibung anpassen) usw.

Die Teilaufgabe „Vorbereiten der Erzeugung der Netzbeschreibung" ist in Abbildung 7.6 weiter verfeinert.

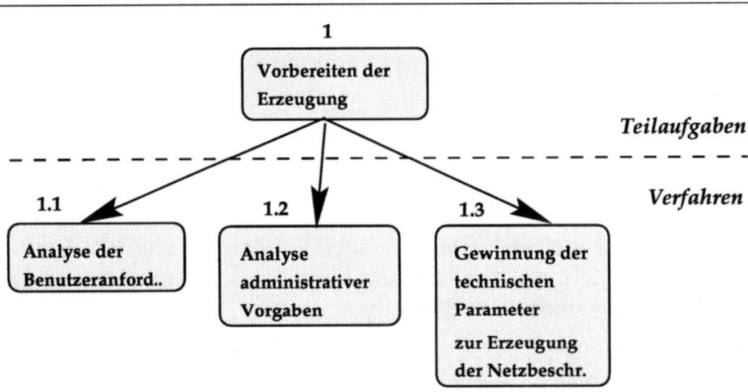

Abbildung 7.6: Teilaufgabe: Vorbereiten der Erzeugung

Diese Teilaufgabe besteht aus folgenden Verfahren:

- **Analyse der Benutzeranforderungen**: In diesem Verfahren werden die Anforderungen der einzelnen Plattform-Anwender erfaßt und in anwenderspezifischen Profilen festgehalten.
- **Analyse administrativer Vorgaben**: Hier werden alle für die Netzbeschreibung relevanten administrativen Parameter erfaßt.
- **Gewinnung technischer Parameter zur Erzeugung der Netzbeschreibung**: Die gewonnen Anwender-Profile werden auf mögliche Konflikte mit den administrativen Vorgaben hin untersucht, sowie die Parametrisierung für die Erzeugung der Netzbeschreibung generiert.

Eine weitere Teilaufgabe stellt die Erzeugung der Netzbeschreibung, d.h. das Akquirieren der Basisnetzbeschreibung dar. Diese Teilaufgabe ist mit ihren Verfahren in Abbildung 7.7 dargestellt.

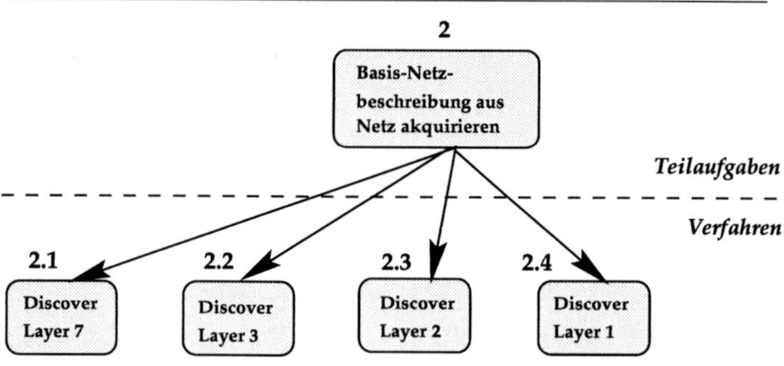

Abbildung 7.7: Teilaufgabe: Erzeugung der Netzbeschreibung (Information aus dem Netz)

Diese Teilaufgabe ist stark von technischen Aspekten, der Erzeugung der Netzbeschreibung selbst, dem sog. „Autodiscovery“ geprägt. Hier werden gemäß der in der ersten Teilaufgabe generierten Parameter die einzelnen Discovery-Verfahren für die jeweilige Schicht angestoßen.

Die dritte Teilaufgabe „Anpassen der Netzbeschreibung an die Unternehmensumgebung“ ist in Abbildung 7.8 veranschaulicht.

Diese Teilaufgabe setzt sich aus folgenden Verfahren zusammen:

- **Inhalt der Netzbeschreibung modifizieren**: Oft sind die Resultate bei einem Discovery-Lauf nicht endgültig, d.h. meist sind manuelle Korrekturen der Netzbeschreibung notwendig, wie z.B. Elemente hinzuzufügen oder löschen.
- **Struktur ändern**: Logische Strukturen, wie z.B. Subdomänen, können natürlich von der Autodiscovery-Funktion nicht so ohne weiteres gebildet werden. Hier müssen Verfahren zur Unterstützung der manuellen Anpassung der logischen Struktur des Netzes vorhanden sein.
- **Informationen hinzufügen**: Informationen, die nicht über Agenten akquiriert werden können, müssen entweder manuell hinzugefügt, oder über geeignete Gateways verfügbar gemacht werden.

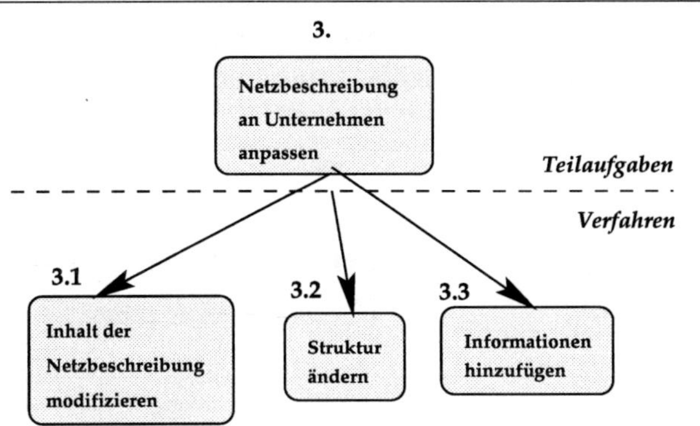

Abbildung 7.8: Teilaufgabe: Anpassen der Netzbeschreibung an die Unternehmensumgebung

Die letzte Teilaufgabe „Verwaltung der Netzbeschreibung" enthält alle Maßnahmen zur Administration der Netzbeschreibung, d.h. zur Garantierung der festgelegten Qualitätsmerkmale. Dieses Verfahren ist in Abbildung 7.9 dargestellt.

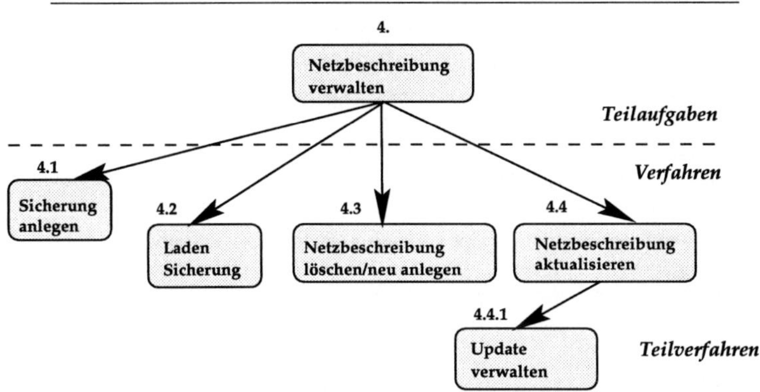

Abbildung 7.9: Teilaufgabe: Verwaltung der Netzbeschreibung

Folgende Verfahren werden für diese Teilaufgabe benötigt:

- **Sicherung anlegen**: Um Änderungen in der Netztopologie zu erkennen, ist es notwendig, Versionen der Netzbeschreibung anzulegen, mit denen Analysen über die Netzevolution realisiert werden können.

- **Laden Sicherung**: Ändern sich administrative Bereiche, so ist es möglicherweise erforderlich, ältere Versionen der Netzbeschreibung wieder einzuspielen und zu laden[6].
- **Netzbeschreibung löschen/neu anlegen**: Soll das ganze zu betreibende Netz neu discovert[7] werden, die statische Information aus der Netzdatenbank aber beibehalten werden, ist dieses Verfahren einzusetzen. Dadurch wird nur der dynamische Teil der Netzbeschreibung neu gewonnen, der statische Anteil (z.B. Inventarnummer) bleibt erhalten.

7.3 Verfahren zum Erzeugen und Verwalten der Netzbeschreibung

Im folgenden werden zu den in Abschnitt 7.2 angeführten und erläuterten Aufgaben gleichnamige Verfahren sowie die zu den Verfahren gehörenden Aktionen definiert und beschrieben.

7.3.1 Teilaufgabe: „Vorbereiten der Erzeugung" Verfahren: „Analyse der Betreiberanforderungen"

Dieses Verfahren hat das Erfassen und Beschreiben der Anforderungen der Plattform-Anwender an die Netzbeschreibung zum Ziel. Dazu muß die Population der Plattform-Anwender registriert werden (→ administrative Konsequenzen) und mittels geeigneter Schemata deren Anforderungen an die Netzbeschreibung hinsichtlich inhaltlicher Art (welche Netzelemente sind in der Netzbeschreibung enthalten) wie auch qualitativer Art (z.B. Grad der Aktualität einzelner Elemente) festgehalten werden. In Abbildung 7.10 sind das Verfahren und seine Aktionen dargestellt.

Es bleibt festzustellen, daß die Auswahl der Elemente, die eine Netzbeschreibung enthalten soll, durch den Netzadministrator in Form einer Parametrisierung der das Erstellen der Netzbeschreibung unterstützenden Werkzeuge realisiert werden sollte. Die Profile der Benutzer treffen eine Selektion dieser Elemente und fordern weitere Informationen über die Elemente an (dynamischer Art, wie z.B. Plattenplatz, freier Speicher, ...) oder sie erweitern die Netzbeschreibung um Information (statischer Art, z.B. Inventarnummer, zuständige Reparaturfirma, ...).

Das Ziel der Profilspezifikation ist eine formale Aufschreibung des geforderten Inhaltes einer Netzbeschreibung. Im Alltagsbetrieb ist es bei weitem nicht selbstverständlich, daß die Netzbeschreibung nur die relevanten geforderten Netzelemente enthält. Entsprechend einer funktionalen bzw. kommunikationsorientierten Sicht sind im Profil folgende Elemente einer Netzbeschreibung definiert:

- (NC) Netzkomponenten: Geräte zur Verbindung von Netzstrukturen bzw. Anschluß von Endsystemen (z.B. Hubs, Bridges, Router, x.25-Switches, ...)
- (ES) Endsysteme: Geräte, die den Kommunikationsendpunkt einer möglichen Verbindung bilden und zur Erbringung von Rechen- oder Kommunikationsdienstleistungen dienen (z.B.

[6] Es muß hier noch einmal betont werden, daß sich die Verwaltung von Versionen der Netzbeschreibung auf zu administrierende Domänen, also Gruppen von Netzelementen beschränkt. Dynamische Werte müssen natürlich neu aus den Agenten akquiriert werden.

[7] Unter dem Begriff des Discovery wird in dieser Arbeit das i.d.R. automatische bzw. teilautomatische Erkennen von Ressourcen, bzw. deren Struktur untereinander verstanden.

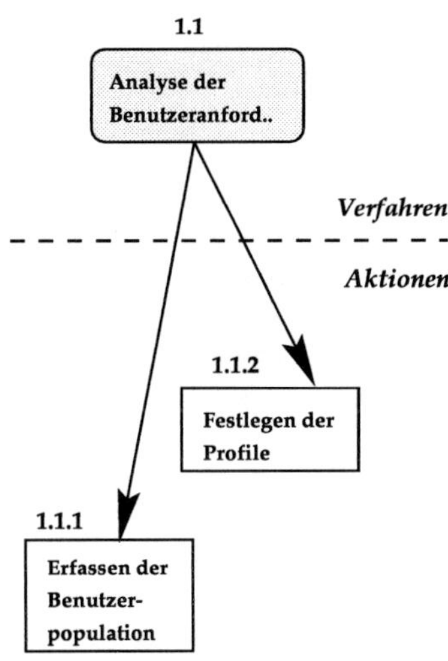

Abbildung 7.10: Verfahren zur Analyse der Betreiberanforderungen

Workstations, PCs, Drucker oder Plotter)

- (Links) physische Verbindungen: physische Verbindungen zwischen Netzkomponenten oder Endsystemen, auch als Medium bezeichnet (z.B. Twisted-Pair, 10Base-5, Glasfaser, ...)
- (LLink) Logische Links: bezeichnen eine gemäß der OSI-Schichtung strukturierte Ebene im Kommunikationsstack (z.B. Layer 3, Layer 4)

Die gegenwärtige Profilsyntax orientiert sich am Stand der Technik und ist natürlich erweiterbar. So z.B. ist es denkbar, daß in absehbarer Zeit auch die Anwendungen in einem entsprechenden Maße berücksichtigt werden könnten. Zum derzeitigen Zeitpunkt gibt es allerdings keine (standardisierte) MIBs, die für das Management von Anwendungen Bedingung wären. Folgende Parameter werden zur Beschreibung der einzelnen Profilelemente verwendet:

- *Layer*: logische Ebene im Kommunikationsstack, Angabe als Set (1, 2a, 2b, 3a, 3b, 3c, 4, 5, 6, 7)
- *Path*: Weg zwischen zwei Netzelementen, Angabe in Quell- und Zieladresse
- *Range*: Adreßbereich, der angibt, daß alle in diesem Bereich liegenden Netzelemente von Bedeutung sind
- *Typ*: bezeichnet den Typ einer Netzkomponente (Hub, Bridge, ...) oder den eines Endsystems (PC, Workstation, ...), Angabe als typisierten String
- *Vendor*: Hersteller eines Netzelemente, Angabe als typisierten String
- *Update-Intervall*: ermöglicht es dem Benutzer, den Grad der Aktualität eines Netzelementes

in der Netzbeschreibung anzugeben, Angabe in Minuten oder Sekunden

- *Address*: Adresse eines Netzelementes, Angabe als Ethernet- oder IP-Adresse
- *Hop*: bezeichnet die Anzahl der Router auf einem bestimmten Pfad durchs Netz, so ist es z.B. möglich mit Hop=1 für die Spezifikation eines physischen Links gemeint, daß alle physischen Links ausgehend von einer Quelladresse im Umfeld bis zum jeweils nächsten Router (Hop=1) relevant sind
- *Application*: Anwendung, die z.B. auf einem Endsystem verfügbar ist, so ist es möglich, den Kreis von Endsystemen weiter einzuschränken, Angabe als String

Das Verfahren besteht aus den Aktionen: „Erfassen der Benutzerpopulation" und „Festlegen der Benutzer-Profile". Die erste Aktion legt die Benutzerpopulation fest, während die zweite mittels folgendem Template die Anforderungen der jeweiligen Benutzer in einem Profile festhält:

NC: (Layer = *layer* [, Path = *ip* →*ip*|, Range = *ip, ip*][, Typ = *nc_type*][,Vendor = *nc_vendor*][, Location = *loc*] [, Update_Interval = *interval*)
ES: ([Address = *ip*, Range = *ip, ip*][,Application = *apl*][, Typ = *nc_type*][,Vendor = *nc_vendor*][, Location = *loc*] [, Update_Interval = *interval*)
Link: (Path = *ip* → *ip*[,Hop = *count*][, Typ = *nc_type*][,Vendor = *nc_vendor*][, Location = *loc*])
LLink: (Layer = *layer*, Path = *ip* → *ip*[, Hop = *count*])

- **NC**: Netzkomponenten
- **ES**: Endsysteme
- **Link**: Physische Links
- **LLink**: Logische Links

Netzkomponenten werden durch die Kommunikationsschicht (OSI-Referenzmodell) sowie weitere ergänzende Paramter bestimmt:

- **Path**: Weg zwischen zwei Netzelementen, d.h. alle Netzelemente auf diesem Weg inkl. der Endsysteme sind in die Netzbeschreibung aufzunehmen
- **Range**: Alle Netzelemente in diesem Adressbereich sind aufzunehmen
- **Typ**: ermöglicht die Angabe eines Komponententyps (Bridge, Router, Hub)
- **Vendor**: Hersteller einer Ressource
- **Location**: physischer Standort einer Ressource, oft werden Zuständigkeiten durch geografische/räumliche Grenzen spezifiziert
- **Update-Intervall**: gestattet die Angabe eines Intervalls, in welchem die Information zu diesem Netzelement aktualisiert werden soll

Für Endsysteme gelten ähnliche Paramter:

- **Address**: Adresse eines Endsystems
- **Range**: s.o.
- **Application**: spezifiziert die Anwendung, die vom Endsystem bereitgestellt bzw. realisiert werden muß, damit dieses (das Endsystem) in die Netzbeschreibung aufgenommen wird

- **Typ, Vendor, Location, Update-Intervall**: s.o.

Physische und Logische Links:

- **Path**: s.o.
- **Hop**: Anzahl der „Hops“ auf einem Pfad, die berücksichtigt werden sollen
- **Typ, Vendor, Location, Layer**: s.o.

Der Default-Wert für das Update-Intervall beträgt 10 Minuten und bedeutet, daß jedes Netzelement während des Betriebes in diesem Intervall auf seinen Zustand hin untersucht (angepollt) wird und die Netzbeschreibung entsprechend aktuell ist. Ist hier kein Wert explizit angegeben, gilt der Default-Wert.

Unter Verwendung des Templates wurden folgende Beispiele formuliert:

Verantwortlicher für CAD-Anwendung
NC: (Layer = 3, Path = 160.50.30.1 → 3.1.1.1)
ES: (Range = 160.50.30.1, 160.50.30.255, Application = "AutoCAD") /* stand alone */
(Address = 160.50.30.29, Update_Interval =20s) /* Server */
(Range = 160.50.30.5, 160.50.30.18) /* Diskless Client */
(Address = 3.1.1.1, Update_Interval = 20s) /* Cray */
Link: (Path = $ES → ($NC, Hop = 1)) /* phys. connection between every end system which runs the cad application and the first network device on this way */
LLink: (Layer = 3, Path = ($ES → Address = 3.1.1.1) /* all logical connections layer 3 between the end systems and the cray */

Anmerkung: Es sei noch einmal darauf hingewiesen, daß die Möglichkeit zur Beschreibung bzw. Definition des Inhaltes einer Netzbeschreibung i.d.R. nicht den Anforderungen des Betreibers entsprechen. Ein Grund dafür ist z.B. das noch wenig standardisierte Anwendungsmanagement bzw. proprietäre Lösungen bei der Schnittstelle zum Management der Netzbeschreibung. Ebensowenig ist der Inhalt einer Netzbeschreibung und seine formalisierte Darstellung standardisiert. Es ist daher nicht möglich, durchaus übliche Fälle wie z.B. Floating Licenses bei Anwendungen konkret zu erfassen. In diesem Fall müßte man bei der Profilbildung eine weniger elegante Methode, wie z.B. die der Angabe eines Adreßbereiches wählen. Eine Folge dieser Tatsache ist die Existenz von Verfahren (zum Management der Netzbeschreibung) die die erkannte (discoverte) Netzbeschreibung manuell korrigieren und so Ungenauigkeiten bzw. Unzulänglichkeiten der Beschreibungsmöglichkeiten bei der Profilbeschreibung ausgleichen.

Erläuterung des Beispiels:

Folgende Elemente sind für den CAD-Anwendungs-Verantwortlichen interessant:

- Netzkomponenten: alle Netzkomponenten der Schicht 3 auf dem Weg 160.50.30.1 → 3.1.1.1
- Endsysteme: alle Endsysteme im Adressbereich 160.50.30.5 bis 160.50.30.18, einschließlich des CAD-Servers 160.50.30.29 und der Cray 3.1.1.1 mit einer Aktualität von 20 Sekunden
- Physische Links: Alle Links zwischen den Endsystemen (siehe oben) und den angegebenen Netzkomponenten bis Hop=1

- Logische Links: Schicht 3 Verbindungen zwischen den Endsystemen (siehe oben) und den angegebenen Netzkomponenten bis Hop=1

Haustechniker Werk 1.4-1.5
NC: (Location = Werk 1.4)
NC: (Location = Werk 1.5)
Link: (Location = Werk 1.4)
Link: (Location = Werk 1.5)
ES: (Location = Werk 1.4)
ES: (Location = Werk 1.5)

Erläuterung des Beispiels:

Folgende Elemente sind für den Haustechniker interessant:

- Netzkomponenten: Alle Netzkomponenten im Werk 1.4 und 1.5
- Endsysteme: Alle Endsysteme im Werk 1.4 und 1.5
- Physische Links: Alle Phys. Links im Werk 1.4 und 1.5

Time-View-Verantwortlicher
NC: (Typ = Multiplexer, Vendor = Controlware)
Link: ($NC → Hop = 1)

Erläuterung des Beispiels:

Folgende Elemente sind für den Time-View-Verantwortlichen interessant:

- Netzkomponenten: Alle Netzkomponenten vom Typ = Multiplexer und Hersteller = Controlware
- Physische Links: Alle physischen Links der Netzkomponenten mit Hop = 1

(B)Router-Verantwortlicher
NC: (Typ = Router)
NC: (Typ = Brouter)
Link: ($NC → Hop = 1)
LLinks: (Layer = 3, $NC → Hop = 1)
LLinks: (Layer = 2, $NC → Hop = 1)

Erläuterung des Beispiels:

Folgende Elemente sind für den (B)Router-Verantwortlichen interessant:

- Netzkomponenten: Alle Netzkomponenten vom Type (B)Router
- Physische Links: Alle Phys. Links der Netzkomponenten mit Hop = 1
- Logische Links: Alle Log. Links der Netzkomponenten mit Hop = 1 auf Schicht 2 und 3

Mit der Beschreibung und Speicherung der Templates endet dieses Verfahren.

Aktion 1.1.1.: „Erfassen der Benutzerpopulation“

Ausgangszustand: Keine Information über die potentiellen Anwender der Plattform

Endzustand: Alle potentiellen Benutzer mit Namen und Rolle in der Organisation erfasst

Information/Funktionalität:

- Welche Mitarbeiter sind mit Aufgaben betraut, die durch eine Managementplattform unterstützt werden können?
- Ist ein sinnvoller Zugang (Frage des QoS) der Mitarbeiter zur Plattform möglich (ein Zugang über Modem oder SLIP macht wenig Sinn)?

Aktion 1.1.2.: „Festlegen der Benutzer-Profile“

Ausgangszustand: Benutzerpopulation festgestellt

Endzustand: Anwendungsprofile der Plattform-Benutzer erfaßt

Information/Funktionalität:

- Welche Netzelemente sind für den jeweiligen Anwender von Interesse (Netzkomponenten, Endsysteme, ...)?
- Welche Qualitätsanforderungen stellt der Anwender an die Aktualität der Darstellung der Netzelemente in der Netzbeschreibung?

7.3.2 Teilaufgabe: „Vorbereiten der Erzeugung“ Verfahren: „Analyse administrativer Vorgaben“

Jede in einer Managementplattform enthaltene Netzbeschreibung ist in ihrer Ausdehnung beschränkt. Dies einerseits, weil bestimmte Teilnetze zur Erfüllung der Managementaufgaben des Anwenders nicht von Interesse sind, andererseits, weil diese evtl. durch andere Domänen administriert werden. Die „Reichweite“ von Plattform-Aktionen wird nicht zuletzt durch die Netzbeschreibung wesentlich mitbestimmt, bzw. kann dafür genutzt werden. Daher werden in diesem Verfahren die administrativen Randbedingungen für die Netzbeschreibung erfaßt. Dies beinhaltet die Festlegung der Grenzen der Netzbeschreibung ebenso wie das geeignete Gruppieren von Netzelementen in Domänen (administrative). Die zu den Verfahren gehörenden Aktionen sind in Abbildung 7.11 dargestellt.

Aktion 1.2.1.: „Festlegen der Ausdehnung der Netzbeschreibung“

Ausgangszustand: Profile bereits definiert, Ausdehnung der Netzbeschreibung unbekannt

Endzustand: Ausdehnung der Netzbeschreibung bekannt

Information/Funktionalität:

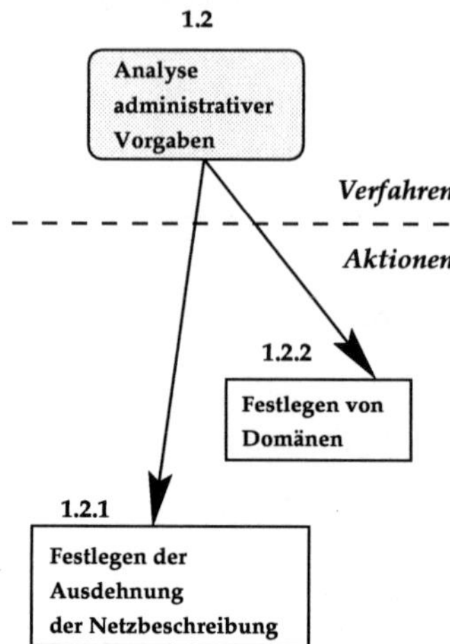

Abbildung 7.11: Verfahren zur Analyse administrativer Vorgaben

- Auflistung aller Teilnetze/Netzkomponenten (auch Angabe von IP-Bereichen möglich) → Zuständigkeitsbereiche

Aktion 1.2.2.: „Festlegen von Domänen“

Ausgangszustand: Ausdehnung der Netzbeschreibung bekannt, Benutzerpopulation in Profilen erfaßt

Endzustand: Liste von logischen Domänen (organisatorisch), die die Zuständigkeitsbereiche der Anwender widerspiegeln

Information/Funktionalität:

- Ausdehnung der Netzbeschreibung → Inhalt der Netzbeschreibung
- Benutzerprofile

Kommentar: Jeder Plattform-Anwender ist entsprechend seiner Aufgaben für eine Anzahl von Netz- und Systemressourcen verantwortlich. Dabei entspricht die Abgrenzung des Netzes in Teilnetze nicht zwingend diesen Zuständigkeitsbereichen. Sogenannte administrative Domänen geben die Möglichkeit, Netz- und Systemressourcen gemäß diesen Aspektes zu gruppieren.

7.3.3 Teilaufgabe: „Vorbereiten der Erzeugung“: Verfahren: „Gewinnung technischer Parameter zur Erzeugung der Netzbeschreibung“

Sind die Betreiberanforderungen wie auch die administrativen Randbedingungen erfaßt, ist es erforderlich, diese in die Parametrisierung des Mechanismus zur Erzeugung der Basis-Netzbeschreibung umzusetzen. Dies bedeutet zum einen, eine Vereinigung über den Benutzerprofilen zu bilden, und zum anderen eine evtl. nötige Konfliktlösung bei der Verifikation der Profile mit den administrativen Vorgaben. Es sei an dieser Stelle noch einmal auf die Bedeutung der Profile hingewiesen: Gibt es in einem Unternehmen Zuständigkeiten für Ressourcen des Netz- oder Systemmanagements, so haben diese in den Profilen ihren Niederschlag zu finden. Dies bedeutet aber auch, daß Ressourcen, die nicht in den Profilen erfaßt werden, für das Management nicht relevant sind (Ressourcen dieser Art werden in Managementplattformen oft zusammengefaßt und durch ein Symbol repräsentiert) und nur aus Konsistenzgründen dargestellt werden.

Eine weitere Aktion legt dann den „Preis“ für die Erbringung dieser Dienstleistung spezifisch für jeden Benutzer fest. Dieser ergibt sich aus der Anzahl der Netzelemente in der Netzbeschreibung sowie des geforderten Aktualitätsgrades für diese Elemente. Das Verfahren ist in Abbildung 7.12 dargestellt.

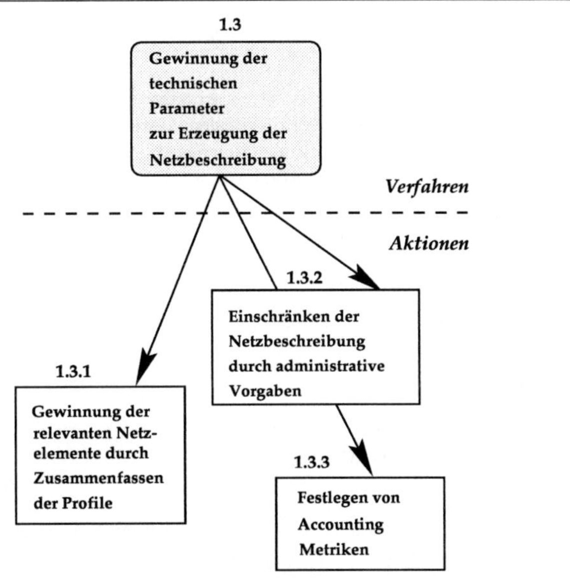

Abbildung 7.12: Verfahren zur Gewinnung technischer Parameter

Aktion 1.3.1.: „Gewinnung der relevanten Netzelemente durch Zusammenfassen der Profile“

Ausgangszustand: Profile erfaßt

Endzustand: Menge der für die Anwender relevanten (d.h. in den einzelnen Profilen enthaltenen) Netzelemente festgelegt

Information/Funktionalität:

- Benutzerprofile
- Script zum Gewinnen der relevanten Netzelemente aus der Menge der Profile

Aktion 1.3.2.: „Einschränken der Netzbeschreibung durch administrative Vorgaben“

Ausgangszustand: Profile erfaßt, relevante Netzelemente bestimmt, max. Ausdehnung festgelegt

Endzustand: Inhalt der zukünftigen Netzbeschreibung festgelegt

Information/Funktionalität:

- relvante Netzelemente (Aktion 1.3.1.: „Gewinnung der relevanten Netzelemente durch Zusammenfassen der Profile“)
- maximale Ausdehnung der Netzbeschreibung (Aktion 1.2.1.: „Festlegen der Ausdehnung der Netzbeschreibung“)

Kommentar: Ist die Menge der in der Netzbeschreibung zu visualisierenden Netzelemente größer, bzw. geht über die Grenzen der maximalen Ausdehnung hinaus, sind diese Elemente/Bereiche aus der Liste der zu discovernden Bereiche zu entfernen und evtl. Unstimmigkeiten zwischen Plattform-Anwender und der Administrative für diesen Netzbereich zu klären.

Aktion 1.3.3.: „Festlegen von Accounting-Metriken“

Ausgangszustand: Benutzerprofile erfaßt

Endzustand: „Preis“ für den Dienst „Netzbeschreibung bereitstellen“ für jeden Benutzer der Plattform bekannt

Information/Funktionalität:

- Aufwand zur Darstellung eines Netzelementes (evtl. in Kategorien)
- Multiplikator für Parameter „Update-Interval“

7.3.4 Teilaufgabe: „Basis Netzbeschreibung aus dem Netz akquirieren“ Verfahren: „Discover Layer 7“

Dieses und die drei folgenden Verfahren beschäftigen sich mit der Akquisition der Information, die die Netzbeschreibung bildet, aus dem Netz. Dazu werden die aus der ersten Aufgabe gewonnenen Parameter verwendet. Das Erkennen bzw. Akquirieren von Schicht-7-Information ist in diesem Verfahren auf Netzdienste bzw. -protokolle beschränkt (aufgrund mangelnder Unterstützung durch die Agenten). Eine Erweiterung ist allerdings unkompliziert. Zuerst wird ein zu erfassendes Teilnetz ausgesucht und dann die relevanten Dienste analysiert. Abbildung 7.13 stellt das Verfahren graphisch dar.

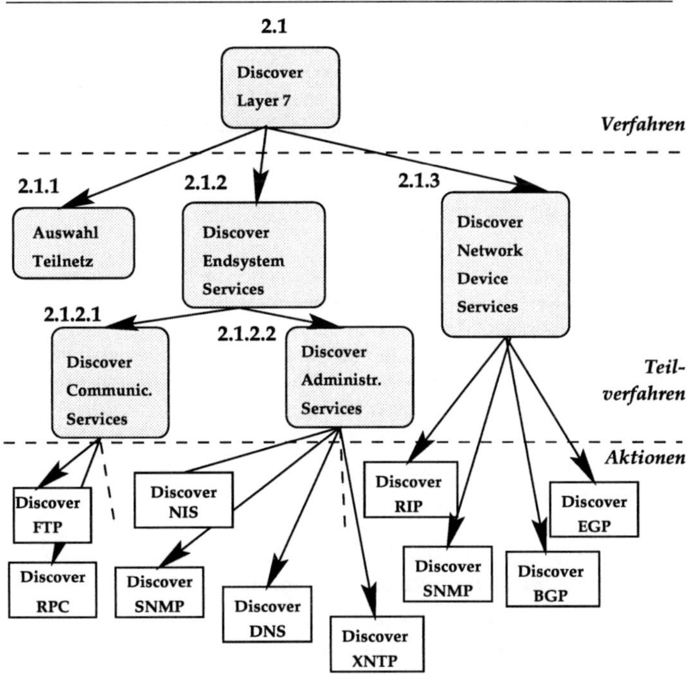

Abbildung 7.13: Discovery der Schicht 7

Für dieses Verfahren soll stellvertretend ein Schicht-7-Protokoll herausgegriffen und erläutert werden. Wie auch z.B. für ICMP mittels des Unix-Kommandos „Ping" realisiert, kann man das auf die gleiche Weise für jedes andere Protokoll auch realisieren. Ausgangspunkt ist hierbei ein bekanntes IP-Teilnetz.

Aktion 2.1.3.2.: „Discover SNMP"

Ausgangszustand: zu discoverndes Teilnetz bekannt

Endzustand: alle SNMP-fähigen Netzelemente in diesem Teilnetz discovert

Information/Funktionalität:

- Script, welches an jede IP-Addresse in dem IP-Teilnetz ein *snmp-request* absetzt und auf eine Antwort eine definierte Zeit wartet

7.3.5 Teilaufgabe: „Basis-Netzbeschreibung aus dem Netz akquirieren“ Verfahren: „Discover Layer 3“

Die Aufgabe des Verfahrens „Discover Layer 3“ ist das Erkennen von Routern, IP-Netzen und IP-Teilnetzen. Dazu ist es zuerst notwendig, einen Router zu definieren, der als Ausgangspunkt dient. Danach werden weitere Router, IP-Netze und IP-Teilnetze gemäß der Parametrisierung discovert. Existieren innerhalb der Ausdehnung der Netzbeschreibung WAN-Links, werden diese in einer weiteren Aktion erkannt. Router spielen in der Schicht 3 verschiedene Rollen.

Inwieweit diese Tatsache für die Discovery von Bedeutung ist, soll im folgenden zusammengefaßt werden.

- *Exterior-Router*
  Exterior-Router verbinden das eigene Autonome System mit anderen Autonomen Systemen im Internet. Ihre Kommunikationsnachbarn sind ebenfalls Exterior-Router. Sie verwenden zum Informationsaustausch das EGP. Unterstützen Komponenten die EGP-Gruppe, so handelt es sich um Exterior-Router, die aber im Normalfall nur im eigenen Autonomen System gemanaged werden können, in dem sie sich wie normale Interior-Router verhalten. Daher werden sie wie normale Interior-Router behandelt.
- *Interior-Router*
  Interior-Router koppeln verschiedene IP-Netze. Sie werden mit den Exterior-Routern auf oberster Ebene modelliert.
- *Intranet-Router*
  Intranet-Router verbinden innerhalb eines IP-Netzes verschiedene IP-Teilnetze. Sie werden mit den IP-Teilnetzen innerhalb von IP-Netzen erfaßt.

Das Verfahren ist in Abbildung 7.14 beschrieben.

Im folgenden wird ein Verfahren vorgestellt, daß die Router und die IP-Netze/IP-Teilnetze bestimmt, d.h. die in Abbildung 7.14 grau unterlegten Verfahren realisiert.

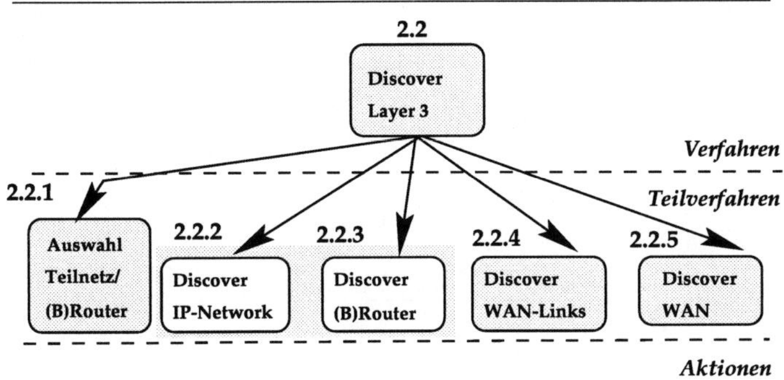

Abbildung 7.14: Verfahren zum Discovery der Schicht 3

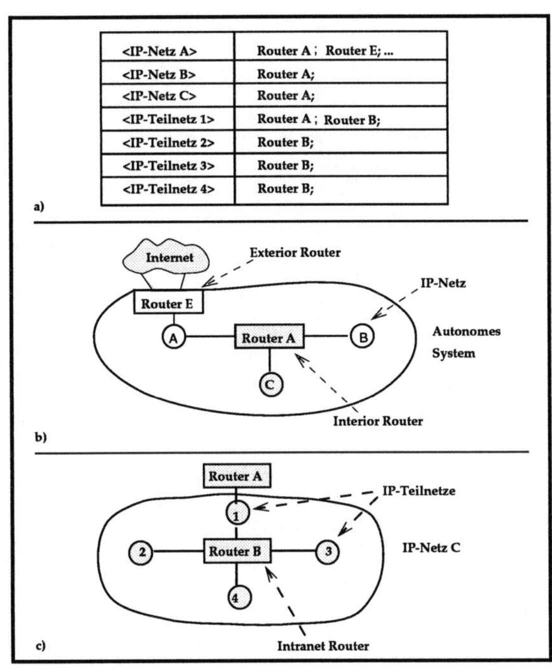

<IP-Netz A>	Router A ; Router E; ...
<IP-Netz B>	Router A;
<IP-Netz C>	Router A;
<IP-Teilnetz 1>	Router A ; Router B;
<IP-Teilnetz 2>	Router B;
<IP-Teilnetz 3>	Router B;
<IP-Teilnetz 4>	Router B;

Abbildung 7.15: Discovery der OSI-Schicht 3

Die Netztabelle nimmt während der Discovery die Ergebnisse auf (siehe Abbildung 7.15). Sie enthält in jeder Zeile eine Liste, die mit einer Netzadresse beginnt und von IP-Adressen von Routern gefolgt wird, die an dieses Netz angeschlossen sind. Diese Tabelle wird am Ende der OSI-Schicht-3-Discovery an die Topologie-Funktion zum Eintragen in die Netzdatenbank übergeben. Einen genauen Ablauf des Teilverfahrens beschreibt Abbildung 7.16.

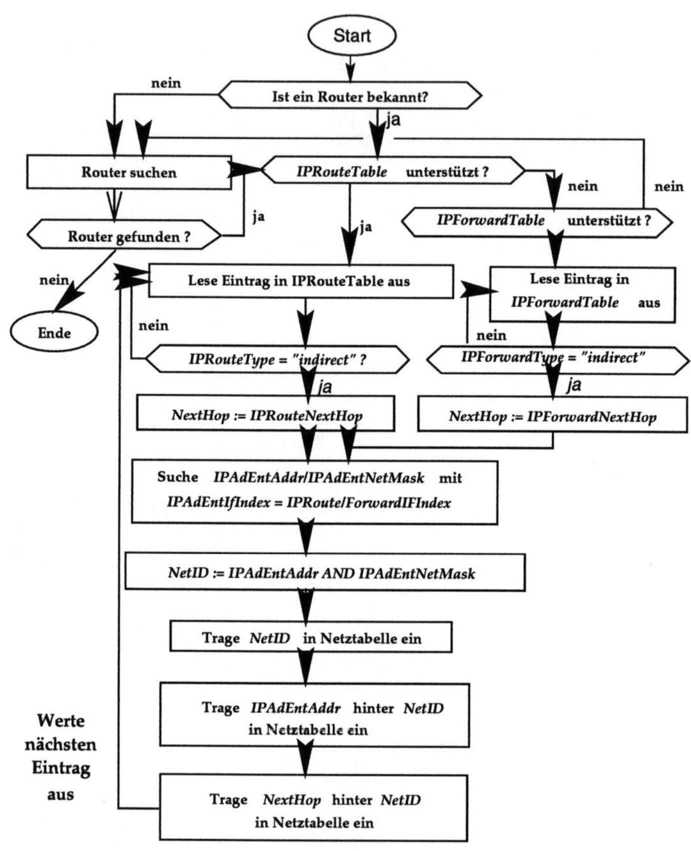

Abbildung 7.16: Mögliche Realisierung des Discovery der OSI-Schicht 3

Aktion 2.2.1.: „Auswahl Teilnetz/(B)Router“

Ausgangszustand: Ausdehnung der Netzbeschreibung bekannt

Endzustand: Startpunkt für Schicht-3-Discovery festgelegt

Information/Funktionalität:

- IP-Addresse eines (B)Routers innerhalb der zu erstellenden Netzbeschreibung

Teilverfahren: „Discover IP-Networks/(B)Router“

Ausgangszustand: Startpunkt für Schicht 3 Discovery ausgewählt

Endzustand: alle Router und IP-Netze/Teilnetze innerhalb der zulässigen Ausdehnung der Netzbeschreibung erkannt

Information/Funktionalität:

- Script mit Ablauf siehe Abbildung7.16

Teilverfahren: „Discover WAN-Links“

Ausgangszustand: Startpunkt ausgewählt, Tabelle 7.15 vorhanden

Endzustand: Alle WAN-Links innerhalb der zulässigen Ausdehnung der Netzbeschreibung erkannt

Information/Funktionalität:

- Script zur Unterscheidung von WAN-Zugangskomponenten von anderen LAN-Schicht 3-Netzkomponenten
- Tabelle siehe Abbildung 7.15

Teilverfahren: „Discover WAN“

Ausgangszustand: Startpunkt ausgewählt, WAN-Links erkannt

Endzustand: mögliche WAN-LAN Kopplungen erkannt

Information/Funktionalität:

- alle WAN-LAN Links
- Script zum Auslesen der Verbindungstabellen der WAN-LAN Koppelkomponenten

7.3.6 Teilaufgabe: „Basis-Netzbeschreibung aus dem Netz akquirieren“ Verfahren: „Discover Layer 2“

In diesem Verfahren werden die in den vorangegangenen Schritten entdeckten IP-Netze, IP-Teilnetze und Bridge-Hierarchien discovert. Dabei werden ebenso medienspezifische LANs (sog. diskrete LANs), wie auch IEEE 802.3 und IEEE 802.5 erkannt und abgebildet. Abbildung 7.17 beschreibt dieses Verfahren.

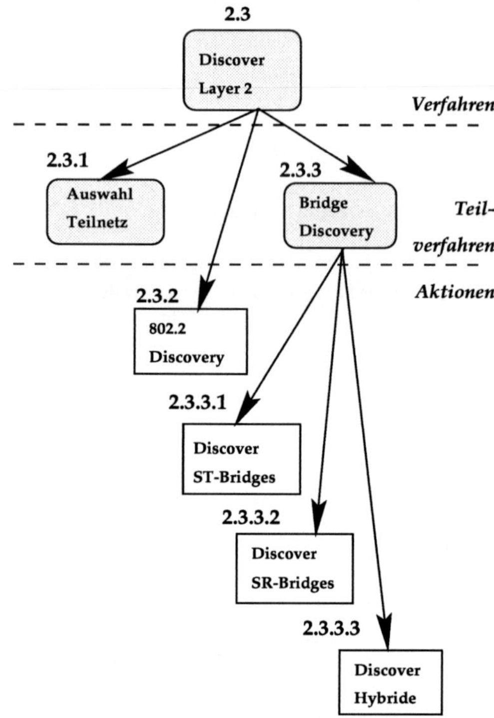

Abbildung 7.17: Verfahren zum Discovery der Schicht 2

Aktion 2.3.1.: „Auswahl Teilnetz"

Ausgangszustand: Schicht-3-Discovery beendet, d.h. IP-Teilnetze gefunden
Endzustand: zu analysierendes IP-Teilnetz ausgewählt
Information/Funktionalität:

- Welches IP-Teilnetz soll analysiert werden ?

Aktion 2.3.2.: „802.2 Discovery"

Ausgangszustand: zu analysierendes IP-Teilnetz bekannt
Endzustand: Bridge-Hierarchy analysiert (im vorgegebenen Teilnetz)
Information/Funktionalität:

- Welches IP-Teilnetz soll auf dieser Ebene analysiert werden ?
- Entsprechende Funktionalität im Autodiscovery-Werkzeug

Die weiteren in der Abbildung 7.17 dargestellten Aktionen unterscheiden sich lediglich in der Parametrisierung des Autodiscovery-Werkzeuges und werden aus diesem Grund nicht in ihrer Vollständigkeit aufgelistet.

7.3.7 Teilaufgabe: „Basis-Netzbeschreibung aus dem Netz akquirieren“ Verfahren: „Discover Layer 1“

Im letzten Schritt der Akquisition der Basis-Netzbeschreibung werden die Ethernet-LAN-Hubs/Repeater/Sternkoppler identifiziert. Ausgangspunkt dafür sind die im vorherigen Schritt erkannten Ethernet-LANs. Ausgehend von den Repeater(Hub)-Ports werden Endsysteme erkannt und modelliert (siehe Abbildung 7.18).

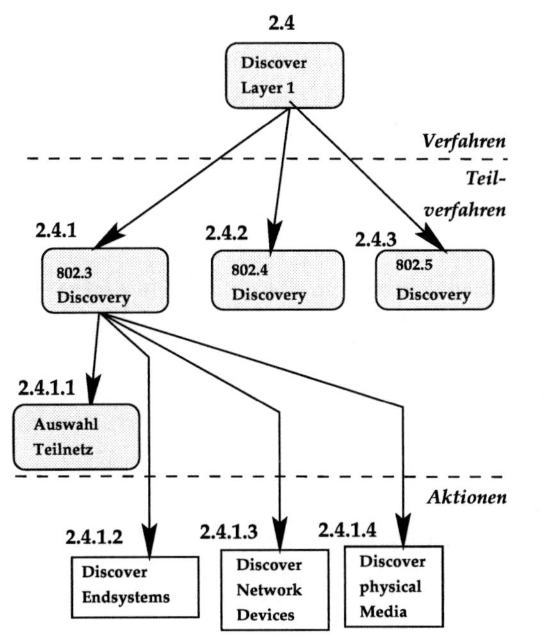

Abbildung 7.18: Verfahren zum Discovery der Schicht 1

Aktion 2.4.1.1.: „Auswahl Teilnetz“

Ausgangszustand: 802.3-Netz erkannt
Endzustand: zu analysierendes 802.3-Netz ausgewählt
Information/Funktionalität:

- Welches 802.3 Netz soll analysiert werden ?

Aktion 2.4.1.2.: „Discover Endsysteme/Netzkomponenten“

Ausgangszustand: 802.3-Netz ausgewählt
Endzustand: alle Endsysteme und Netzkomponenten im ausgewählten Teilnetz erkannt
Information/Funktionalität:

- Script/Werkzeug zum analysieren eines 802.3-Netzes

Aktion 2.4.1.4.: „Discover physical Media“

Ausgangszustand: vollständig analysiertes 802.3-Netz
Endzustand: alle physischen Links inkl. Link-Typ innerhalb des Teilnetzes
Information/Funktionalität:

- Script/Werkzeug zur Auslesen der Medien-Information aus den Komponenten-MIBs
- Liste aller analysierten Netzkomponenten und Endsysteme

7.3.8 Teilaufgabe: „Netzbeschreibung an Unternehmen anpassen“ Verfahren: „Inhalt der Netzbeschreibung modifizieren“

Es wurden bisher keine Aussagen über den möglichen Grad der Automatisierung von Verfahren gemacht; in der Regel sind Discovery-Anwendungen automatisch, d.h. sie werden automatisch angestoßen und melden sich nach Beendigung der Arbeit. Dieses und die folgenden Verfahren werden jedoch sicher manuell gesteuert werden, da deren Initiierung i.d.R. vom Benutzer abhängt und oft Interaktionen mit dem Benutzer erforderlich sind. Speziell dieses Verfahren ist ein Korrekturverfahren[8] für das Resultat der Discovery-Verfahren.

Die bereits erkannte Basis-Netzbeschreibung entspricht natürlich nicht vollständig dem gewünschten Erscheinungsbild[9], so daß eine manuelle Korrektur der Netzbeschreibung notwendig ist. Dieses Verfahren bezieht sich auf das Hinzufügen oder Löschen von einzelnen Netzelementen (siehe Abbildung 7.19).

[8] In der Regel sind die Möglichkeiten zur Parametrisierung der Discovery-Mechanismen nicht so fein, daß eine nachträgliche Modifikation der Netzbeschreibung nicht erforderlich wäre.

[9] Die Parametrisierung der Autodiscovery-Mechanismen ist nicht geeignet, in der gewünschten Granularität zu agieren.

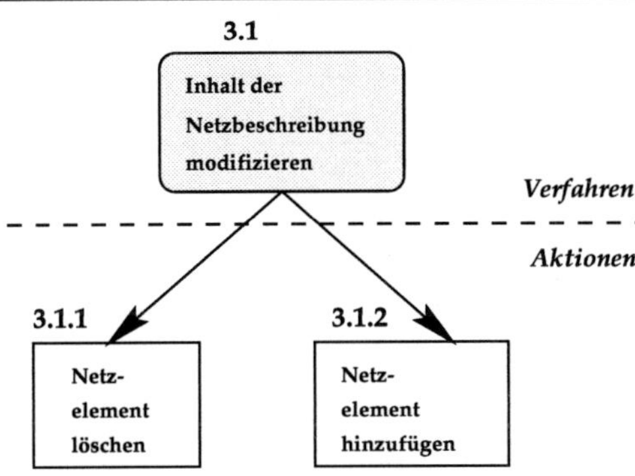

Abbildung 7.19: Verfahren zum Modifizieren des Inhalts der Netzbeschreibung

Aktion 3.1.1.: „Netzelement löschen“

Ausgangszustand: Netzbeschreibung mit Netzelementen, die für das Betreiben des Netzes gemäß der Profile nicht erforderlich sind.

Endzustand: Netzbeschreibung um für das Management nicht relevante Netzelemente/Teilnetze verkleinert bzw. diese in kompakter Form abgelegt

Information/Funktionalität:

- Menge der in der Netzbeschreibung vorgesehenen Netzelemente
- Funktionen zum Entfernen von Netzelementen/Teilnetzen aus der Netzbeschreibung

Aktion 3.1.2.: „Netzelement hinzufügen“

Ausgangszustand: Netzbeschreibung

Endzustand: Netzbeschreibung um Netzelemente/Teilnetze erweitert

Information/Funktionalität:

- IP-Adresse/Bereich und Position des zu ergänzenden Netzelementes/Teilnetzes
- Funktion zum Hinzufügen von Netzelementen

7.3.9 Teilaufgabe: „Netzbeschreibung an Unternehmen anpassen“ Verfahren: „Struktur ändern“

Mittels dieses Verfahrens hat man die Möglichkeit, eine logische Struktur (z.B. Subnetz-Domänen) über eine existierende Netzbeschreibung zu legen. Dazu sind die Aktionen „Analysieren von Domänen“, „Verschiebe Netzelement“ und „Bilde logisches Teilnetz“ verfügbar (siehe Abbildung 7.20).

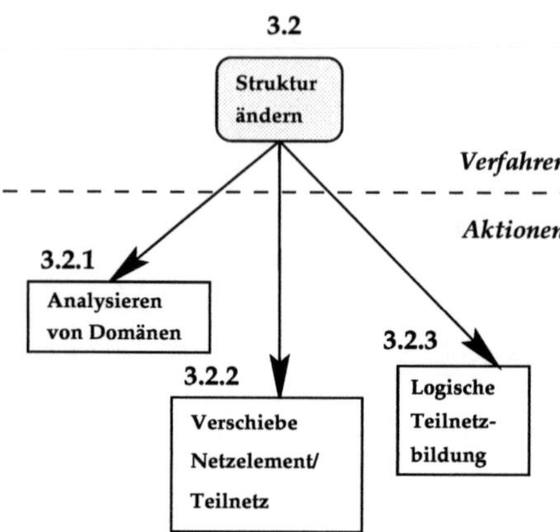

Abbildung 7.20: Verfahren zum Ändern der Struktur der Netzbeschreibung

Aktion 3.2.1.: „Analysieren von Domänen"

Ausgangszustand: Netzbeschreibung

Endzustand: verifizierte Netzbeschreibung

Information/Funktionalität:

- Domänenfestlegung (Verfahren: „Analyse adminstrativer Vorgaben", Aktion: „Festlegen von Domänen")
- in der Netzbeschreibung realisierte organisatorische Domänen

Kommentar: Diese Aktion soll die Realisierung der im Verfahren „Analyse administrativer Vorgaben" festgelegten Domänen in der gegenwärtigen Netzbeschreibung überprüfen.

Aktion 3.2.2.: „Verschiebe Netzelement/Teilnetz"

Ausgangszustand: Netzbeschreibung

Endzustand: korrigierte Netzbeschreibung

Information/Funktionalität:

- zu verschiebendes Netzelement/Teilnetz
- neue Position des Netzelementes/Teilnetzes
- Funktion zum Verschieben von Netzelementen/Teilnetzen

Aktion 3.2.3.: „Logische Teilnetzbildung"

Ausgangszustand: Netzbeschreibung mit logischer Struktur

Endzustand: strukturiertere Netzbeschreibung

Information/Funktionalität:

- Subdomänen des IP-Netzes (IP-Range)
- Funktion zum Bilden einer logischen Domäne

7.3.10 Teilaufgabe: „Netzbeschreibung an Unternehmen anpassen" Verfahren: „Information hinzufügen"

Oft enthält die Basis-Netzbeschreibung, d.h. das was an Information von den Agenten der Netzelemente gewonnen werden kann, nur einen Teil der für das Management eines Netzes nötigen Information. Aus diesem Grund werden oft bereits bestehende Unternehmensdatenbestände in die Netzbeschreibung mit integriert. Meist sind dies Informationen, die eher statischer Natur sind, wie z.B. Inventarnummer, zuständige Serviestelle oder Gültigkeit der SW-Lizenz. Hier sind zwei prinzipielle Verfahren denkbar:

- Einmaliges Integrieren der externen Daten in die Plattform
- Integration einer Unternehmensdatenbank mit update-on-demand in beide Richtungen

Letzteres Verfahren ist natürlich weitaus komplexer und schwieriger zu realisieren, da man oft nicht in der Lage ist genau zu bestimmen, welche Daten in welcher Form ausgetauscht werden sollen. Eine möglich Form der technischen Realisierung dieses Verfahrens ist in [EgWe 93] beschrieben. Die einfachere Variante des Verfahrens zeigt Abbildung 7.21.

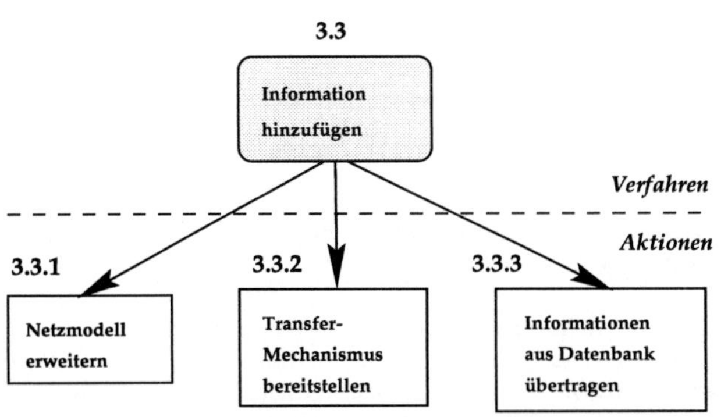

Abbildung 7.21: Verfahren zum Hinzufügen von Information zur Netzbeschreibung

Aktion 3.3.1.: „Netzmodell erweitern“

Ausgangszustand: bisher verwendetes Netzmodell

Endzustand: erweitertes Netzmodell

Information/Funktionalität:

- Eine in der Sprache/Syntax des Netzmodells beschriebene neue Ressource (Klasse)
- Eine Funktion zum Erweitern des Netzmodells inkl. Konsistenzprüfung

Aktion 3.3.2.: „Transfer-Mechanismus bereitstellen“

Ausgangszustand: Netzbeschreibung

Endzustand: Netzbeschreibung inkl. Transfer-Mechanismus zum Übertragen von Informationen

Information/Funktionalität:

- Script zum Übertragen der Information von einer Datenbank in eine andere
- Funktionen zum Aktualisieren gemäß der Anforderungen (im Falle von dynamischen Daten)

Aktion 3.3.3.: „Information aus der Netz-Datenbank übertragen“

Ausgangszustand: Netzdatenbank inkl. Transfer-Mechanismen

Endzustand: um Information aus der Unternehmensdatenbank erweiterte Netzbeschreibung

Information/Funktionalität:

- Script zum Übertragen der Information
- Welche Information soll aus der Unternehmens-Datenbank in die Netzbeschreibung übertragen werden ?
- Wie wird die Information (so nötig) konsistent gehalten?
- Erweitertes Netzmodell mit entsprechenden Feldern (für neue Information)

7.3.11 Teilaufgabe: „Netzbeschreibung verwalten“ Verfahren: „Sicherung anlegen“

Um z.B. für Trendanalysen in Kommunikationsnetzen eine Grundlage zu haben, müssen Sicherungen, d.h. Versionen der Netzbeschreibung abgelegt werden. Aussagen über die Performance eines Kommunikationsnetzes machen nur Sinn vor dem Hintergrund einer konkreten Netzkonfiguration, sprich einer Netzbeschreibung. Weiterhin ist dies z.B. wichtig, wenn nur kurzzeitig wirksame Änderungen in der Netzkonfiguration realisiert werden sollen. Das Verfahren besteht aus folgenden Aktionen: „Vergabe Versionsnummer“, „Festlegen des Netzauschnittes“ und „Starten der Sicherung“ (siehe Abbildung 7.22).

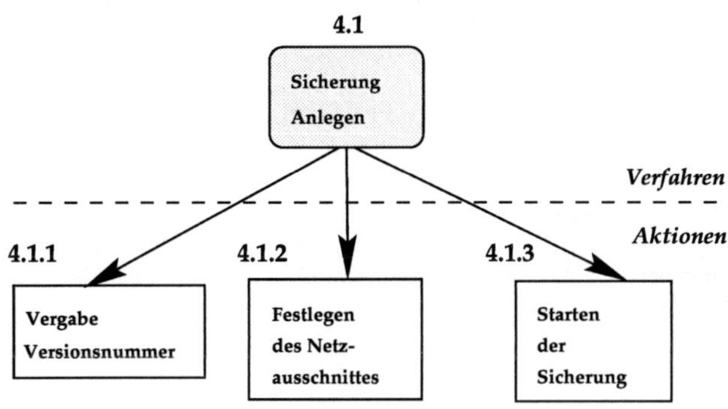

Abbildung 7.22: Verfahren zum Anlegen einer Sicherung der Netzbeschreibung

Aktion 4.1.1.: „Vergabe Versionsnummer“

Ausgangszustand: Netzbeschreibung

Endzustand: Versionsnummer für eine Version der Netzbeschreibung

Information/Funktionalität:

- Script zum Vergeben einer Versionsnummer gemäß einer Vergabestrategie sowie bisher vergebenen Nummern

Aktion 4.1.2.: „Festlegen des Netzausschnittes“

Ausgangszustand: Netzbeschreibung, Versionsnummer

Endzustand: Netzausschnitt inkl. Versionsnummer

Information/Funktionalität:

- IP-Range/IP-Teilnetz welches den Ausschnitt bilden soll

Aktion 4.1.3.: „Starten der Sicherung“

Ausgangszustand: Netzbeschreibung, Netzausschnitt, Versionsnummer

Endzustand: erfolgte Sicherung des Netzausschnittes

Information/Funktionalität:

- Versionsnummer, Netzausschnitt
- Funktion zum Realisieren der Sicherung

7.3.12 Teilaufgabe: „Netzbeschreibung verwalten" Verfahren: „Laden Sicherung"

Änderungen an der Netzkonfiguration sind oft so komplex, daß u.U. nicht alle Auswirkungen vorher abzuschätzen sind. Wird z.B. eine neue Router-Software eingespielt oder der Mail-Server neu konfiguriert ist es wünschenswert, falls die neue Konfiguration nicht zum gewünschten Ergebnis führt, die alte Konfiguration wieder zu aktivieren. Man benötigt daher ein zum Verfahren „Sicherung anlegen" komplementäres Verfahren, daß ein reaktivieren, d.h. neu Laden älterer, funktionsfähiger Konfigurationen ermöglicht. Dieses Verfahren besteht aus den Aktionen „Auswahl Versionssnummer", „Verifizieren Netzausschnitt" und „Laden Sicherung". Der Ablauf ist in Abbildung 7.23 dargestellt.

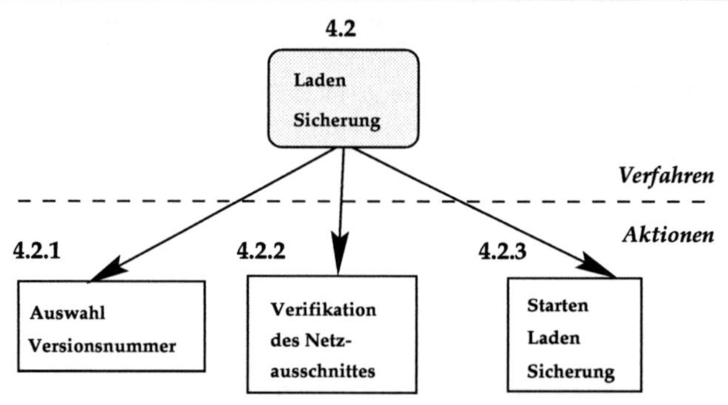

Abbildung 7.23: Verfahren zum Laden der Sicherung

Aktion 4.2.1.: „Auswahl Versionsnummer"

Ausgangszustand: Konfigurationsaktivität im Netz erfolglos

Endzustand: Version einer funktionierenden Konfiguration ausgewählt

Information/Funktionalität:

- Historie der Netzversionen
- Änderungen an den Netzversionen in jeder Version
- jeweils gesicherter Netzausschnitt

Aktion 4.2.2.: „Verifikation des Netzausschnittes"

Ausgangszustand: verschiedene Netzausschnitte einer Versionen zur Auswahl

Endzustand: zu aktivierende Sicherung ausgewählt

Information/Funktionalität:

- die von der Netzkonfiguration betroffenen Netzelemente → Netzausschnitt
- der Netzausschnitt der gewählten Sicherung

Aktion 4.2.3.: „Starten Laden Sicherung“

Ausgangszustand: Sicherung ausgewählt
Endzustand: geladene Sicherung aktiviert
Information/Funktionalität:

- Funktion zum Aktivieren der Sicherung

7.3.13 Teilaufgabe: „Netzbeschreibung verwalten“ Verfahren: „Netzbeschreibung löschen/neu anlegen“

Werden ganze Teilnetze aus einer Netzbeschreibung entfernt, so ist es u.U. nötig, nicht nur die dynamischen Daten mittels eines Updates der Netzbeschreibung zu aktualisieren, sondern auch nicht mehr benötigte statische Daten (z.B. aus Unternehmensdatenbanken) zu entfernen. Ein typisches Beispiel dafür ist das „Outsourcing“ von Management-Aufgaben, d.h. die Weitergabe von Zuständigkeiten an andere. Ebenso muß es möglich sein, ein Teilnetz neu anzulegen, d.h. schon vor der Erzeugung der Basis-Netzbeschreibung logische Domänen einzurichten bzw. Instanzen der Netzelemente aufgrund der Information aus Unternehmensdatenbanken anzulegen. Diese Verfahren besteht aus folgenden Aktionen: „Festlegen des Umfangs der zu manipulierenden Teilnetzbeschreibung“, „Löschen des Auschnitts“, und „Erzeugen logischer Teilnetze“ (siehe Abbildung 7.24).

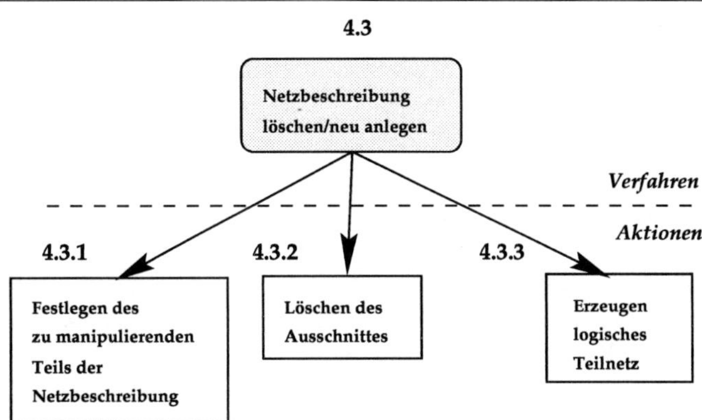

Abbildung 7.24: Verfahren zum Löschen und neu Anlegen der Netzbeschreibung

Aktion 4.3.1.: „Festlegen des zu manipulierenden Teils der Netzbeschreibung"

Ausgangszustand: Netzbeschreibung

Endzustand: Netzbeschreibung mit zu manipulierendem Teilnetz

Information/Funktionalität:

- IP-Bereich/IP-Netz das zu manipulieren ist

Aktion 4.3.2.: „Löschen des Ausschnittes"

Ausgangszustand: Netzbeschreibung mit Teilnetz-Ausschnitt

Endzustand: Netzbeschreibung ohne selektierten Ausschnitt

Information/Funktionalität:

- Netzbeschreibung mit Teilnetz
- Funktion zum Löschen von Teilnetzen

Aktion 4.3.3.: „Erzeugen logisches Teilnetz"

Ausgangszustand: Netzbeschreibung

Endzustand: um logisches Teilnetz erweiterte Netzbeschreibung

Information/Funktionalität:

- IP-Bereich des neuen Teilnetzes
- Funktion zum Hinzufügen eines logischen Teilnetzes

7.3.14 Teilaufgabe: „Netzbeschreibung verwalten" Verfahren: „Netzbeschreibung aktualisieren"

Die Netzbeschreibung ist nur dann für den Anwender interessant, wenn sie einen gewissen Grad an Aktualität besitzt. Der Grad der Aktualität, den die Netzbeschreibung besitzen muß, ist dabei für einzelne Elemente unterschiedlich. Dies wiederum hängt von den Anforderungen der Anwender ab. Demgemäß werden in den Anwender-Profilen auch die Güte (optional), d.h. die Aktualität der Netzbeschreibung, als Parameter abgebildet. Es muß ein Kompromiß zwischen der vom Anwender geforderten Aktualität der Netzbeschreibung und der technisch möglichen Aktualität gefunden werden. Der geforderten Aktualität stehen folgenden Aspekte gegenüber:

- Hohe Pollingraten belasten das Netz, d.h. der Anteil der „Nutzlast" am Gesamtverkehr wird zugunsten des Managementverkehrs kleiner
- Höhere Informationsdichte in der Managementplattform kostet auch Performance hinsichtlich der Aufnahme und Weiterverarbeitung der Information

Folgende Aktionen beinhaltet das Verfahren: „Analyse der Benutzer-Profile", „Konfliktlösung", „Festlegen der Update-Parameter" und „Starten des Update-Mechanismus" (siehe Abbildung 7.25).

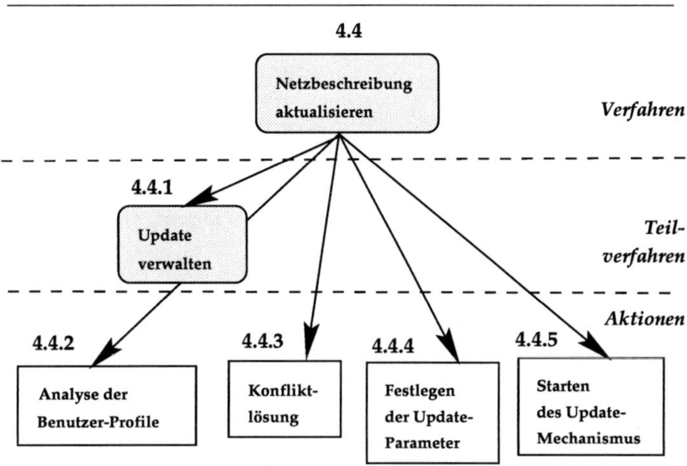

Abbildung 7.25: Verfahren zum Aktualisieren der Netzbeschreibung

Aktion 4.4.1.: „Analyse der Benutzer-Profile“

Ausgangszustand: Benutzer-Profile vorhanden, Netzbeschreibung erzeugt

Endzustand: Anforderungen an die Aktualität der Netzbeschreibung ermittelt

Information/Funktionalität:

- alle Benutzer-Profile
- Funktion zum Erzeugen einer Liste mit Netzelementen und deren Update-Intervall aus den Profilen

Aktion 4.4.2.: „Konfliktlösung“

Ausgangszustand: Benutzeranforderungen an die Aktualität der Netzbeschreibung für jede Ressource

Endzustand: technisch realisierbare Update-Intervalle

Information/Funktionalität:

- Benutzeranforderungen an die Aktualität der Netzbeschreibung für jede Ressource
- technisch vertretbare Polling-Intervalle

Aktion 4.4.3.: „Festlegen der Update-Parameter“

Ausgangszustand: technisch realisierbare Update-Intervalle festgelegt

Endzustand: konfigurierter Update-Mechanismus

Information/Funktionalität:

- Parameter des Update-Mechanismus
- technisch realisierbare Update-Intervalle festgelegt

Aktion 4.4.4.: „Starten des Update-Mechanismus"

Ausgangszustand: Konfiguration des Update-Mechanismus abgeschlossen

Endzustand: Update-Mechanismus aktiviert

Information/Funktionalität:

- Wie wird Update-Mechanismus gestartet?

7.3.15 Teilaufgabe: „Netzbeschreibung verwalten" Verfahren: „Update verwalten"

Ändern sich Netzkonfigurationen, durch z.B. eine stark steigende Anzahl an zu überwachenden Netzelemente, ist es u.U. notwendig, das Update-Intervall zu modifizieren. Da die Festlegung des Update-Intervalls wesentlich auf der Anzahl und der Überwachungsintensität der zu beobachtenden Netzelemente basiert, ist dies für die Änderung des Parameters von Bedeutung. Das Verfahren „Update verwalten" gestattet ein Modifizieren des bisher aktiven Update-Mechanismus (siehe Abbildung 7.26).

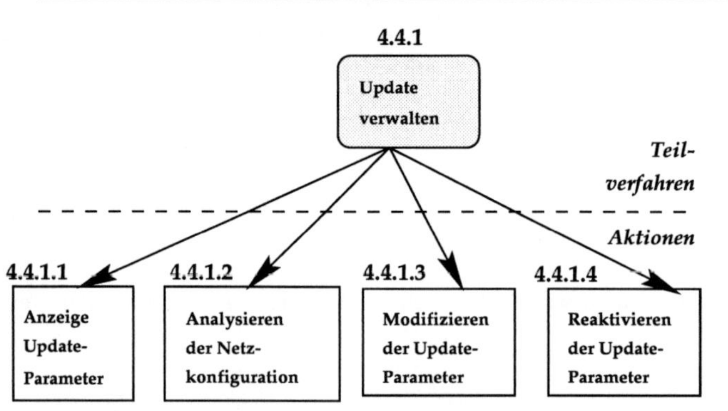

Abbildung 7.26: Verfahren zum Verwalten des Updates

Aktion 4.5.1.1.: „Anzeige Update-Parameter"

Ausgangszustand: Netzbeschreibung, aktiver Update-Mechanismus

Endzustand: Parameter des Update-Mechanismus bekannt

Information/Funktionalität:

- Parameter des Update-Mechanismus

Aktion 4.5.1.2.: „Analysieren der Netzkonfiguration“

Ausgangszustand: Netzbeschreibung mit aktivem Update-Mechanismus

Endzustand: Erkenntnis, ob Modifikation des Update-Parameters notwendig

Information/Funktionalität:

- Version der Netzbeschreibung zum Zeitpunkt des Aktualisierens des Update-Mechanismus (Verfahren: „Sicherung anlegen“)

Aktion 4.5.1.3.: „Modifizieren der Update-Parameter“

Ausgangszustand: Netzbeschreibung mit konfiguriertem Update-Mechanismus

Endzustand: Netzbeschreibung mit neu konfiguriertem Update-Mechanismus (welcher den neuen Anforderungen besser entspricht)

Information/Funktionalität:

- Funktion zum Ändern der Update-Parameter
- Kentnis über Semantik der Update-Parameter

Aktion 4.5.1.4.: „Reaktivieren der Update-Parameter“

Ausgangszustand: Update-Mechanismus arbeitet mit alter Konfiguration

Endzustand: Update-Mechanismus arbeitet mit neuer Konfiguration

Information/Funktionalität:

- Script zum Restart des Update-Mechanismus

7.4 Zusammenfassung

Die in den vorangenangenen Abschnitten entwickelten Verfahren und Aktionen sind das Resultat einer strengen Top-Down-Entwicklung basierend auf den Anforderungen der Netzbetreiber an die Netzbeschreibung. Technische Realisierungen werden nur explizit bei dem Discoery der Schicht 3 angedeutet. Näheres zu dieser Problematik findet man in [WCS 93] oder [Wien 93]. Der Plattform-erfahrene Leser wird sicher die noch recht große Distanz zwischen den Wünschen der Anwender und dem Status Quo bei Plattformen sehen. Das Ziel dieses Kapitels war es aber nicht, den Status Quo in diesem Bereich zu behandeln, sondern anhand der im Task-View-Modell entwickelten Strukturierungsprinzipien eine betreibergerechte Spezifikation dieser Funktionalität zu erhalten.

Kapitel 8

Eine Task-View gerechte Managementplattform-Architektur

Die bei der Analyse bisher existierender Managementplattformen herausgefundenen Defizite hinsichtlich der Flexibilität und Eignung zur Realisierung von Task-Views läßt die Frage entstehen: „Wie gestaltet sich eine Managementplattform-Architektur, die die Umsetzung der Task-Views in der Plattform optimal unterstützt?“. Aus diesem Grund wird in diesem Kapitel nicht von einer bestehenden Plattform-Architektur ausgegangen, sondern anhand der Anforderungen an das Task-View-Modell eine Plattform-Architektur entwickelt, die die Umsetzung der Anforderungen des Task-View-Modells in einer Plattform ideal unterstützt.

8.1 Entwurf einer Plattform-Architektur gemäß den entwickelten Anforderungen

Architekturell gesehen liegt der Kern des Task-View-Modells zwischen der Plattform-Infrastruktur (Anwendungsfunktionalität, MIBs, Kommunikationsfunktionalität, ...) und der graphischen Darstellung an der Benutzer-Schnittstelle. Setzt man in der Managementplattform eine Infrastruktur voraus, wie in den Anforderungen in Kapitel 2 und Kapitel 3 gefordert, stellen sich folgende verbleibende Forderungen an einen das Task-View-Modell realisierenden Modul:

- Visualisieren der ausgewählten Objekt-Daten (*Dialog Presentation Module*)
- Visualisierung der ausgewählten Objekte und ihre Relationen (*View Presentation Module*)
- Verwaltung der Rollen (*Roles Integration Module*)

Es folgen einige Begründungen zur Wahl der präsentierten Modulstruktur. Vollkommen losgelöst von der Problematik der Visualisierung stellt sich in Plattformen die Aufgabe der Verwaltung und Administration mehrerer Benutzer. Die Task-Views sind mit den Benutzern mittels der Rollen verknüpft. Damit eng verbunden ist die Zuordnung der Funktionalität, die ein Benutzer verwenden darf, sowie die Ressourcen, auf die er schreibenden, d.h. verändernden Zugriff hat. Diese Aspekte sind in dem Modul „Roles Integration Module“ zusammengefaßt. Die Visualisierung der im Task-View-Modell abgebildeten Aspekte läßt sich in zwei Teile aufspalten.

Die aus einer MIB oder einer Anwendung gewonnene Managementinformation wird in unterschiedlicher Form dargestellt (z.B. als Diagramm oder absoluter Wert). Dies ist wiederum vollständig unabhängig von der Darstellung von Objekten in einem Management-Kontext bzw. der Darstellung von Relationen. Aus diesem Grund wurden die Visualisierungaspekte in zwei verschiedenen Modulen realisiert. Der eine Modul ist für die Darstellung der **Objekt-Daten** (Managementinformation) verantwortlich (Dialog Presentation Module), der andere für die Darstellung von **Objekten und deren Relationen** (View Presentation Module) zuständig.

Der Dialog Presentation Module ist verantwortlich für die Darstellung der ausgewählten Objekt-Daten. Hier wird keine Interpretation im Sinne einer semantischen Umwertung vorgenommen, da diese Information rein technischer Natur ist und keinen Bezug zur Benutzeraufgabe hat (ausgenommen die Auswahl). Der View Presentation Module realisiert das Erzeugen von technischen Views und Objekt-Darstellungen sowie den Zugriff auf die Objekte. Dieser Modul wird stark von der Benutzerrolle beeinflußt. Der dritte Modul, der Roles Integration Module, übernimmt die Verwaltung der Rollen, sowie die Zuordnung der Ressourcen und Zuständigkeiten zu diesen Rollen. Desweiteren übernimmt er die benutzerspezifische Parametrisierung der Anwendungen entsprechend der in der Teilaufgabe nötigen Funktionalität. Eine Gesamtbeschreibung stellt Abbildung 8.1 dar.

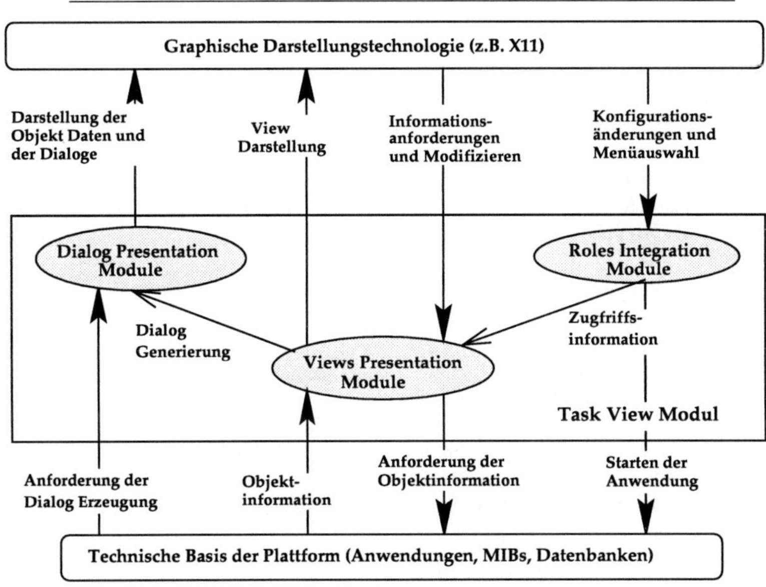

Abbildung 8.1: Allgemeine Plattform-Architektur

8.1.1 Der Dialog Presentation Module

Aufgabe des Dialog Presentation Modules ist es, in Abhängigkeit von der durch den Roles Integration Module vorgegebenen Zuordnung von Ressourcen zu einer Rolle, die durch Anwendungen, MOs und der Historiendatenbank gelieferten Daten zu selektieren und gemäß den Anforderungen darzustellen.

Der Dialog Presentation Module besteht aus zwei essentiellen Bausteinen: dem Dialog Generator und dem Visual Representation Generator. Diese beiden Generatoren realisieren zwei verschieden Möglichkeiten der Aktivierung. Der eine Weg geht über die Anwendungen und die MOs. Die Anwendungen steuern diese Generatoren direkt über Generatorfunktionen, im Gegensatz zu den MOs, bei denen die Darstellungssyntax aus der MIB gewonnen und in entsprechende Anweisungen für die Generatoren umgesetzt wird. Neben dieser eher dynamischen Form der Steuerung existiert noch ein anderer Weg. Werden ein und derselbe Dialog sehr häufig verwendet, bietet es sich an, diesen in einer Historiendatenbank abzulegen und bei Bedarf zu reaktivieren.

Die in einer Aktion anzubietende Information und Anwendungsfunktionalität ist im Role Integration Module beschrieben. Der Dialog-Generator fordert diese Information an, liest die für diese Aktion notwendigen Interaktionsobjekte (siehe Seite 88) aus der Datenbank aus und initiiert im Darstellungsgenerator entsprechende Darstellungen. Der Darstellungsgenerator sieht in der Datenbank der vordefinierten bzw. bereits benutzten Dialoge (Dialog Cache) nach, ob die geforderte Darstellung (Picture Data) bereits existiert, oder aber er liest die ASR-Daten (siehe Seite 90) aus der Spezifikation des visuellen Anteils (Visual Database) der Aktionsbeschreibung. In diesem Fall werden die Daten in einem Transformationsprozeß in sog. Picture Data (siehe Seite 90) überführt und können dann angezeigt werden. Ist in der Darstellung eine Animation enthalten (z.B. Monitoring von Attributwerten), werden die entsprechenden Regeln zur Animation (siehe Abbildung 4.14) aus der Datenbank gelesen und verwendet.

Der Benutzer der Managementplattform hat natürlich auch die Möglichkeit, Dialoge direkt zu erzeugen. Dies wird z.B. notwendig, um für den Benutzer Daten aus der Historiendatenbank und aktuelle Messungen über spezielle Darstellungsformen zueinander in Beziehung zu setzen (z.B. zur Trendanalyse). Diese Generatoren stellen eine Benutzer-API zur Verfügung, mit welcher der Benutzer die Daten auswählt, die er dargestellt bekommen möchte, und anschließend den Typ der Darstellung (Balkendiagramm, Tortendiagramm, ...). Diese Realisierung bedingt natürlich ein gemeinsames Verständnis der gespeicherten Datenformate zum Austausch zwischen Dialog Presentation Module und den Datenquellen (MOs und Anwendungen). Andernfalls sind entsprechende Konvertierungen nötig.

Der Encapsulator (siehe Abbildung 8.2) hat die Aufgabe, Anwendungen, die nicht plattformkonform entwickelt wurden, also nicht tief integriert sind, einzuhüllen und Interaktionen über die Benutzer-Schnittstelle sowie die auszutauschenden Daten abzufangen und zu transformieren. Dabei werden auch Datentransformationen zwischen der anwendungseigenen Syntax und den Plattform-Formaten durchgeführt. Abbildung 8.2 gibt einen Überblick über die Bestandteile des Dialog Presentation Module.

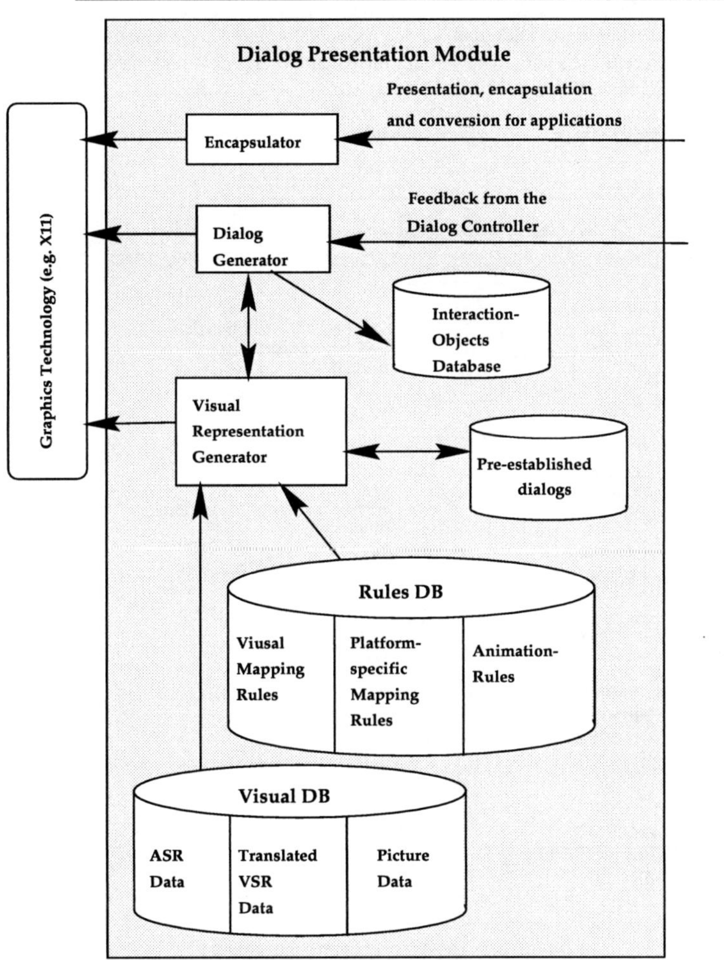

Abbildung 8.2: Der Dialog Presentation Module

8.1.2 Der View Presentation Module

Der View Presentation Module ist zuständig für das Erzeugen von Views, die Objektdarstellung und die Realisierung des Zugriffs auf die Managementinformation. Die Bestandteile des

View Presentation Modules sind in Abbildung 8.3 dargestellt. Die zwei wesentlichen Bestandteile des View Presentation Modules sind der View Generator und der Presentation Filter. Der View Generator erzeugt die interne Darstellung für jeden Objekt-View und macht ihn für die Visualisierung durch den Presentation Filter zugänglich.

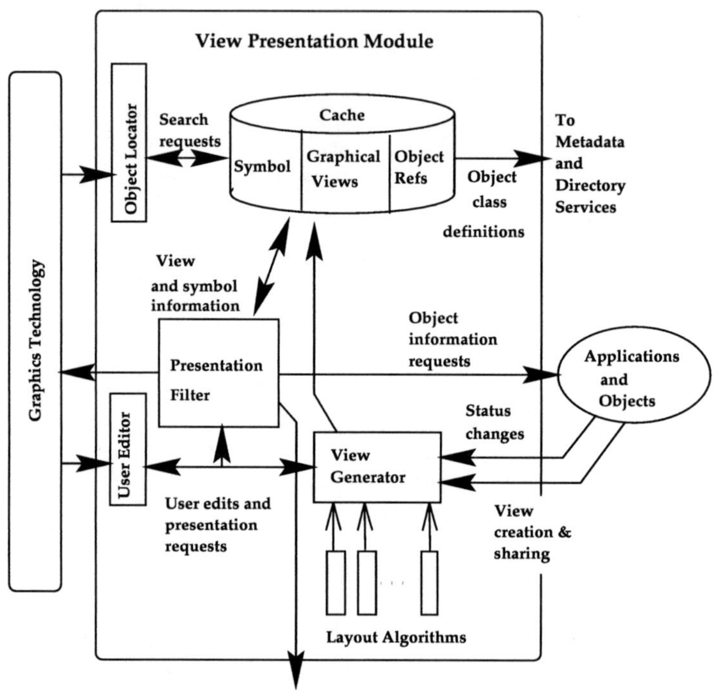

Abbildung 8.3: Der View Presentation Module

View Generator

Der View Generator erzeugt Views, die auf folgender Information basieren:

- einem festgelegten Layout-Algorithmus[1]

[1] Ein **Layout-Algorithmus** bestimmt die graphische Position von Symbolen in einem View so wie neue Symbole hinzugefügt werden. Dies geschieht in Abstimmung mit einem vorher bestimmten Algorithmus zur Topologie-Erzeugung. Beispiele dafür sind: Stern-, Ring- oder Netzdarstellung.

- einer Anzahl von in diesen Views enthaltenen Objekten
- einer Anzahl von Relationen zwischen diesen Objekten

Werden neue Objekte erkannt oder erzeugt, so werden ihre entsprechenden Symbole, die Symbole zum Ausdrücken ihrer Beziehungen, ihre Positionsinformation, ihr Status und die objektbeschreibenden Attribute (MIB) durch den View Generator (im Cache des View Presentation Modules) gespeichert (siehe Abbildung 8.3).

- Der *Graphical View Cache* liefert Information über ein Objekt: die Symbole, die es enthält, und die Beziehungen, die zwischen diesen bestehen. Der Graphical View Cache enthält ebenfalls Darstellungsinformation zum Kontext des Objektes, wie z.B. die Positionsinformation, resultierend aus dem Layout-Algorithmus (und/oder der Benutzer-Modifikationen), die Hintergrundgraphik, die mit dem Objekt assoziiert wird (in dem Kontext) und die Größe und Position des View Windows. Jeder einem Objekt zugeordnete View wird entweder implizit, über den Objektnamen, welcher das Objekt repräsentiert, oder explizit über einen View-Namen referenziert. Der zu einem View gehörende Objektname wird in einem View-Eintrag gespeichert.
- Der *Symbol Cache* ist nötig für das Verwalten und Halten von Informationen über jede Symbol-Instanz (Ikone oder Glyph) in der Darstellung des Benutzers. Jedes Symbol stellt ein bestimmtes Objekt dar, und so referenziert jeder Eintrag im Symbol-Cache ein Objekt über den Namen oder den Identifikator[2]. Mehrfache Symbol-Typen wie auch mehrfache Instantiierungen desselben Symbol-Typen können ein gegebenes Objekt darstellen. Diese Möglichkeit gestattet das Hervorheben einer bestimmten Spezifik eines Objektes in Abhängigkeit vom jeweiligen Darstellungskontext. So zum Beispiel könnte ein Objekt vom Typ Workstation, das als Diskless Server und auch als Gateway fungiert, als Gateway-Symbol in Netz-View und als Server-Symbol im Computer-System-View auftauchen. Dies gestattet dem Benutzer, die Workstation in Abhängigkeit von der Rolle, die diese in einem bestimmten Kontext spielt, auch in dieser Rolle zu sehen. Der Zugriff auf die Workstation wird aber in jedem Fall durch die mit dem Symbol der Workstation verbundenen Objekt-Daten garantiert. Man kann das auch als die Konsequenz in der Darstellung von Vererbung und Polymorphismus betreachten.

  Jeder Symbol-Cache-Eintrag enthält einen Symbol-Typen, durch welchen die korrespondierende Bitmap angesprochen werden kann. Da jedes Symbol möglicherweise verschiedene Aspekte eines Objektes darstellt, ist auch der Zustand (welcher mit dem Symbol und damit auch mit verschiedenen Aspekten assoziiert wird) beim Symbol gespeichert[3].

Eine besonders wichtige Komponente des View Generators ist der *Status Generator*. Dieser überwacht alle ankommenden Events und verteilt Zustandsänderungen an andere Module. Wenn ein Event eintrifft, das die Zustandsänderung eines Objektes mitteilt, sucht der Status Propagator nach den zugehörigen Symbolen im Symbol-Cache, bestimmt, welche Views dieses Objekt enthalten, und aktualisiert soweit notwendig die Symbol-Typen. Jedes Symbol, das ein Objekt darstellt, kann sein eigenen Zustandsänderungsweitergabe-Algorithmus besitzen, um korrekt die Zustände der Subkomponenten darzustellen. Eine Workstation, z.B. die als Gateway und

[2]Es können natürlich auch n:1 Beziehungen zwischen Symbolen und Objekte bestehen.

[3]Wenn z.B. die Gateway Funktionalität einer Workstation ausfällt, ist es nicht notwendig die Farbe des Diskless-Server-Symbols zu ändern

als Diskless-Server arbeitet, kann durch verschiedene Symbole in verschiedenen Map Views (traditionelle Views) dargestellt werden. Diese verschiedenen Symbole sollen den Zustand des darunterliegenden Gateways oder des Server-Objektes darstellen, nicht beide Zustände. Der Status Propagator arbeitet sich durch diese Zustandsweitergabe-Algorithmen und stellt die Zustandsänderungen für jedes betroffene Symbol entsprechend dar.

Presentation Filter

Der Presentation Filter bildet das Herzstück des View Presentation Modules, der durch seine Koordination der verschiedenen Darstellungsaspekte bestimmt, was der Benutzer an der Benutzer-Schnittstelle repräsentiert bekommt. Seine grundlegende Aufgabe besteht darin, Informationen zu akquirieren und dem Benutzer bereitzustellen. Er visualisiert verschiedene Views die durch die Management-Role-Konfiguration vorgegeben und durch den View Generator erzeugt worden sind. Der Presentation Filter fordert dazu beim Roles Integration Module relevante Information zu einer Rolle (ausgewählte Objekte, korrespondierende Menüeinträge, ...) an. Wenn Managementinformation zu den Objekten durch den Benutzer angefordert wird, kann der Presentation Filter auf verschiedene Weise reagieren. Der Presentation Filter kann die Anforderungen direkt an das Objekt weitergeben, welches dann mit dem Dialog Builder interagiert um die Information darzustellen, in der Annahme, daß das Objekt diese Funktionalität unterstützt. Ein anderer Weg besteht darin, daß der Presentation Filter selbst die Daten vom Objekt akquiriert und dabei direkt mit dem Dialog Presentation Module kommuniziert, um die Information darzustellen. Der Presentation Filter realisiert Darstellungen mit Hilfe des *Object Locators* und des *User Editors* im View Presentation Module.

Object Locator

Der Object Locator interagiert mit dem Benutzer, um Objekte gemäß einer Attribut-Beschreibung zu suchen. Der Benutzer spezifiziert den Attribut-Suchausdruck, womit der Object Locator die Datenbank für die Objektbeschreibungen durchsucht oder mit dem Objekt kommuniziert, um die passenden Attribute zu identifizieren. Der Object Locator manipuliert nach abgeschlossener Suche den Presentation Datastore, um die gefundenen Objekte mittels anders markierter Symbole als Resultat darzustellen. Der Benutzer ist in der Lage, die gefundenen Objekte durch simples „Anklicken“ als Input für weitere Operationen zu verwenden (Prinzip der Unix-Pipe).

User Editor

Der User Editor stellt Editierfunktionen bereit, um dem Benutzer ein *Customizing* seiner Darstellung zu ermöglichen. Jede Änderung gelangt zum View Generator und zum Presentation Filter, um in die aktive Darstellung einzugehen.

8.1.3 Der Role Integration Module

Die Funktion des Roles Integration Module wird hauptsächlich von drei Komponenten erbracht, dem *Dialog Controller*, dem *Configurator* und dem *Application Invoker*. Der Dialog Controller übernimmt die Hauptaufgabe des Task-View-Modules. Er steuert alle drei Module (View Presentation Module, Dialog Presentation Module und Roles Integration Module) in Übereinstimmung mit dem Inhalt des *Equipment Store* und des *Roles Configuration Store*. Loggt sich ein Benutzer in die Plattform ein und wählt die für ihn passende Rolle aus, bekommt er eine Auswahl der für diese Rolle relevanten Managementaufgaben angeboten (je nach Priorität und eingegangener Events). Der Configurator dient dem Erzeugen und Administrieren der Management Roles. Er ist daher ein Werkzeug für den Plattform-Administrator und sollte entsprechend gesichert sein. Der Configurator erfüllt folgende Aufgaben:

- Festlegen von Rollen
- Definieren von Aufgaben
- Zuordnen von Aufgaben zu Rollen
- Definition von Domänen
- Zuordnen von Domänen zu Rollen und Aufgaben
- Festlegen von Verfahren und Aktionen
- Zuordnen von Funktionalität und Information zu Aktionen

Die zum parametrisierten Aufruf der Anwendungen und zur Steuerung der Dialoge durch den Dialog Controller benötigte Information wird im Roles Configuration Store und im Equipment Store gespeichert.

Im Equipment Store ist die technische Basis der Plattform festgehalten, wie z.B. verfügbare Anwendungen, MIBs usw. Im Roles Configuration Store wird ebenfalls die Zuordnung der Elemente des Equipment Stores zum Benutzer realisiert.

Equipment Store

Der Equipment Store beschreibt die technische Basis, die Ausstattung der Plattform. Jede Anwendung, die in der Plattform integriert ist, jede generische Plattform-Funktion und jede zugreifbare MIB ist hier spezifiziert.

Anmerkung: Der Begriff „Application“ wird im folgenden mit der Anwendung im klassischen Sinne gleichgesetzt. Der Begriff des „Tools“ assoziiert hingegen mit einer logischen, benutzerspezifischen Kombination von Anwendungsfunktionalität und entspricht damit eher einer Struktur über der in einer Plattform verfügbaren Funktionalität. Verbindungen zwischen den Substores des Equipment Store und des Roles Configuration Store existieren entsprechend der Relationen zwischen den Ebenen des Task-View-Modells.

- *Application Substore*
  Der Application Substore enthält Informationen über alle Anwendungen, die für den Zugriff auf die Plattform konfiguriert wurden. Jeder Eintrag im Substore enthält Daten über z.B. Anwendungsnamen, Aufrufkonventionen, Lizenzdaten, eine Liste der von der Anwendung bereitgestellten Funktionen, konfigurierbare Parameter der Anwendung, Hersteller, Versionsnummer und den Pfad des Help-Files.
- *Function Substore*
  Jede Funktion, ob von einer Anwendung oder von einer Plattform-Bibliothek, wird hier spezifiziert. Zunächst wird der Typ der Funktion (extern, intern, application, ...), die mögliche Parametrisierung, Aufrufkonventionen und das Ergebnis einer Funktion gespeichert.
- *MIB Substore*
  Der MIB Substore beschreibt über die Plattform zugreifbare MIBs. Ergänzend wird der Typ der MIB (Internet, OSI), in der MIB enthaltene Managementinformation, die zugehörige

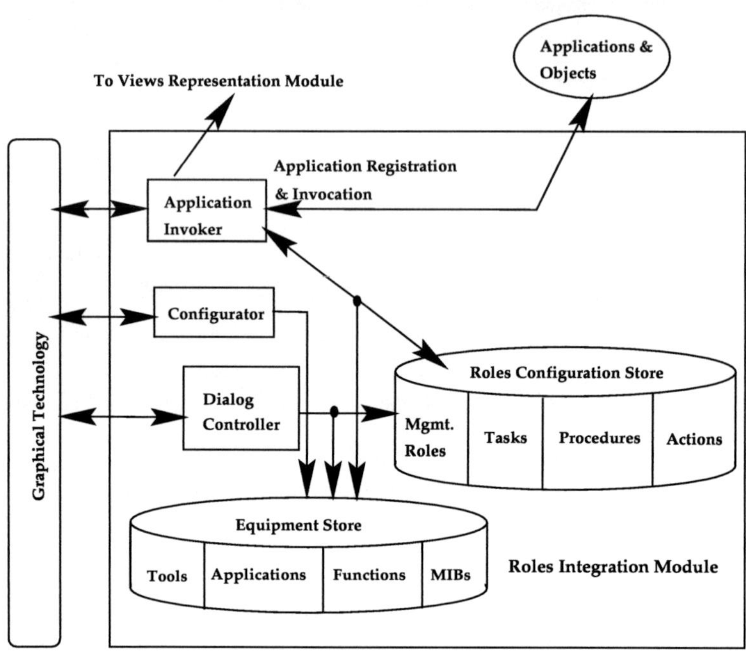

Abbildung 8.4: Der Roles Integration Module

Komponente und die unterstützte Agentenversion festgehalten.

- *Tool Substore*
  Ein Tool in diesem Sinne ist eine für die Lösung einer Aufgabe sinnvolle Kombination (abgeleitet von den Verfahren und den Aktionen) von Anwendungsfunktionen oder generischer Plattform-Funktionalität, ausgedrückt durch ein Menü, das genau diese Funktionen in ihrer parametrisierten Form anbietet.

Roles Configuration Store

Der Roles Configuration Store enthält den benutzerspezifischen Teil der Konfiguration. Gemäß dem Task-View-Modell werden hier Rollen festgelegt, Benutzer zugewiesen, Aufgaben definiert, Verfahren und Aktionen gespeichert. Zwischen den Aktionen und dem Equipment Store gibt es dann wieder eine Verbindung, die die Nutzung der technischen Basis vorgibt.

- *Management Roles Substore*
  Der Management Roles Substore wird zum Speichern der in der Plattform definierten Ma-

nagement Roles benötigt. Jeder Eintrag definiert eine Management Role durch eine Namen, wie z.B. „Mail Administrator“ oder „Backbone Administrator“. Eine Liste von Benutzern und Passwörtern, welche die authorisierten Benutzer enthält, ist ebenfalls gespeichert. Jede Management Role legt eine Anzahl von Tasks (Aufgaben) fest, die vom Benutzer, der in dieser Rolle agiert, zu erfüllen sind.

- *Management Task Substore*
  Im Management Task Substore werden vom Benutzer zu lösende Managementaufgaben beschrieben. Diese wiederum referenzieren neben einer Target-Domäne (Scope der ausgelösten Aktionen) eine Management-Rolle und ein oder mehrere mögliche Management-Verfahren (Procedures). Die Verfahren geben mögliche Abfolgen von Einzelaktionen an, die zum Erbringen einer Aufgabe nötig sind.
- *Procedure Substore*
  Im Management Procedure Substore werden Management-Verfahren gespeichert. Diese Verfahren beschreiben, wie eine konkrete Abfolge von Aktionen gestaltet sein muß, um eine Aufgabe zu erfüllen. Zu einer Management-Task gibt es möglicherweise mehrere Verfahren, die als solche jedoch eine Aufgabe komplett erfüllen, nicht nur einzelne Teile.
- *Action Substore*
  Management Aktionen sind elementare Bestandteile der Verfahren und beschreiben die Unterstützung durch das Plattform-Equipment in einem einzelnen Teilschritt. Sie stellen die Verbindung zwischen dem Equipment Store dar, indem sie die Funktionalität oder Information des Equipment Store referenzieren.

Der Dialog Controller übernimmt die Hauptfunktion des Task-View-Moduls. Er steuert alle drei Module (Dialog Presentation Module, View Presentation Module und Roles Integration Module) in Übereinstimmung mit dem Inhalt des Equipment Store und dem Roles Configuration Store. Loggt sich ein Benutzer in die Plattform ein und wählt eine für ihn vorgesehene Rolle aus, bekommt er eine Auswahl von durch ihn zu lösenden Aufgaben angegeben (je nach Priorität und eingegangenen Events sortiert). Der Dialog Controller übernimmt jetzt die Führung längs der ausgewählten Verfahren durch Funktion und Information.

Der Application Invoker ist für das korrekte Aktivieren von Anwendungsfunktionalität zuständig. Bekommt er eine Benutzeranforderung zum Aktivieren von Funktionalität, parametrisiert er die entsprechend dem Equipment Store für diesen Menüeintrag vorgesehene Anwendung und startet diese.

Kapitel 9

Schlußbemerkungen und Ausblick

Die Analysen der Einsatzerfahrungen von Managementplattformen in Corporate Networks haben gezeigt, daß man bei der Verwendung von Managementplattformen in diesen Umgebungen noch nicht von vollständig akzeptierbaren, universellen „Alltags"-Werkzeugen sprechen kann. Ein Grund dafür ist sicher auch die Tatsache, daß es neben den Konzepten und Mechanismen zur Integration von Managementressourcen in die Plattform auch Methoden und Techniken geben muß, die die im Vergleich zu den spezielleren Werkzeugen enorm gestiegene Quantität an Information geeignet stukturieren können. Die bisher in Managementplattformen angewendeten Strukturierungsprinzipien basieren oft auf dem Paradigma der Objektorientierung (Vererbungsrelationen), der physischen Enthaltenseinsrelation (Containment), funktional orientierten Strukturen (MIB-Struktur) oder auf den physischen und logischen Verbindungen zwischen Managementressourcen (z.B. der Netzbeschreibung). Nur sehr rudimentär werden Strukturierungen nach Benutzerqualifikationen oder nach den vom Benutzer zu lösenden Alltagsaufgaben berücksichtigt. Es ist offensichtlich, daß man mit der Vergabe benutzerspezifischer Schreib-/Leserechte den Benutzer mit seinem managementbezogenen Anforderungsprofil nur unzureichend in der Plattform-Umgebung abbildet. Daß diese Problematik wohl aber relevant ist, zeigen Forschungsarbeiten im Bereich des Netz- und Systemmanagements ([SaSu 94], [Bart 94]) oder in verwandten Bereichen wie z.B. des Software-Engineering ([KoMe 94ba], [KoMe 94bb]). Ein wesentliches Ziel dieser Arbeit war die Entwicklung

einer Methodik zur Gewinnung von Strukturen, die dem Individuum Benutzer mit seinen zu lösenden Problemen besser gerecht werden, wie auch ein Modell zur Beschreibung dieser Strukturen in einer einheitlichen Form.

Das in der Arbeit vorgeschlagene Modell der Task-Views ermöglicht eine strukturierte Beschreibung von Managementaufgaben und dem Lösungsvorgehen in einer konkreten Umgebung. Es unterscheidet sich in diesem Punkt von anderen Systemen (z.B. [SaSu 94], [Bart 94]), die ebenfalls die Beschreibung von Aufgaben ebenso wie die Zuordnung von Aufgaben zu Benutzern gestatten, insofern, als daß diese Systeme den Lösungsweg, d.h. das konkrete Vorgehen zur Lösung der Aufgabe, nicht berücksichtigen. Die bei der Beschreibung von Verfahren auftretenden unterschiedlichen Aspekte (Inhalt einer Aufgabe, Verfahren zur Lösung, benutzte Werkzeuge) werden im Task-View-Modell in verschiedenen Ebenen dargstellt. Die im Modell beschriebenen standardisierten Anteile (Managed Objects) werden entsprechend berücksichtigt. Da eine Managementplattform, die eine betreiberfreundliche, problemgerechte Unterstützung anbieten soll, in eine Umgebung (Einsatzumgebung) eingebettet werden muß, ist eine Vorgehensweise entwickelt worden, die diese Einbettung unterstützt.

Die ebenfalls in dieser Arbeit vorgestellte Anpassungsmethodik beschreibt in einem Top-Down-Vorgehen die schrittweise Füllung des Modells mit Informationen aus der künftigen Einsatzumgebung. Als Basis für diese Anpassung des Modells dienen Bibliotheken[1] mit vorgefertigten Schablonen, die entsprechend modifiziert werden. Hiermit wird eine die allgemeine Verwendbarkeit erhöhende Generik des Modells erreicht. Wesentlich für das Vorgehen ist die Tatsache, daß im Gegensatz zu bisherigen Entwicklungen von Management-Agenten für Ressourcen im Internet-Bereich (herstellerspezifische MIBs) das hier propagierte Vorgehen streng von den Anforderungen der Betreiber ausgeht und diese weiter verfeinert, um sie schließlich auf die Plattform-Infrastruktur abzubilden.

Den Abschluß der Arbeit bildet der Entwurf einer Plattform-Architektur, die die Einbettung des Task-View-Modells in idealer Weise unterstützt. Die Implementierung des Task-View-Modells würde - architekturell betrachtet - zwischen der eigentlichen Managementplattform und der graphischen Schnittstelle (z.B. X11) zum Benutzer angesiedelt sein. In dieser Arbeit wurde die Integration von Werkzeugen und Managed Resources absichtlich außer acht gelassen; Tatsache ist aber, daß die Implementierung des Task-View-Modells nur dann den „versprochenen“ Nutzen erbringt, wenn Werkzeuge und Managementressourcen gemäß einer tiefen Integration (siehe [Abec 95]) über Plattform-Schnittstellen verfügbar gemacht werden. Die derzeit wohl am häufigsten anzutreffende Oberflächenintegration ist sicher die mit heutigen Mitteln am schnellsten zu realisierende Integration, sicher aber auch die mit dem geringsten Nutzen im Hinblick auf ein **integriertes** Management. Im Zuge einer Migration von spezialisierten Werkzeugen hin zum Zugang zu dieser Funktionalität in einer Managementplattform ist es sicher angebracht, schrittweise eine Umstrukturierung der Aufgabenfelder der Werkzeug-Benutzer vorzunehmen, um sich weniger an technischen Zwängen (bedingt z.B. durch die Spezial-Werkzeuge), als vielmehr an funktionalen oder organisatorischen Vorgaben orientieren zu können. Gleichwohl haben bekannte Plattform-Hersteller noch einen deutlichen Schritt hin zu objektorientierten, offenen Architekturen zu tun, die den oben genannten Bedingungen und Anforderungen mehr entgegenkommen.

Da bei der Bearbeitung der Problematik weitere Fragestellungen entstanden sind, werden sich im Umfeld des Autors weitere Arbeiten mit dieser Thematik beschäftigen. Dies um so mehr, als daß die Problematik der Views nur ein Teil in der komplexen Problematik des **betreibergerechten** Managements ausmacht. Aktuelle Arbeiten haben z.B. die Betrachtung und Bewertung alternativer Werkzeuglösungen für die Spezifikation und Bearbeitung von Verfahrensbeschreibungen zum Inhalt. Eine weitere Arbeit beschäftigt sich mit möglichen Alternativen zur Darstellung von Verfahren an dem Managementplattform-GUI oder dem Entwurf einer generischen Schnittstelle zwischen dem Werkzeug zur Verfahrensmodellierung und einer Managementplattform.

Aus der Forderung nach einer immer besseren Unterstützung des Benutzers bei der Lösung seiner Managementaufgaben ergeben sich ferner weitere Fragestellungen, die über den Rahmen der Arbeit hinausgehen. Abschließend seien einige davon beispielhaft genannt:

[1] Generische Aktionen und Verfahren werden in entsprechenden Bibliotheken abgelegt um den Grad der Wiederverwendbarkeit für neu zu entwickelnde Verfahren zu erhöhen. Siehe dazu auch *Toolboxen* und *Workspaces* in TERRA-II

- **Automatische Auswahl von Verfahren zur Lösung eines Problems**: Das Task-View-Modell stellt einen ersten Schritt zur Dokumentation und Strukturierung von Expertenwissen dar. Der Schwerpunkt lag dabei auf der Dokumentation von Verfahren. Ausgehend von dieser Basis ist es im Sinne einer besseren Unterstützung des Benutzers wünschenswert, ihm bei der Auswahl der zur Verfügung stehenden Verfahren Entscheidungshilfen anzubieten bzw. diesen Prozeß zu automatisieren. Da bestimmte Informationen, wie z.B. die Qualifikation des Benutzers, schon bekannt sind, läßt sich der Auswahlprozeß vermutlich zumindest teilweise automatisieren.
- **Erhöhung des Anteils an standardisierten Elementen im Modell**: Um die allgemeine Verwendbarkeit des Modells weiter zu erhöhen, ist es erforderlich, in der Funktions- wie auch in der Informationsebene ein Maximum an standardisierter Managementinformation oder Funktionalität (SMFs) zu verwenden. Leider ist dies bisher in größerem Umfang nur in der Informationsebene realisierbar. Selbst in dieser Ebene ist der Prozeß der Gewinnung standardisierter MIBs (typisch für Internet-Management) aus einer Vielzahl herstellerspezifischer MIBs recht mühsam, wenn auch dringend erforderlich.
- **Einbeziehung von unscharfem bzw. unsicherem Wissen in das Modell**: Im bisherigen Modell ist bei der Verfahrensbeschreibung nur sicheres Wissen verwendet worden. Gerade komplexe Problemstellungen wie z.B. die Fehlerdiagnose erfordern u.U. die Einbeziehung von Unsicherheitsfaktoren (die Wahrscheinlichkeit, daß eine Aussage zutrifft, d.h. ein gewählter Zweig in einer Verfahrensbeschreibung gewählt wird) oder auch unscharfes Wissen (nicht genau quantifizierbar oder qualitativ bewertbar) in das Modell. In diesem Fall wäre eine Erweiterung der Verfahrensbeschreibung erforderlich.
- **Berücksichtigung von Ereignissen, die im verteilten System auftreten**: Entscheidungsträger im Task-View-Modell ist primär der Mensch. Dies bedeutet, daß er die zur Bearbeitung anstehenden Probleme auswählt und löst. Bei vielen Problemen im Netz- und Systemmanagement ist allerdings ein pro-aktives Reagieren, d.h. ein Reagieren bevor das Problem auftritt, erforderlich. Die Initiierung der Aufgabenlösung wird in diesen Fällen durch Ereignisse bestimmt, die während des Betriebs des verteilten Systems auftreten (z.B. Threshold-Überschreitungen, Alarme, Trouble-Tickets). Meldet z.B. ein Router, daß die Last im Gerät 70% überschritten hat, ist es durchaus sinvoll, die für das Performance- oder Faultmanagement dieser Komponente zuständige Aufgabe auszuwählen und den zuständigen Bearbeiter zu informieren.
- **Integration von Modellen und Konzepten aus dem Bereich des CSCW**: Ein Aspekt, der bisher im Modell wenig berücksichtigt wurde, ist der des *information sharing*. Da in der Anwendung des Modells sicher mehrere Benutzer mit den gleichen Ressourcen arbeiten, ist eine Kontrolle und Steuerung des Zugriffs auf die Ressourcen notwendig. Hier könnten die aus dem CSCW bekannten Konzepte wie z.B. die der *collaborative-aware user interfaces* (siehe auch [TRM 94], [BeMa 94], [SmRo 94]) einen wichtigen Beitrag liefern.

Anhang A

Elemente der Beschreibung graphischer Objekte in VSR

Im folgenden werden einige Beispielobjekte zur Beschreibung graphischer Objekte vorgestellt. Diese sind mittels der in [KaKa 91] vorgestellten Methode COOL (**CO**nstraint-based **O**bject **L**ayout System) in Prolog spezifiziert. Die angegebene Spezifikation wird später in der VSR-Ebene (siehe auch Kapitel 4.3.3, Seite 90) verwendet.

A.1 Beispielobjekte

```
% BOX (term, width, height, mode)
% variable: lx, rx, by, ty, cx, cy
% available modes: invisible/bound/fill/visible(default)
%
%
box(Term, Width, Height, Mode)→map(Term, Object);
    constraint("$1.cx=($1.lx+$1.rx)/2", [Object]),
    constraint("$1.cy=($1.by+$1.ty)/2", [Object]),
    constraint("$1.lx+$2=$1.rx", [Object, Width]),
    constraint("$1.by+$2=$1.ty", [Object, Height]),
    member(invisible, Mode)→map(Term, Object),
            drawing("box($1.id, $1.lx, $1.rx, $1.by, $1.ty, invisible)", [Object]);
    member(fill, Mode)→map(Term, Object),
            drawing("box($1.id, $1.lx,$1.rx, $1.by, $1.ty, fill)", [Object]);
    member(bound, Mode)→map(Term, Object),
            drawing("box($1.id, $1.lx,$1.rx, $1.by, $1.ty, bound)", [Object]);
                map(Term,Object),
            drawing("box($1.id, $1.lx, $1.rx, $1.by, $1.ty, visible)", [Object]).

% CIRCLE (term, radius, mode)
% variable: lx, rx, by, ty, cx, cy
% available modes: invisible/bound/fill/visible(default)
```

```
%
%
box(Term, Radius,Mode):-map(Term, Object),
    constraint("$1.lx=$1.cx-$2", [Object, Radius]),
    constraint("$1.rx=$1.cx+$2", [Object, Radius]),
    constraint("$1.by=$1.cy-$2", [Object, Radius]),
    constraint("$1.ty=$1.cy+$2", [Object, Radius]),
    member(invisbile, Mode)→map(Term, Object),
            drawing("circle($1.id,$1.cx,$1.cy,$2,invisible)", [Object, Radius]);
    member(fill, Mode)→map(Term, Object),
            drawing("circle($1.id,$1.cx,$1.cy,$2,fill)", [Object, Radius]);
    member(bound, Mode)→map(Term, Object),
            drawing("circle($1.id,$1.cx,$1.cy,$2,bound)", [Object, Radius]);
                map(Term,Object),
            drawing("circle($1.id,$1.cx,$1.cy,$2,visible)" [Object, Radius]).
```

Dies ist ein Beispiel für zwei graphische Objekte BOX und CIRCLE. Die Prädikate *constraint* und *drawing* senden das erste Argument (String) auf den Output-Stream.

```
% HORIZONTAL ([term,term, ...], mode)
% available modes: top_align/center_align(default)
% pliable/right(default)
%
horizontal([_], _).
horizontal(Left, Right, Mode):-
    hor2(Left, Right, Mode), horizontal([Right|List], Mode).
hor2(Left, Right, Mode):-
    member(top_align, Mode)→hor2t(Left, Right, Mode);
    member(bottom_align, Mode)→hor2b(Left, Right, Mode);
    hor2c(Left, Right, Mode).
hor2t(Left, Right, Mode):-maplist([Left, Right], Objects),
    constraint("$1.ty=$2.ty", Objects, Mode).
hor2b(Left, Right, Mode):-maplist([Left, Right], Objects),
    constraint("$1.by=$2.by", Objects, Mode).
hor2c(Left, Right, Mode):-maplist([Left, Right], Objects),
    constraint("$1.cy=$2.cy", Objects, Mode).
```

A.2 Liste der Prädikate für COOL

A.2.1 Graphische Objekte

```
box(term, width, height, mode)  % BOX object
diamond(term, width, height, mode)  % DIAMOND object
circle(term, radius, mode)  % CIRCLE object
ellipse(term, xradius, yradius, mode)  % ELLIPSE object
```

point(term) % POINT object

A.2.2 Geometrische Relationen

x_relation(t1, t2, ref1, ref2, gap, mode) % t1(ref1) + gap = t2.(ref2)
y_relation(t1, t2, ref1, ref2, gap, mode) % t1(ref1) + gap = t2.(rf2)
x_order([t1, t2, ...], xgap, mode) % t1.rx + xgap = t2.lx ...
y_order([t1, t2, ...], ygap, mode) % t1.rx + xgap = t2.lx ...
x_average(t1,[t2, ...], mode) % t1.cx = (t2.cx + ...)/n
y_average(t1,[t2, ...], mode) % t1.cy = (t2.cy + ...)/n
horizontal([t1, t2, ...], mode) % t1.cy(ty, by) = t2.cy(ty, by) ...
vertical([t1, t2, ...], mode) % t1.cx(lx, rx) = t2.cx(lx, rx) ...
contain(t1, t2, gap, mode) % t1 contains t2
hide(t1, t2) % t1 hides t2

A.2.3 Zeichenrelationen

label(term, label, mode) % label drawing
connect(t1, t2, from, to, mode) % t1 is connected to t2 by a line
arrow(t1, t2, from, to, mode) % t1 is connected to t2 by an arrow
connectwithlabel(t1, t2, from, to, mode, label) % connect with a label
arrowwithlabel(t1, t2, from, to, mode) % arrow with label

A.2.4 High-level Relations

boxwidthlabel(term, height, label, mode) % box & label
diamondwithlabel(term, height, label, mode) % diamond & label
circlewithlabel(term, radius, label, mode) % circle & label
ellipswithlabel(term, xradius, yradius, label, mode) % ellipse & label
pointwidthlabel(term, label, mode) % point & label
horizontallisting([t1, ...], gap, mode) % horizontal & x_order
verticallisting([t1, ...] gap, mode) % vertical & y_order
circularlisting(t1, [t2, ...], gap, mode) % t2, are on a circle around t1
diagonallisting([t1, ...], xgap, ygap, mode) % x_relation & y_relation
above([t1, ...], [t2, ...], gap, mode) % x_average & y_order
below([t1, ...], [t2, ...], gap, mode) % x_average & y_order
leftof([t1, ...], [t2, ...], gap, mode) % y_average & x_order
rightof([t1, ...], [t2, ...], gap, mode) % y_average & x_order
between(t1, t2, t3, mode) % x_average & y_average
multi_connect([t1, ...], [t2, ...], from, to, mode) % connect t1, ... to t2, ...
multi_arrow([t1, ...], [t2, ...], from, to, mode) % connect t1, ... to t2, ...
multi_hide([t1, ...], [t2, ...]) % t1, ... hide t2, ...

Anhang B

Beispiele für Interaktionsobjekte

Die folgenden Beispielobjekte entstanden im Zusammenhang mit der Erweiterung des in Kapitel 4.3.3 auf Seite 88 vorgestellten Modells TRIP2.

B.1 Spezifikation eines Screen-Buttons

INTERACTION_OBJECT *MessageFileDisplayButton* **is**

IVARS:
position := 100, 200, 64, 24; – i.e. coordinates of screen rectangle

METHODS:
Draw () {DrawTextButton(position, "Display");}

TOKENS:
iLEFT { –click left mouse button–}
iENTER { –locator moves inside rectangle given by position–}

iEXIT { –locator moves outside rectangle given by position–}
oHIGHLIGHT { –invert video of rectangle given by position–}
oDEHIGHLIGHT { –same as of HIGHLIGHT–}

SYNTAX:

main

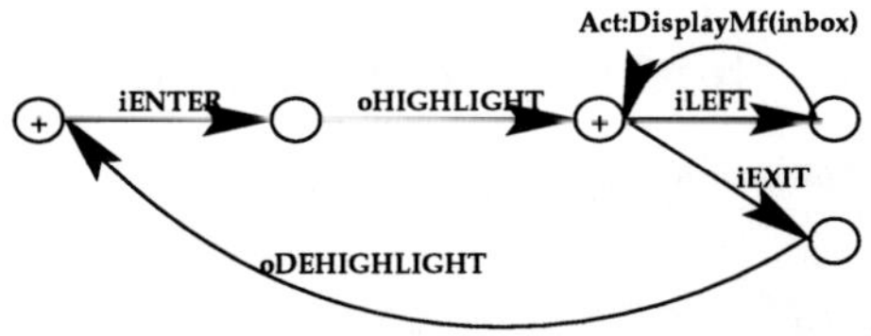

Abbildung B.1: Spezifikation eines Screen-Buttons

end **INTERACTION_OBJECT;**

B.2 Spezifikation einer Basis-Klasse zur Interaktion via Maus

INTERACTION_OBJECT *GenericItem* **is**

TOKENS:
iLEFT { –click left mouse button–}
iMIDDLE { –click middle mouse button–}
iRIGHT { –click right mouse button–}
iENTER { –locator moves inside rectangle given by position–}

iEXIT { –locator moves outside rectangle guven by position–}
iCHAR { –keyboard character, value returned n variable viCHAR–}
end **INTERACTION_OBJECT;**

B.3 Spezifikation eines Objektes zum „Highlighten“

INTERACTION_OBJECT *Highlighter* **is**

IVARS:
isHighlighted := false; – i.e. coordinates of screen rectangle

TOKENS:
oHIGHLIGHT {**if not** isHighlighted **then**
InvertRect(position); isHighlighted := true;
end if;
oDEHIGHLIGHT {**if** isHighlighted **then**
InvertRect(position); isHighlighted := false;
end if;

SUBS:

enterhigh

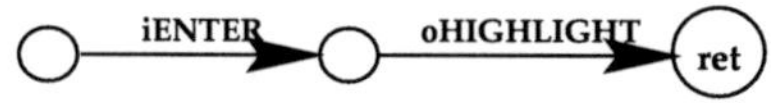

Abbildung B.2: Markieren/Highlighten

exitdehigh

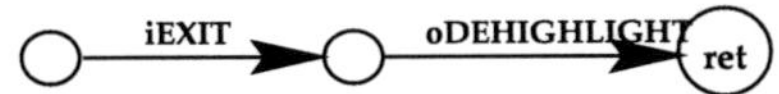

Abbildung B.3: Freigeben der Markierung

end **INTERACTION_OBJECT;**

B.4 Spezifikation eines allg. verwendbaren Buttons

INTERACTION_OBJECT *GenericButton* **is**

FROM *Highlighter GenericItem;*
METHODS:
{DrawTextButton(position, legend);}

SYNTAX:

main

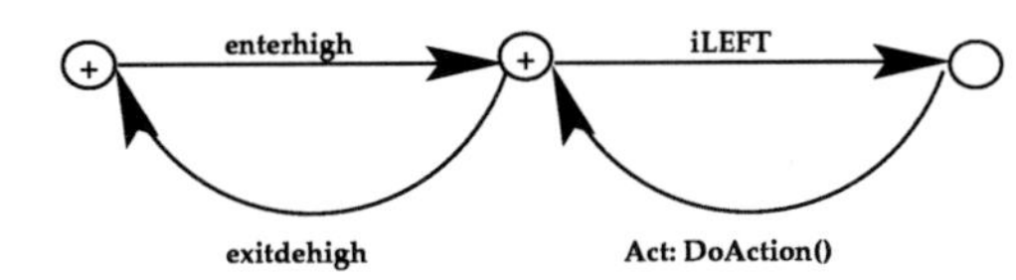

Abbildung B.4: Generischer Button

end **INTERACTION_OBJECT;**

B.5 Spezifikation eines Screen-Buttons Variante 2

INTERACTION_OBJECT *MessageFileDisplayButton2* **is**

FROM:*GenericButton;*
IVARS:
position := 100, 200, 64, 24;
legend := „Display“;

file := inbox;

METHODS:
DoAction () {DisplayMf(file);}

end **INTERACTION_OBJECT;**

B.6 Spezifikation eines allg. verwendbaren Buttons Variante 2

INTERACTION_OBJECT *GenericButton2* **is**

FROM:*Highlighter GenericItem;*

METHODS:
Draw () {DrawTextButton(position, legend);}

SYNTAX:

main

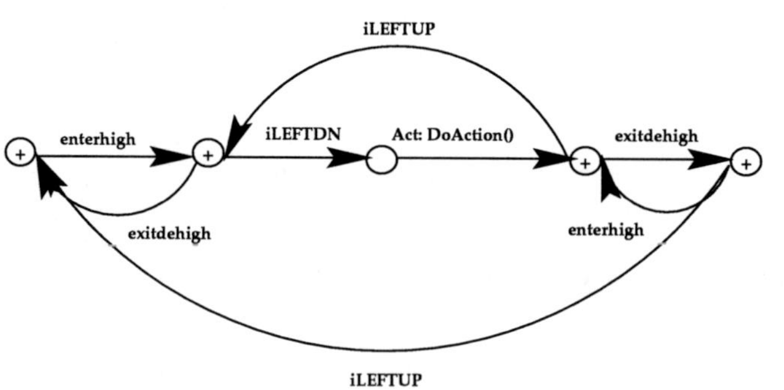

Abbildung B.5: Generischer Button Variante 2

end **INTERACTION_OBJECT;**

B.7 Spezifikation eines allg. verwendbaren Buttons Variante 3

INTERACTION_OBJECT *GenericButton3* **is**

FROM:*Highlighter GenericItem;*

METHODS:
Draw () {DrawTextButton(position, legend);}

SYNTAX:

main

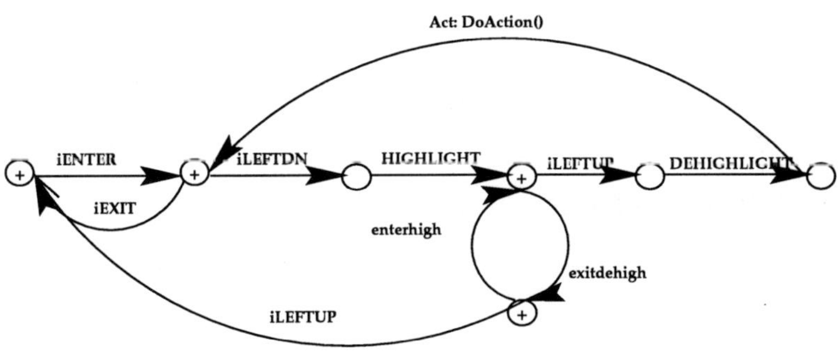

Abbildung B.6: Generischer Button Variante 3

end **INTERACTION_OBJECT;**

B.8 Spezifikation eines Eingabefeldes

INTERACTION_OBJECT *TypeinField* **is**

FROM:*GenericItem;*

IVARS:
position;
class;

METHODS:
Draw () {DrawText(position, class);}

TOKENS:
oSHOWCLASS {DrawText(position, class);}

SYNTAX:

main

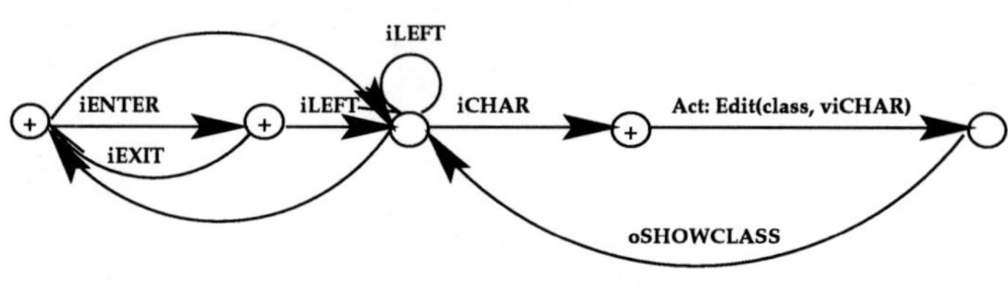

Abbildung B.7: Eingabefeld

end **INTERACTION_OBJECT;**

Anhang C

Beispiele für traditionelle Views in Managementplattformen

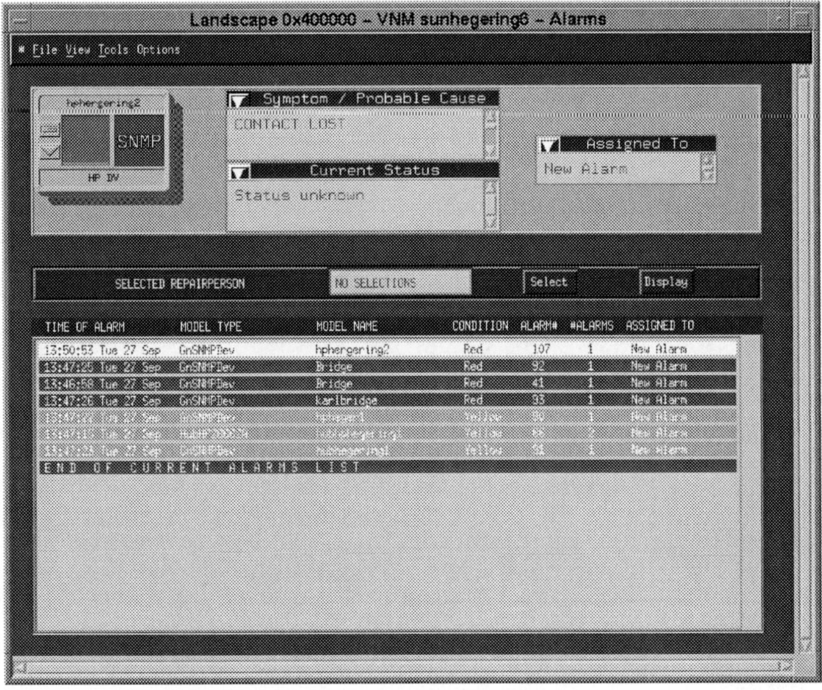

Abbildung C.1: View auf die Alarme einer Komponente

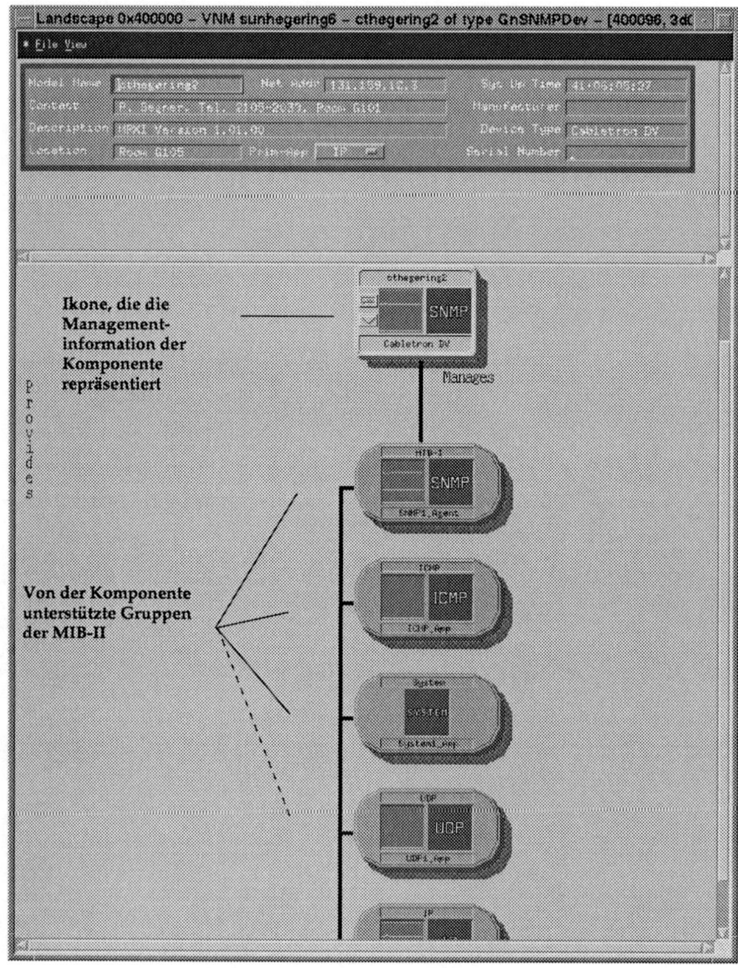

Abbildung C.2: View auf die Anwendung

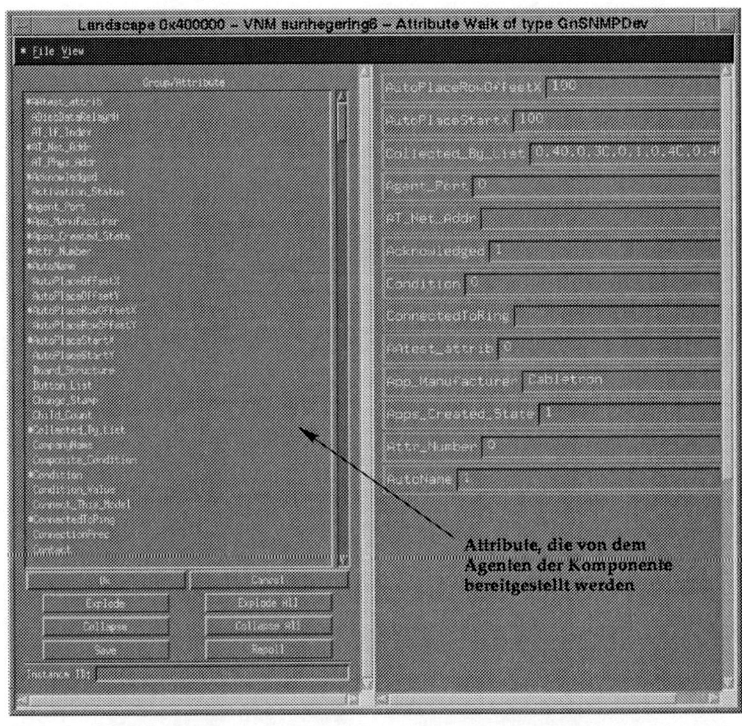

Abbildung C.3: View auf die Attribute einer Komponente

Abbildung C.4: View auf die Konfiguration einer Komponente

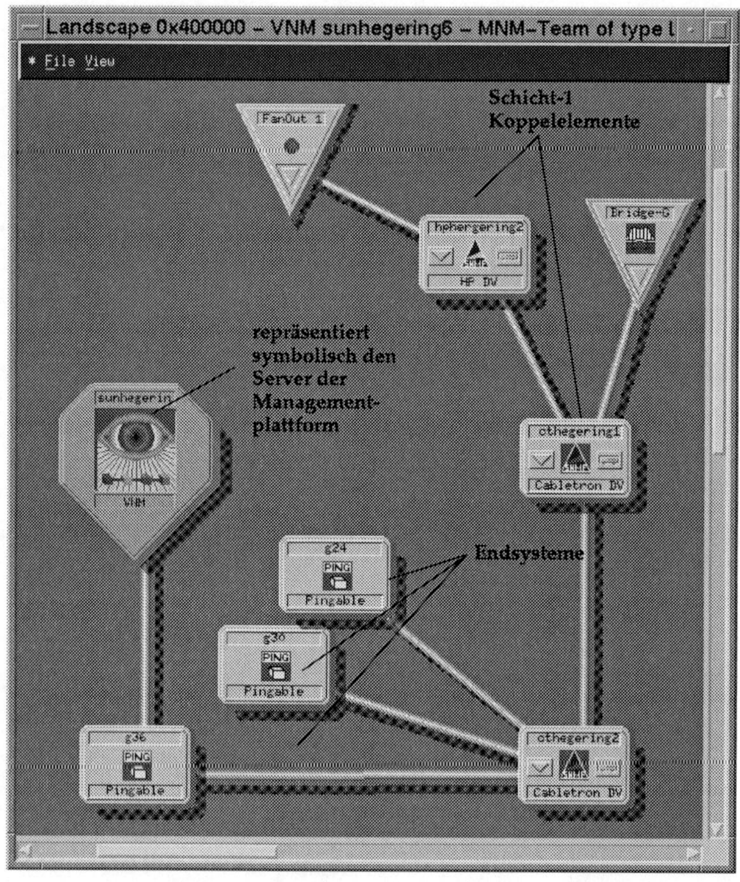

Abbildung C.5: View auf die Schicht-1 Verbindungen eines Netzes

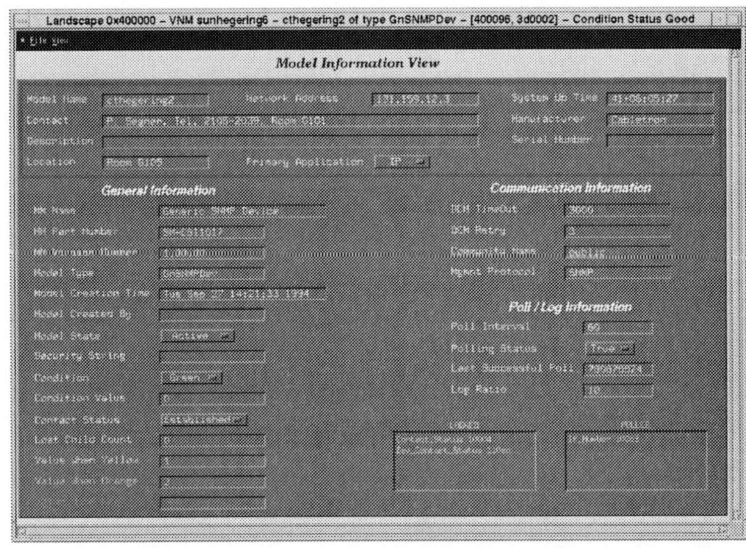

Abbildung C.6: View auf Basisinformationen einer Komponente

Anhang D

Abkürzungen

API	Application Programming Interface
APPN	Advanced Peer-to-Peer Networking
ARP	Address Resolution Protocol
AT	Address Translation
ATM	Asynchronous Transfer Mode
BMW	Bayerische Motorenwerke
CCITT	International Telegraph and Telephone Consultative Committee; jetzt: International Telecommunication Union (ITU)
CORBA	Common Object Request Broker Architecture
CSMA/CD	Carrier Sense, Multiple Access with Collision Detection
DAS	Dual Attach Station
DCE	Data Circuit-Terminating Equipment
DCM	Device Communication Manager (SPECTRUM)
DEE	Datenendeinrichtung
DFÜ	Datenfernübertragung
DNS	Domain Name System
DQDB	Distributed-Queue, Dual-Bus
DÜ	Datenübertragung
DÜE	Datenübertragungseinrichtung
DTE	Data Terminal Equipment
EGP	Exterior Gateway Protocol
EPI	External Protocol Interface
FDDI	Fiber Distributed Data Interface
GIB	Generic Information Block (SPECTRUM)
IAB	Internet Activities Board
ICMP	Internet Control Management Protocol
IEEE	Institute of Electrical and Electronic Engineers
IETF	Internet Engineering Task Force
IGP	Interior Gateway Protocol
IH	Inference Handler (SPECTRUM)
IMT	Inductive Modeling Technology (SPECTRUM)

IP	Internet Protocol
ISDN	Integrated Services Digital Network
ISO	International Standards Organization
LAN	Local Area Network
LRZ	Leibniz-Rechenzentrum
LU	Logical Unit
MAC	Medium Access Control
MAN	Metropolitan Area Network
MIB	Management Information Base
MSAP	Management Station Access Provider (SPECTRUM)
MTE	Model Type Editor (SPECTRUM)
NAU	Network Addressable Unit
NDB	Netzdatenbank
NIS	Network Information Service/System
NM	Netzmanagement
OID	Object Identifier
OSI	Open Systems Interconnection
PSDN	Public Switched Data Network
PSTN	Public Switched Telephone Network
PU	Physical Unit
RFC	Request for Comments
RIP	Routing Information Protocol
RMON	Remote Network Monitoring
SAP	Service Access Point
SAS	Single Attach Station
SG	SpectroGRAPH (SPECTRUM)
SNA	Systems Network Architecture
SNMP	Simple Network Management Protocol
SS	SpectroSERVER (SPECTRUM)
SSCP	System Services Control Point
TCP	Transmission Control Protocol
UDP	User Datagram Protocol
UI	User Interface
VNM	Virtual Network Machine (SPECTRUM)
VTAM	Virtual Telecommunication Access Method
WAN	Wide Area Network
WS	Workstation
YP	Yellow Pages

Abbildungsverzeichnis

1.1 Einordnung der Fragestellung 6
1.2 Modell zur Beschreibung betreibergerechter Sichtweisen 8
1.3 Überblick über die einzelnen Kapitel 10

2.1 Grundlegende Zusammenhänge in einem View 13
2.2 Einflußkriterien auf Views 14
2.3 Aufgabenbaum für die Installation und Anpassung einer Workstation 16
2.4 Szenario zur Fehlerdiagnose 19
2.5 Subnetz mit RMON-Agenten 20

3.1 Allgemeine Architektur einer Managementplattform 26
3.2 Anforderungen an eine Managementplattform 29
3.3 Architektur der Managementplattform SPECTRUM 31
3.4 Architektur der Managementplattform HP Open View 34
3.5 Architektur von TONICS 39
3.6 Views in SQL-Datenbanken 44
3.7 GOOD_SUPPLIERS als ein View der Basisrelation „S“ (nicht schattierter Teil) . 45
3.8 Phasen des Datenbank-Entwurfsprozesses 46
3.9 View-Objects in relationalen Datenbanken 56
3.10 Modell der Akquisitionsmethode FIKA 58
3.11 Beispiel der Anwendung des FIKA Modells 59

4.1 Der Task-View als Schnittstelle zwischen der technischen Basis und der organisatorischen Ebene 67
4.2 Die technische Basis des Task-View-Modells 68
4.3 Beispiele für Abteilungen einer Organisation 70
4.4 Überblick über die beiden analysierten Ebenen 72
4.5 Allgemeines Vorgehen zur Lösung von Aufgaben 73
4.6 Füllung der Lücke zwischen organisatorischer Ebene und technischer Ebene . . 74

4.7 Verfahren mit resultatunabhängigem Verlauf 75
4.8 Verfahren mit resultatabhängigem Verlauf 75
4.9 Parallele Ausführung von Aktionen 75
4.10 Modell der Task-Views 78
4.11 Aufgabenebene 79
4.12 Verfahrensebene 86
4.13 Modell TRIP2 89
4.14 Erweiterung des TRIP-Modells um dynamische Aspekte 95
4.15 Aktionsebene 98
4.16 Funktions-/Informationsebene 101
4.17 Werkzeugebene 105
4.18 Überblick über die Ebenen des Modells 110
4.19 Prozeß der Bearbeitung von Task-Views 111
4.20 Aufgabenbaum für die Installation und Anpassung einer Workstation 114

5.1 Lebenszyklus eines Task-View-Modells 120
5.2 Vorgehensweise zur Anpassung der Task-Views an die konkrete Umgebung . . 123
5.3 Abbildung des Task-View-Modells auf die Hypertext-Sprache HTML 144
5.4 Die Anwendung des Task-View-Modells 146
5.5 Architektur von TERRA 147
5.6 Ansicht des HTML-Browsers TkWWW 148
5.7 Architektur des Moduls Leonardo 150
5.8 Benutzerschnittstelle zur Eingabe der Knoteninformation 154
5.9 Teilbaum zum Dienst „Installation WAN-Anschluß“ 155

6.1 Gegenüberstellung TERRA Managementplattform 158
6.2 Verfahrensablauf gesteuert durch Leonardo 161
6.3 Visuell programmiertes Verfahren „Printer-Erstkonfiguration“ 162
6.4 Visuell programmiertes Teil-Verfahren “Konfiguration Spoolserver“ 163
6.5 Zusammenhang zwischen dem Action-View-Template und der Plattform-API . 164
6.6 Aufgaben beim Management von Sternkopplern 168
6.7 Verfahren zum Installieren eines Sternkopplers 168
6.8 Teilverfahren: Sternkoppler in HP Open View aufnehmen 170

7.1 Anforderungen der Anwender an die Netzbeschreibung 174
7.2 Ablauf der Erstellung der Netzbeschreibung 176

7.3 Logische Struktur der TCP/IP-basierten LANs . . . 177
7.4 Aufbau der Discovery-Verfahren . . . 178
7.5 Teilaufgaben beim Erstellen und Verwalten der Netzbeschreibung . . . 179
7.6 Teilaufgabe: Vorbereiten der Erzeugung . . . 179
7.7 Teilaufgabe: Erzeugung der Netzbeschreibung (Information aus dem Netz) . . . 180
7.8 Teilaufgabe: Anpassen der Netzbeschreibung an die Unternehmensumgebung . 181
7.9 Teilaufgabe: Verwaltung der Netzbeschreibung . . . 181
7.10 Verfahren zur Analyse der Betreiberanforderungen . . . 183
7.11 Verfahren zur Analyse administrativer Vorgaben . . . 188
7.12 Verfahren zur Gewinnung technischer Parameter . . . 189
7.13 Discovery der Schicht 7 . . . 191
7.14 Verfahren zum Discovery der Schicht 3 . . . 193
7.15 Discovery der OSI-Schicht 3 . . . 193
7.16 Mögliche Realisierung des Discovery der OSI-Schicht 3 . . . 194
7.17 Verfahren zum Discovery der Schicht 2 . . . 196
7.18 Verfahren zum Discovery der Schicht 1 . . . 197
7.19 Verfahren zum Modifizieren des Inhalts der Netzbeschreibung . . . 199
7.20 Verfahren zum Ändern der Struktur der Netzbeschreibung . . . 200
7.21 Verfahren zum Hinzufügen von Information zur Netzbeschreibung . . . 201
7.22 Verfahren zum Anlegen einer Sicherung der Netzbeschreibung . . . 203
7.23 Verfahren zum Laden der Sicherung . . . 204
7.24 Verfahren zum Löschen und neu Anlegen der Netzbeschreibung . . . 205
7.25 Verfahren zum Aktualisieren der Netzbeschreibung . . . 207
7.26 Verfahren zum Verwalten des Updates . . . 208

8.1 Allgemeine Plattform-Architektur . . . 211
8.2 Der Dialog Presentation Module . . . 213
8.3 Der View Presentation Module . . . 214
8.4 Der Roles Integration Module . . . 218

B.1 Spezifikation eines Screen-Buttons . . . 227
B.2 Markieren/Highlighten . . . 228
B.3 Freigeben der Markierung . . . 229
B.4 Generischer Button . . . 229
B.5 Generischer Button Variante 2 . . . 230
B.6 Generischer Button Variante 3 . . . 231

B.7 Eingabefeld 232

C.1 View auf die Alarme einer Komponente 233
C.2 View auf die Anwendung 234
C.3 View auf die Attribute einer Komponente 235
C.4 View auf die Konfiguration einer Komponente 235
C.5 View auf die Schicht-1 Verbindungen eines Netzes 236
C.6 View auf Basisinformationen einer Komponente 237

Index

Aktionsebene, 87
    Formalisierung, 97
Aufbau der Arbeit, 7
Aufgabenebene, 79
    Formalisierung, 80

Betriebskonzept, 2

Client-Server-Strukturen, 1
Corporate Networks, 1

Dialog Presentation Module, 212

E-TRIP Modell, 88
    Abstrakte Strukturdarstellung, 90
    Graphische Darstellung, 90
    Visuelle Strukturdarstellung, 90
Einordnung der Arbeit, 5
Ergebnisse der Arbeit, 4, 9

Fragestellungen der Arbeit, 4
Fragestellungen der Arbeit, 4
Funktionsebene, 101
    Formalisierung, 101

Informationsebene, 101
    Formalisierung, 101
Integriertes Management, 2

Managed Object, 66
Management, 1
Managementplattform, 2
    allgemeine Architektur, 25
    allgemeine Kritik , 3
    Anforderungen, 2, 28
    Architektur, 28
    Basisanwendungen, 25
    Bewertung, 41
    Entwicklungswerkzeuge, 27
    HP Open View, 33
        Bewertung, 36
        Mehr-Benutzer-Population, 34
        Selektion Darstellungskontext, 34
        Selektion Visualisierung, 35
    Infrastruktur, 25
    Managementanwendungen, 27
    NAS, 36
        Bewertung, 37
        Mehr-Benutzer-Population, 36
        Selektion Darstellungskontext, 37
        Selektion Visualisierung, 37
    SPECTRUM, 30
        Bewertung, 33
        Selektion Darstellungskontext, 31
        Selektion Visualisierung, 32
        Zugangskonzept, 30
    TONICS, 38
        Bewertung, 40
        Mehr-Benutzer-Population, 38
        Selektion Darstellungskontext, 39
        Selektion Visualisierung, 40
Managementszenarien, 14
    Fehlerdiagnose, 18
    Installation einer Workstation, 15
    Installation eines Leistungsmonitors, 19
Motivation der Arbeit, 1

Netzbeschreibung, 172
    Anforderungen, 173
    Aufgaben zur Administration, 178
    Begriffsbildung, 175
    Exterior Gateway Protocol, 176
    Exterior Router, 176
    Inhalt, 173
    Interior Gateway Protocol, 176
    Interior Router, 176
    Intranet Router, 176
    LAN-Struktur, 176

Netzbeschreibung, 175
Netzmodell, 175
Profile, 182
Source Routing, 177
Spanning Tree, 177
Verfahren zur Administration, 182
Netzmanagement, 1

Organisationseinheit, 66

Remote Monitoring MIB, 20
Ressourcen
plattformexterne, 67
plattforminterne, 67
Roles Integration Module, 216

Sichtweise
betreibergerechte, 3, 66
Sichtweisen
Konzepte
Bewertung, 63
FIKA-Modell, 57
System ADDD, 60
Systemmanagement, 1
Systems Management Function, 66

Task-View, 66
Abbildung auf Werkzeug, 142
Funktionsmodell, 145
Informationsmodell, 144
Kommunikationsmodell, 145
Organisationsmodell, 145
Aktionen, 71
Beschreibung, 76
Aktionsebene, 78
Anwendung, 111
Architektur
ideale, 210
Aufgaben, 66, 70
Aufgabenebene, 78
Begriffsbildung, 66
Betreiberseite, 70
Dienste, 66
Einbringen in Unternehmen, 119, 121
Funktions- und Informationsebene, 78
Gewinn, 112
Interaktionsobjekt, 92
Lebenszyklus, 119
Analyse, 121
Anpassung, 120
Modellentwurf, 120
Modell, 65, 67
Beschreibung, 77
Operationen, 134
Plattform-Architektur, 210
Realisierung, 157
Alternativen, 157
Technische Basis, 67
Teilverfahren, 72
Verfahren, 71
Beschreibung, 73
Verfahrensebene, 78
Visualisierungsaspekte, 77
Werkzeugebene, 78
TERRA, 136
aktive Anwendung, 161
Anbindung an HP Open View, 164
Anbindung an Managementplattform, 160, 163
Anforderungen, 137
Aktionsebene, 139
Aufgabenebene, 137
Funktions-/Informationsebene, 140
Verfahrensebene, 139
Werkzeugebene, 142
Anforderungen an Plattform-API, 164
Anwendungsszenarien, 155
Architektur, 145
HP Open View API, 165
Motivation, 136
TRIP, 88
TRIP2, 88
erweitertes Modell, 88

Verfahrensebene, 82
Formalisierung, 86
View Presentation Module, 213
Object Locator, 216
Presentation Filter, 216
User Editor, 216
View Generator, 214

Views
  Anforderungen, 11, 21
    Darstellung, 22
    Selektion, 22
  Begriffsbildung, 11
  Datenbanken, 42
    Abgeschlossenheit, 54
    Definition, 47
    Dynamische Einkapselung, 55
    Dynamische Klassifizierung, 55
    Entwurf, 45
    generische Operationen, 52
    Modellierung, 45
    objekterhaltende Operationen, 54
    objekterzeugende Operationen, 53
    objektorientierte, 11, 51, 55
    relationale, 42
    relationale , 11
    relationale Operationen, 53
    Update, 49
    Vorteile, 50
  Dimensionen, 13
  Status Quo, 24
  traditionelle, 27
  verwandte Bereiche, 57
Views, 66

Werkzeugebene, 105
  Formalisierung, 105

Literaturverzeichnis

[ABDD 89] M. Atkinson, F. Bancilhon, D. DeWitt, K. Dittrich, D. Maier und S. Zdonik, „The object-orientierted database system Manifesto“, S. 40–57, Kyoto, W. Kim, J.-M. Nicolas and S. Nisho, Dezember 1989.

[Abec 94] S. Abeck (ed.), „Praktika im Hauptstudium“, Technische Universität München - Fakultät für Informatik, Informationsbroschüre, März 1994.

[Abec 95] S. Abeck, „Integrationstechniken im Netzmanagement“, In *Kommunikation in verteilten Systemen*, GI/ITG–Fachtagung, Februar 1995.

[ALS 92] S. Abeck, M. Leischner und P. Segner, „Applying the Inductive Modeling Technology to Tackle the Problem of Integrated Network Management“, Accepted for Distributed Systems: Operations and Management 1992, Oktober 1992.

[ASW 93] S. Abeck, P. Segner und N. Wienold, „Managing Hubs in a Heterogeneous Environment: An Integrated Approach“, In *Workshop on Requirements and Techniques for Network Management*, Krakau, Polen, Mai 1993.

[Bars 90] T. Barsalou, *View Objects for Relational Databases*, PhD thesis, Dept. of CS, Stanford University, 1990.

[Bart 94] T. G. Bartz, *Graphical Management Interfaces*, Kapitel 20, Addison Wesley, 1994.

[BeMa 94] S. Benford und J. Mariani, „Virtual Environments for data Sharing and Visualisation – Populated Information Terrains“, Technischer Bericht CSCW/5/1994, University Lancaster, Computing Dpt., Mai 1994.

[BeLe 93] T. Berners-Lee, „Hypertext Transfer Protocol (HTTP)“, Technischer Bericht, CERN, 1993.

[BGH 94] I. M. Begg, J. Gnocato und A. Haman, „Architectural Issues in Real-Time Intelligent User Interface Technology“, In [NOMS 94], S. 856–866.

[BLCM 94] T. Berners-Lee, D. Connolly und K. Muldrow, „HyperText Markup Language (HTML)“, Internet Draft, HyperText Markup Language Working Group, Juli, 1994.

[CaHa 81] P.M. Caporal und G.J. Hahn, „Tools for automated statistic graphics“, Technischer Bericht, IEEE Computer Graphics Application, 1981, 1,4 (Oct. 1981).

[CeWi 91] S. Ceri und J. Widom, „Deriving Rules for Incremental View Maintenance“,

Technischer Bericht, IBM Almaden Research Center San Jose, Stanford University, Dpt. of CS, 1991.

[Cruz 92] I. F. Cruz, „User-Defined Visual Languages for Querying Data", Technischer Bericht, Brown University, Dpt. of CS, 1992.

[Cruz 93] I. F. Cruz, „Expressing Constraints for Data Display Specification: A Visual Approach", Technischer Bericht, Brown University, Dpt. of CS, 1993.

[Dreo 95] G. Dreo, *A Framework for Supporting Fault Diagnosis in Integrated Network and Systems Management: Methodologies for the Correlation of Trouble Tickets and Access to Problem-Solving Expertise*, Dissertation, Ludwig-Maximilians-Universität München, Juni 1995.

[DrVa 95] G. Dreo und R. Valta, „Using Master Tickets as a Storage of Problem-Solving Expertise", In Y. Raynaud und A. Sethi, editors, *Proceedings of the 4th International IFIP/IEEE Symposium on Integrated Network Management*, Mai 1995.

[Eger 94] R. Egerer, „Entwurf und Implementierung eines Konzepts zur Erstellung von Netzausfall-Statistiken", Diplomarbeit, Technische Universität München, November 1994.

[EgWe 93] R. Egerer und H.-P. Weiß, „Integration der SQL-Datenbank Cinema in Spectrum über ein textuelles Command Line Interface", Fortgeschrittenenpraktikum, TU München - Institut für Informatik, September 1993.

[EhGr 93] B. Ehrl-Gruber, „Lean Management - Kurzer Prozeß mit der Informationsverarbeitung", *DV Management*, 2:72–78, 1993.

[EHP 93] U. Eisenblätter und F. Hommes und E. Pless, „Ein Vergleich von kommerziellen Netzwerk-Management-Systemen", Arbeitspapier (800), GMD, Gesellschaft für Mathematik und Datenverarbeitung mbH, Schloß Birlinghoven, Postfach 1316, 53731 Sankt Augustin, Oktober 1993.

[FEKN 93] A. Finkelstein, S. Easterbrook, J. Kramer und B. Nuseibeh, „Multi-view Requirements Engineering", *Proceedings of DRA Colloquium on Analysis of Requirements for Software Intensive Systems*, S. 18–26, Mai 1993, Defence Research Agency.

[FGHK 93] A. Finkelstein, D. Gabbay, A. Hunter, J. Kramer und B.Nuseibeh, „Inconsistency Handling In Multi-Perspective Specifications", *Proceedings of 4th European Software Engineering Conference (ESEC 93)*, Springer-Verlag:84–99, September 1993, Garmisch, Germany.

[Fiel 94] R. T. Fielding, „Maintaining Distributed Hypertext Infostructures: Welcome to MOM spiders Web", Technischer Bericht, Univ. of California, Dept. of CS, Juni 1994.

[Fisc 94] Chr. Fischer, „Prototypische Implementierung von Wissensobjekten für ausgewählte Netzkomponenten in einer konkreten Entwicklungsumgebung", Fortgeschrittenen-Praktikum, Technische Universität München, Februar 1994.

[FKN 91] A. Finkelstein, J. Kramer und B. Nuseibeh, „Viewpoint-based Framework for Software Development Environments“, *IEE colloquium on Architectures For Distributed development Support Environments*, Digest No. 1991/162, November 1991.

[FKNF 92] A. Finkelstein, J. Kramer, B. Nuseibeh, L. Finkelstein und M. Goedicke, „Viewpoints: A Framework for Integrating Multiple Perspectives in Systems Development“, *International Journal on Software Engineering and Knowledge Engineering*, Vol.2(No.1):31–58, 1992, Special issue on Trends and Research Direction in Software Engineering Environments.

[FlMa 93] B. B. Flynn und D. Maier, „Specification and Generation of Displays for Complex Database Objects“, Technischer Bericht, Stanford University, Dpt. of CS, 1993.

[FNM 94] H. Fuji, S. Nakai, H. Matoba und H. Takano, „Real-Time Bifocal Network-Visualization“, In [NOMS 94], S. 867–876.

[GS 93] J. A. George und L. E. Schlecht, „The NAS Hierarchical Network Management System“, In [IFIP 93], S. 301–312.

[GuNe 95] M. Gutschmidt und B. Neumair, „Integration von Netz- und Systemmanagement: Ziele und erste Erfahrungen“, In *Proceedings der 3. Fachtagung Arbeitsplatzrechensysteme (APS'95), Hannover*, Mai 1995.

[Hols 93] J. Holst, „Die Optimierung von Geschäftsprozessen“, *DV Management*, 2:79–85, 1993.

[Hals 92] Halsall, *Data Communications, Computer Networks and Open Systems*, Addision-Wesley Publ., 3. Edition edition, 1992.

[HAW 95] H.-G. Hegering, S. Abeck und R. Wies, „Rahmenbetriebskonzepte als Voraussetzung für ein betreibergerechtes integriertes Management von Corporate Networks“, In *Praxis der Informationsverarbeitung und Kommunikation*, S. 23–34, Heft 1/95, K.G. Saur Verlag, Januar 1995.

[HeAb 93] H.-G. Hegering und S. Abeck, *Integriertes Netz- und Systemmanagement*, Addison-Wesley, April 1993.

[Heil 95] K. Heiler, „Konfigurationsszenarien für das Netz- und Systemmanagement“, Arbeitspapier, MNM-Team, 1995.

[HeSe 95] K. Heiler und P. Segner, „TERRA-II: Ein Werkzeug zur Spezifikation und Anwendung von Verfahren aus dem Netz- und Systemmanagement“, MNM-Projektbericht, Technische Universität München, Februar 1995.

[Heue 92] A. Heuer, *Objektorientierte Datenbanken: Konzepte, Modelle Systeme*, Nummer ISBN 3-89319-315-4, Addison-Wesley Deutschland, 1992.

[IFIP 93] H.-G. Hegering und Y. Yemini, editors, *Integrated Network Management, III*, Nummer Proceedings of the IFIP TC6/WG6.6 Third International Symposium on Integrated Network Management, San Francisco, California USA, April 1993, IFIP, Elsevier Science Publishers.

[ISO 10040/2] „Information Technology – Open Systems Interconnection – Systems Management Overview – Amendment 2: Management Domains Architecture“, DAM 10040/2, ISO/IEC, November 1994.

[ISO 10164-16] „Information Technology – Open Systems Interconnection – Systems Management – Part 16: Management Knowledge Management Function“, DIS 10164-16, ISO/IEC, August 1994.

[ISO 10164-19] „Information Technology – Open Systems Interconnection – Systems Management – Part 19: Management Domain and Management Policy Management Function“, DIS 10164-19, ISO/IEC, Februar 1995.

[ISO 10164-x] „Information Technology – Open Systems Interconnection – Systems Management – Management Functions“, IS 10164-x, ISO/IEC, 1991-94.

[ISO 10165] „Information Technology – Open Systems Interconnection – Structure of Management Information“, IS 10165-X, ISO/IEC.

[ISO N1616] „Information Technology – Open Systems Interconnection – Systems Management – Part ?: Management Domains Management Function“, WD N1616, ISO/IEC, Januar 1993.

[JLW 94] G. Jakobson, A. Lemmon und M. Weissman, „Knowledge-Based GUI for Network“, In [NOMS 94], S. 846–855.

[KaKa 91] T. Kamada und S. Kawai, „A General Framework for Visualizing Abstract Objects and Relations“, *ACM Transactions on Graphics*, Vol. 10(No. 1):1–39, Januar 1991.

[KNF 93] J. Kramer B. Nuseibeh und A. Finkelstein, „Expressing the Relationships Between Multiple Views in Requirements Specification“, *Proceedings of 15th International Conference on Software Engineering*, S. 187–196, Mai 1993, Baltimore, Maryland, USA.

[KoMe 94ba] H.-U. Kobialka and C. Meyke, „Views on object oriented Software Engineering Environment“, Technischer Bericht, GMD/SET, 1994.

[KoMe 94bb] H.-U. Kobialka and C. Meyke, „Configurations are Versions, too“, Technischer Bericht, GMD/SET, 1994.

[MCSG 94] W. Moore, L. Chow, A. Sanmugasunderam und R. Gourley, „Enhancing the User Interface and Graphical Techniques with Domain and Display Knowledge“, In [NOMS 94], S. 448–458.

[MTKY 94] S. Matsuoka, S. Takahashi, T. Kamada und A. Yonezawa, „A General Framework for Bi-Directional Translation between Abstract and Pictorial Data“, Technischer Bericht, Dept. of CS, University of Tokyo, 1994.

[NFK 94] B. Nuseibeh, A. Finkelsein und J. Kramer, „Method Engineering for Multi-Perspective Software Development“, *(To appear in) Information and Software Technology Journal*, 1994, Butterworth-Heinemann.

[NISO 91] NISO, „ANSI Z39.50 Version 2“, Interim Draft, NISO, Mai 1991, THIRD DRAFT (Z39.50/V2D3).

[NOMS 94] IEEE Communications Society, *IEEE Network Operations and Management*

Symposium, Band 1-3, Publications Sales Dept., 445 Hoes Lane, P.O. Box 1331, Piscataway, NJ 08855-1331, Februar 1994, IEEE Service Center.

[OMGS 93] Object Management Group, „Object Services Request for Proposal 2", OMG Document TC Document 93.6.1, Object Management Group, Framingham Corporate Center, Juni 1993.

[OSA 92] Object Management Group, „OMG Object Services Architecture", OMG Document 92.8.4, Object Management Group, Framingham Corporate Center, August 1992, Revision 6.0.

[Oust 93] J. K. Ousterhout, *Tcl and the Tk Toolkit,* Addison Wesley, Dept. of CS, University of California, Berkley, 1993.

[PfHu 94] U. Pfeifer und T. Huynh, „SFgate", Technischer Bericht, University of Dortmund, Lehrstuhl Informatik VI, 1994.

[PfHu 94a] U. Pfeifer und T. Huynh, „FreeWAIS-sf", Manual, University of Dortmund, Lehrstuhl Informatik VI, September 1994.

[Rabi 94] J. Rabinowitz, „Hypertext and Text Indexing Engines Overview", Technischer Bericht, März 1994.

[RFC 1155] M. Rose und K. McCloghrie, „Structure and Identification of Management Information for TCP/IP-based Internets", RFC 1155, IAB, Mai 1990.

[RFC 1213] K. McCloghrie und M. T. Rose, „Management Information Base for Network Management of TCP/IP-based Internets: MIB-II", RFC 1213, IAB, March 1991.

[RFC 1271] S. Waldbusser, „Remote Network Monitoring Management Information Base", RFC 1271, IAB, November 1991.

[RFC 1286] E. Decker, P. Langille, A. Rijsinghani und K. McCloghrie, „Definitions of Managed Objects for Bridges", RFC 1286, IAB, Dezember 1991.

[RFC 1450] J. Case, K. McCloghrie, M. Rose und S. Waldbusser, „Management Information Base for version 2 of the Simple Network Management Protocol (SNMPv2)", RFC 1450, IAB, April 1993.

[RFC 1513] S. Waldbusser, „Token Ring Extensions to the Remote Network Monitoring MIB", RFC 1513, IAB, September 1993.

[RFC 1514] P. Grillo und S. Waldbusser, „Host Resources MIB", RFC 1514, IAB, September 1993.

[RFC 1565] S. Kille und N. Freed, „Network Services Monitoring MIB", RFC 1565, IAB, Januar 1994.

[SaSu 94] A. C. Salvador und G. A. Sundström, „A Task-Based, Graphical User Interface for Network Management", In [NOMS 94], S. 681–690.

[SBD 93] M. F. Schwartz, C. M. Bowman und P. B. Danzig, „Research Problems for Scalable Internet Resource Discovery", Technischer Bericht, Dept. of CS, University of Colorado, März 1993.

[Schw 92] M. F. Schwartz, „Internet Resource Discovery at the University of Colorado",

Technischer Bericht, Dept. of CS, University of Colorado, Oktober 1992.

[Segn 91] R. Valta, P. Segner und S. Abeck, „Der Informationsaspekt im Fehlermanagement für Kommunikationsnetze – Eine Gegenüberstellung von Ergebnissen aus Forschung und Praxis“, In *Entwicklungstendenzen in Rechnernetzen*, Gaussig, Deutschland, 1991.

[SEKC 94] M. Schwartz, A. Emtage, B. Kahle und C. Neuman, „A Comparison of Internet Resource Discovery Approaches“, Technischer Bericht, University of Colorado, August 1992, To appear Computing Systems 5(4).

[Shim 83] T. Shimomura, „A method for automatically generating business graphs“, Technischer Bericht, IEEE Computer Graphics, 1983, 3,6 (Sept. 1983).

[SmRo 94] G. Smith und T. Rodden, „Using Shared Interface Objects To Support Cooperation“, Technischer Bericht CSCW/2/1994, University Lancaster, Computing Dpt., Februar 1994.

[SPEC ASY] Cabletron Systems, Inc., Rochester, NH 03867-5005, *Asynchronous SpectroSERVER Application Programming Interface Developer's Guide*, März 1992, Order Number: 9030486E2.

[SPEC VIE] Cabletron Systems, Inc., Rochester, NH 03867-5005, *Spectrum View Application Programming Interface Toolkit*, Januar 1992, Order Number: 9030485.

[Stan 91] C. Stanfill, „Massively Parallel Information Retrieval for Wide Area Information Servers“, Technischer Bericht, Thinking Machines Corporation, 1991.

[Stei 93] W. Stein, „Objektorientierte Analysemethoden - ein Vergleich“, *Informatik Spektrum*, Band 16(Heft 6):317–332, Dezember 1993.

[Swam 94] V. V. Swaminathan, „Intelligent Platforms for buildiing Network Operations and Management Systems: A Framework based Approach“, In [NOMS 94], S. 436–447.

[TaKe 93] T. Takahashi und A. M. Keller, „Implementation of Object View Query on a Relational Database“, Technischer Bericht, Stanford University, Dpt. of CS, 1993.

[Tesk 94] W. Teske, „Implementierung eines Werkzugs zur Erstellung eines bestehenden Rahmenbetriebskonzepts auf der Basis von Visual Basic“, Fortgeschrittenen-Praktikum, Technische Universität München, Juni 1994.

[TMMY 94] S. Takahashi, K. Miyashita, S. Matsuoka und A. Yonezawa, „A Framework for Constructing Animations via Declarative Mapping Rules“, Technischer Bericht, Dept. of CS, University of Tokyo, 1994.

[TNMK 94] T. Tonouchi, K. Nakayama, S. Matsuoka und S. Kawai, „Creating Visual Objects by Direct Manipulation“, Technischer Bericht, Dept. of CS, University of Tokyo, 1994.

[TRM 94] J. Trevor, T. Rodden und J. Mariani, „The use of adapters to support cooperative sharing“, Technischer Bericht CSCW/7/1994, University Lancaster, Computing Dpt., Juli 1994.

[URI] T. Berners-Lee, „Uniform Ressource Identifiers in WWW", RFC 1630, CERN, 1994.

[URL] T. Berners-Lee, „Uniform Ressource Locators", IETF Draft, CERN, Januar 1994.

[VoMa 94] Th. Vogs und Chr. Mayerl, „Prototypische Entwicklung eines Werkzeuges zur Erstellung eines vorgegebenen Rahmenbetriebskonzepts auf der Basis von WWW", Fortgeschrittenen-Praktikum, Technische Universität München, Juli 1994.

[Voss 94] G. Vossen, *Datenmodelle, Datenbanksprachen und Datenbank-Management-Systeme*, Addision-Wesley Publishing Company, 2. Auflage edition, 1994.

[WCS 93] D. C. M. Wood, S. S. Coleman und M. F. Schwartz, „Fremont: A System for Discovering Network Characteristics and Problems", Technical Report, University of Colorado, Januar 1993, USENIX January 25-29, San Diego.

[Wied 93] K. Wiedemann, „Integration von Datenbeständen als Basis für ein Enterprise-Management", Diplomarbeit, Technische Universität München, August 1993.

[Wien 93] N. Wienold, „Realisierung eines Managementmoduls für einen Lannet-Hub", Fortgeschrittenen-Praktikum, Technische Universität München, Januar 1993.

[Wien 94] N. Wienold, „Entwurf und Implementierung von Verfahren zur automatischen Erstellung von Netzbeschreibungen in einem Managementsystem", Diplomarbeit, Technische Universität München, Mai 1994.

[Wies 95a] R. Wies, *Policies in Integrated Network and Systems Management: Methodologies for the Definition, Transformation, and Application of Management Policies*, Dissertation, Ludwig-Maximilians-Universität München, Juni 1995.

[Wies 95b] R. Wies, „Using a Classification of Management Policies for Policy Specification and Policy Transformation", In Y. Raynaud und A. Sethi, editors, *Proceedings of the 4th International IFIP/IEEE Symposium on Integrated Network Management*, Mai 1995.